Роберт Макдауел

СТРЕЉАЊЕ ИСТОРИЈЕ

Роберт Макдауел
Стрељање историје

Издавач
"Поета" - И.П. "Рад" а.д.

За издавача
Веселин Џелетовић
Небојша Николић

Превели
Момчило, Ана и Бодин Селић

Лектор, редактор и коректор
Рајка Раденковић

Рецезенти
Протојереј Мијаило И. Даниловић
Милорад Рогановић, професор
Александар Јевтић, професор Богословије Свети Сава

Прелом текста и дизајн корице
Милош Дабић и Биљана Дабић

ISBN 978-86-86863-99-7 (Поета)

Штампа
CICERO
Београд

Тираж
1000 примерака

Роберт Макдауел

КЉУЧНА УЛОГА СРБА У ДРУГОМ СВЕТСКОМ РАТУ

СТРЕЉАЊЕ ИСТОРИЈЕ

У животу ме није толико болела неистина колико ме болела сакривена истина.

Посвећено мојим родитељима Дивни и Ђурђу, ћерки Ким, мојим унукама Саши и Мили, Србима, њиховим покољењима и свим правдољубивим људима

Мајкл Благоје Раденковић

ДА СЕ НЕ ЗАБОРАВИ

ФРАЊО ПИРЦ – КОМАНДАНТ УСТАШКОГ РАТНОГ ВАЗДУХОПЛОВСТВА АЛИ И БРОЗОВОГ РАТНОГ ВАЗДУХОПЛОВСТВА

Илија Ели Поповић је амерички Србин рођен у Сједињеним Америчким Државама од родитеља имиграната из тадашње Аустро-Угарске, прецизније из Лике. Поповићи су били, отац радник у челичани а мајка домаћица која се бринула о неколико синова. Родитељи су се постарали да школују сву децу (сви су дипломирали на престижним америчким универзитетима) и да их васпитају као поштене људе поносне не своје српске корене.

По избијању Другог светског рата и уласка Америке у сукобе, америчка влада је одмах почела да ради на формирању централне обавештајне службе. Као резултат тог рада формирана је ОСС, претеча данашње ЦИА. За ову службу је регрутован и млади Ели (крштен Илија).

Његово прво професиналано задужење ван граница Сједињених Држава било је у ратом захваћеној Југославији током четрдесетих година прошлог века. Падобраном је спуштен у Југославију и прикључио се као амерички претставник при Савезничкој мисији (коју су водили Енглези) при штабу Партизанских снага.

Једну од првих ствари коју је млади Илија пронашао у свом обавештајном раду у Југославији било је то да му је сва ближа и даљна родбина побијена од Хрвата још 1941 године. Нико није остао жив. Баш нико.

Фрањо Пирц се затекао 6. априла 1941. године, када је Немачка мучки бомбардовала Београд, на служби на војном аеродрому у Батајници као командант ескадриле југословенског краљевског ваздухопловства, а у чину капетана југославенског краљевског ваздухопловства. Летелице су преживеле први немачки налет и капетан Пирц је добио наређење да евакуише ескадрилу на војни аеродром у

Нишу. По слетању на аеродром у Нишу капетан Пирц је спалио све авионе у ескадрили под његовом командом изузев једног с којим је пребегао код надирућих Немаца. Одмах је прослеђен усташкој војсци и постављен за команданта усташког војног ваздухопловства. Ту је остао и командовао усташком авијацијом све док није прешао у Главни штаб партизанских снага.

Ели ми је испричао: "Био сам у једној просторији зграде где је наша Мисија била смештена при главном штабу партизанских снага. Случајно се решим да изађем напоље на ваздух и у даљини видим прашину на путу којим су се кретала нека возила. Мислећи да је у питању напад утрчим назад у зграду, алармирам чланове Мисије и зграбим оружје. И ако се Енглези, чланови Мисије, много нису узбуђивали, ја сам се ипак вратио напоље. Аутомобили су се већ доста приближили и видех да су то путничка кола. Шта ме је збунило је то да је већ била постројена почасна стража испред које је стајао Тито. Када се колона приближила видео сам на њима војне ознаке усташког ваздухопловства. Пирц и Тито су се срдачно поздравили и изљубили у образ. Исте вечери одржан је свечан банкет у част новопридошлима. Жустро сам протествовао и одбио да присуствујем том банкету. Сутрадан ми шеф мисије, Енглез, саопшти да као неподобан морам да напустим Мисију и да сам прекомандован у Италију."

Ели је наставио своју каријеру у Европи а потом пребачен у Кину где је постао и лични пријатељ Чанг Кај Шека. Пензионисао се у Вашингтону и о његовом животу у америчким обавештајним круговима још се препричавају легенде из његовог професионалног живота. До краја живота остао је поносан Србин.

Генерал Фрањо Пирц постао је под Брозом Командант југословенског ратног ваздухопловства и ушао у комунистичке уџбенике као оснивач Југословенског ратног ваздухопловства. По пензионисању из југословенског ваздухопловства прешао је у дипломатску службу. Био је једно време амбасадор у Аргентини. Ваљда зато што је тамо живео велики број избеглих усташа.

ПУКОВНИК ВЕЛИМИР ПИЛЕТИЋ И ГЕНЕРАЛ МАРКО МЕСИЋ

Пуковника Пилетића сам упознао и почео да се дружим са њиме у Паризу 50 тих година прошлог века. Обавезно је присуствовао божјим службама сваке недеље у српској цркви у Паризу (уствари омања капела у оквиру румунске цркве) а потом смо одлазили у оближњи кафе на кафу и разговор. Био је беспрекорних манира, увек скромно али пристојно обучен, а о начину изражавања и пристојном слушању саговорника могао је да му позавиди и најуглађенији дипломата. Радио је као најобичнији физички радник у фабрици аутомобила Рено и од тога је издржавао себе и супругу. Завршио је Југословенску војну академију, све генералштабне школе, а и чувену француску војну академију Сен Сир. Април 1941 године затекао га је на служби у војсци у чину генералштабног пуковника. По капитулацији Југославије одмах се придружио Равногорском покрету под командом (тада) пуковника Михајловића. Постављен је за команданта Источне Србије и деловао са својим одредима највише око Дунава, често прелазећи и у Румунију у оквиру диверзантских акција на транспорт и комуникације немачке војске.

Испричао ми је следеће:

"1944 годинe напредујуће совјетске трупе већ су биле у Румунији и генерал Дража Михајловић ми је наредио да на сваки начин успоставим контакт са Црвеном Армијом у циљу заједничког деловања против Немачке армије и њихових сарадника. Контакт сам успоставио, Црвеноармејци су били одушевљени идејом и ја сам са својом пратњом прешао Дунав и у Румунији се састао са командом надируће Црвене Армије. Сусрет је био срдачан са обе стране, баш војнички, и залили смо вином и заједничком вечером. Основни договор је био да ми делујемо у простору напредовања Црвене Армије, чистимо територију испред Руса и тиме омогућимо њима брже напредовање. Радио комуникације и шифре су успостављене и све је било спремно за заједничку борбу. Требало је да преноћимо и ујутру рано кренемо назад у Србију. У току ноћи ушли су у нашу собу неки нови људи и са пушкама на готовс и титовкама на главама и црвеним петокракама наредили су нам да устанемо. Све су нас онако полу голе сатерали у једну просторију и ту затворили. У току дана извели су нас у једну другу просторију где су за једним столом седели ови исти људи од ноћас представивши се као преки суд Народно ослободилачке војске Југославије и прочитали нам пресуду да смо као народни издајници осуђени на смрт стрељањем. Њихов вођа претставио се као Генерал Марко Месић. Није требало много времена да сазнамо ко су ови људи са титовкама на глави. У току немачке најезде на Совјетски Савез тешке борбе су вођене око Стаљинграда. У оквиру немачких снага била је и јединица хрватских снага, Усташка Бојна Хрватске којом је командовао Генерал Марко Месић. По совјетском пробоју код Стаљинграда ова јединица је заробљена и на инсистирање Тита прекрштена ју у народно ослободилачку војску Југославије, са истим командантом Марком Месићем и прикључена да оперише у саставу Црвене Армије. Моји пратиоци су истог дана стрељани од војника под командом Марка Месића а мене су спровели у чувени затвор (ГПУа касније НКВД) у Москви Љубљанка на обрађивање и евентуално намештено суђење у Београду. После око годину дана тешке тортуре у Љубљанки моји џелати су били спремни да ми суде у Београду. Под тешком стражом означа кренули смо на пут ка Боеграду возом а преко Румуније. Румунски део Баната био је насељен добрим делом српским живљем са којим смо за време рата значајно сарађивали. Размишљао сам ако би се докопао тих простора имао бих релативно

7

добру шансу да побегнем. У једном моменту воз је значајно успорио и ја сам искористио прилику да искочим кроз прозор. Одмах сам се докопао неких њива и изгубио се. Воз није заустављен. Ваљда нису знали како да га зауставе. Преко наших Срба из Румуније пребачен сам у Мађарску а одатле у Аустрију и коначно у Француску."

Пуковник Велимир Пилетић живео је у Паризу као обичан фабрички радник где је и умро. Сахрањен је на српском гробљу у Паризу. Када је Броз 50 тих година прошлог века долазио у званичну посету Француској Чика Веља и ја смо исписали целу Шанз Елизе, он са једне, а ја са друге стране булевара, од Етуала до Плас Конкорда TITO ASSASSIN. Било ми је после жао оних јадних француских радника што су покушавали да то оперу. Али без успеха. Видело се неких месец дана,

Генерал Марко Месић се докопао Београда и био дугогодишњи командант ТИТОВЕ ГАРДЕ.

Од свих словенских народа Хрвати су били једини, објавивши рат Совјетском Савезу, који су учествовали у оружаним нападима, заједно са Немцима, на Русију у току Другог светског рата.

ВИЛИАМ (БИЛ) НИКОЛИН

Бил, или крштено Велимир, био је једино дете имиграната Срба у Америку из Аустроугарске, конкретно из Баната. Билов отац, Светозар, је одбио да служи "Фрањину војску", како ми је Бил говорио, и емигрирао са младом супругом у Америку. Светозар се запослио у једмој фабрици а ускоро потом дошла је и принова – мали Бил. На несрећу када је Билу било свега седам година отац му умре и он остане са самохраном мајком. Сналазили су се како су знали и умели, често мали Бил помажући суседима у њихом потребама, како би допринео приходима у кући. Мајка је инсистирала да учи и буде добар ђак и Бил је то стварно и био. Средње образовање је завршио као најбољи. Будући да је био добар ђак а веома сиромашан, Српски Народни Савез, организација америчких Срба са седиштем у Питсбургу, додели Билу комплетну стипендију за даље високо образовање. И тако се Бил нађе у Београду где је на Београдском Универзитету дипломирао археологију. По уласку Америке у Други светски рат Бил је регрутован у војску и одмах послат у ОСС (претеча ЦИА) школу. По завршетку обавештајне школе придодат је на службу при америчкој авијацији као "интелиценс офисер".

"Пре сваког поласка на циљеве, прича Бил, обавезан је био 'брифинг' за летеће особље, када би и по први пут сазнали гђе треба да иду. Тим састанцима сам неизоставно присуствао и ја као обавештајни официр. Полетали смо са Сицилије а главне мете су нам биле немачки и аустриски градови као и нафтни извори у Румунији. Једно јутро командни официр поче излагање о циљу бомбардовања – Винча, јер смо добили поуздане податке из Главног стаба партизанских снага из Југославије да су у Винчи, поред Београда, велике концентрације непријатељских снага'. Нисам могао да верујем шта чујем. Пред очи ми изађоше слике Винче из тог времена где смо као студенти археологије у Београду чешће одлазили и радили на античким ископавањима. То је био потпуно ненасељен простор веома тешко приступачан, где је доминирала колиба Мике Аласа. Сећам се добро чика Мике који нас је често звао на "гозбу"- одите децо узмите мало свеже рибе са жара, баш је добра - и био је у праву – баш је била добра. Пошто је тада Београд бомбардован од стране "савезника" даноноћно схватио сам да су се београђани склонили на "сигурно" у Винчи. Одмах сам прозрео намеру "поузданих података добијених из Главног штаба партизанских снага у Југославији". Рекох чекајте мало ти подаци нису баш тако поуздани како нам је престављено. Узех креду и на црној табли из сећања нацртам Београд и околину укључујући и Винчу и чак и чика Микину колибу. После краћег поређења мојих тврдњи и цртежа са војним мапама одлука је преиначена и авиони су тада послати на Беч. Овог пута несрећни београђани су били поштеђени".

По завршетку Другог светског рата Бил је наставио службу у оквиру обавештајних делатности, често у оквиру америчких дипломатских представништава у иностранству као дипломата.

Умро је у дубокој старости у Јангстауну у држави Охајо као частан човек и добар Србин.

ИСПОВЕСТ МАЈОРА РИЧАРДА ФЕЛМАНА
(ИЗВОДИ ИЗ КЊИГЕ РИЧАРДА ФЕЛМАНА: МИХАИЛОВИЋ И ЈА)

...Од специјалног значаја тог дана био је обавештајни извештај који је добијен из Југославије. Ако морамо да искочимо из авиона над Југословенском територијом упућени смо да тражимо герилу са црвеним звездама на капама. Титове људе. Постојали су извештаји да Михајловић и његови Четници секу уши обореним Савезничким пилотима и прослеђују их Нацистима....

...Месершмити су били свуда око нас пре него што смо могли да схватимо шта нас је снашло...То је било то...Ово је био мој први скок.... 18,000 стопа.... 30 степени ференхајтових испод нуле.... Ускоро сам био на земљи у сред једне ливаде...Тада сам схватио да сам рањен и да не могу да станем на ногу. Одједном око двадесет људи, жена и деце се створи око мене. Брадати људи ме загрлише и почеше да ме љубе. Осмеси су били од једног увета до другог. Жене и деца су стајали у исхећењу иза њих. Било је то изванредно осећање бити међу пријатељима- али да ли су они стварно пријатељи? Сетим се упустава тог јутра пре полетања…Тражите људе са црвеном звездом… Четници ће вам исећи уши… Руке почеше да ми се дижу да заштитим уши, али ови дивни људи не могу да буду непријатељи. Поред тога какве су ми биле алтернативе? Као и обично "инелиценс" је затајио поново….Тог поподнева упознао сам Пуковника Драгишу Васића. Чуо је о мом доласку и дошао је да ми пожели добродошлицу…Око три дана пошто смо искочили из авиона Пуковник Васић је добио ултиматум из локалног немачког гарнизона. Или да предају десет америчких ваздухопловаца које су они видели када су искочили из авиона или ће Немци уништити цело село од 200 жена и деце. Живећи у заробљеничком логору са шансом да ћу моћи да побегнем била би мала цена да ми платимо да би сачували 200 њихових живота. Хвалећи нашу узвишену понуду пуковник Васић није хтео ни да чује за то. Наставио је да објашњава како је живот драг Србину исто као и Американцу. Међутим баш зато што је драг цена је веома висока. Србин је провео такорећи целу историју бранећи се од различитих нападача да би очувао своју слободу и лично достојанство. Ми у Америци који нисмо имали ово искуство тако близу нас или тако често нама је тешко да разумемо што ово све на површини изгледа свирепо. Живот без слободе њима не значи ништа. Један амерички ваздухопловац, који ће бацити једну бомбу на заједничког непријатеља може да учини више да постигне њихов циљ него 200 или чак 2000 жена или деце.

Њихов избор је био веома једноставан…Ја сам чуо да је боље умрети на ногама него да живи на коленима. Никада нисам видео то тако одлучно демонстрирано…. Следећег дана ја сам посматрао како село гори.

ИСЛЕДНИК ГЕНЕРАЛА ДРАГОЉУБА МИХАИЛОВИЋА

Из разговора који сам обавио са једним од иследника Генерала Михаиловића преносим релевантне делове који се односе на Генерала Михаиловића.

"Почетак Другог светског рата ме је затекао у Београду као младог и још незавршеног студента Београдског Универзитета. Забављао сам се са младом и лепом Београђанком чији нас је отац, иначе угледни трговац вином на велико, дарежљиво помагао. Био сам члан СКОЈа а ускоро поред мене и моја девојка је то исто постала. У окупираном Београду смо живели и зарађивали продавајући ракију и вино по београдским бифеима и кафанама. Од тог посла се прилично добро живело. По избијању рата између Немачке и Совјетског Савеза (22 јуна 1941 године) решимо ја и моја девојка да пређемо у моје родно место у Црној

Гори. У вези са тиме била нам је потребна венчаница, а како нам ни на памет није падало да се венчавамо у цркви, то пронађемо једног корумпираног попа у Ужицу који нам за добре паре изда лажну венчаницу. Са тим и другим документима одемо у италијанско дипломатско представништво у Београду где смо као италијански држављани (Црна Гора је била тада део Италије) добили италијанске пасоше. Ускоро је за "италијанске држављане" организован и превоз до наших дестинација. Био је ту приличан број "Италијана" и специјалним возом (спаваћим колима) пребацили су нас преко Хрватске све докле су возови саобраћали. Ту су нас пребацили у удобне аутобусе и довезли до капије куће.

"....Придружио сам се партизанима и ускоро сам постављен за политичког комесара.

"…. Добили смо наредбу да нападнемо хрватске снаге код Купреса. Терен је био раван као на длану а Хрвати су били добро наоружани и ушанчени. Стратешки то је било тотално неважно и искрено незнам зашто смо се уопште упуштали у ову борбу. Сви наши јуриши на хрватске положаје завршавали су се тешким губицима. Рођени брат ми ту погибе а мене рафал из хрватског митраљеза је скоро преполовио. Пренели су ме у позадину и ту приметих Пека Дапчевића на белом коњу. Ту слику нисам могао да избришем из памћења целог живота. Много година касније написао сам једну књигу сећања из НОБа. Поново се сретнем са Пеком Дапчевићем у једном клубу за прворбце на Дедињу који ме другарски поздрави и рече 'Баш си добру књигу написао'. Одговорим му – Баш нисам. Скоро све сам слагао.

"Погледа ме право у очи и као да од мене тражи одговор и рече – ако би ме питали зашто сам тако лагао у тим мојим сећањима не би чак ни сада могао да вам објасним.

"У време када је генерал Михаиловић спроведен у Београд, и ако млад, ја сам већ био високи официр ОЗНА-е. Једног дана позове ме друг Јово да дођем код њега на разговор. Када сам стигао код њега су већ била још два висока официра ОЗНА-е. После краћег поздрава рече да је Дража у затвору у Београду и да смо нас троје одређени од ОЗНА-е да га испитујемо. Нагласио је колико је важно да се то долазеће суђење одради без грешке јер очи целог света ће нас гледати. Састанци су трајали три дана, а потом смо отишли на наше задатке. Генерал Михаиловић је био смештен у једној омањој соби са обавезно присутним стражарем у соби. Показивао је чврст карактер, коректног држања и типичне манире школованог војника. По инструкцијама дали смо му чутуру пуну шљивовице и старали се да буде увек пуна. У разговорима није показивао стање пијанства. Наш задатак је био да га на сваки начин припремимо за суђење, јер како друг Јово рече, очи целог света су упрте у нас. Свако ко је долазио у контакт са Генералом ословљавао га је са Господине Генерале или

Господине Министре. Тако сам и ја поступао. Убеђивали смо га да због деликатне ситуације у којој се налази наша млада држава мораћемо да га осудимо, али одмах ће бити помилован. Биће послат у изолацију. Питао сам га где би волео да живи и чиме да се бави. Поверовао ми је и одговорио да би волео да живи негде у околини Горњег Милановца и да се бави радио-телеграфијом. Ми иследници смо извршили свој задатак онако како нам је друг Јово поставио и тиме мој део посла је успешно завршен."

На моје питање - Па ко је друг Јово? - одговорио ми је - друг Јово Капичић.

На неколико начина понављајући се, постављао сам питање шта је било са телом покојног Генерала Михаиловића, али никако нисам могао да добијем одговор.

Мајкл Благоје Раденковић

СТРАНЦИ О ГЕНЕРАЛУ ДРАГОЉУБУ-ДРАЖИ МИХАИЛОВИЋУ

"ОДЛИЧНЕ ВЕСТИ, РАНО ОВОГА ЈУТРА ЈУГОСЛОВЕНСКИ НАРОД ЈЕ НАШАО СВОЈУ ДУШУ."

Черчилова изјава у Британском Парламенту 27-ог марта 1941 године.

Кажу да време чини своје. Све што више времена прохуја све мање чињеница остаје у сећању. Када се овоме дода фантастично организован пропагандни апарат отсека за дезинформације Југословенске тајне службе са неограниченим доларским буџетом, онда чак и оно што остаје у сећању по некад се ставља под знак питања. Годинама о Дражи и Србима су систематски сервиране неистине како народу у земљи, тако и водећим политичким, научним, медијским круговима у слободном делу света, а последица која и данас траје је да је створена једна потпуно неистинита слика о Дражи и његовом покрету.

Интересантно је да се вратимо у временски период када је истина још била истина, када су догађаји још били актуелни, живи у сећању и непомућени од професионалне пропаганде.

Ево шта Вашингтонски Ивнинг Стар од 26.03.1946 године пише о Дражи и његовом покрету:

" Званично је саопштено да је Дража Михаиловић, кога су раније у Америци и Енглеској звали БАЛКАНСКИ ОРАО, СРПСКИ РОБИН ХУД И НАДА САВЕЗНИКА НА БАЛКАНУ, сада у затвору негде у Југославији у ишчекивању "такозваног" суђења пре него ли га стрељају по наређењу његовог некадашњег ривала маршала Тита.

Они који добро познају народ овог дела Балкана тврде да ће га романтични Срби несумњиво овековечити као легендарног хероја, баш онако како су га Америчка и Британска влада описале пре него ли су га се одрекле после конференције у Техерану.

Роберт Макдауел

У јесен 1942 године генерал Ајзенхауер, тадашњи врховни командант савезничких снага у Средоземљу послао је Југословенском хероју телеграм честитајући му на храбром отпору, а неколико месеци касније Шарл Де Гол, командант "Слободних Француза" одликовао је ратним крстом овог "легендарног хероја који никад није престао да се бори против заједничког непријатеља".

Маршал Ромел је био 30 миља од Александрије, Британски генерал Аучинлек, маршал ваздухопловства Телер и адмирал Канингхем послали су своју најтоплију захвалност и честитке Михаиловићу што је успорио испоруке ратног материјала нацистима у Северној Африци својом герилском тактиком.

У Техерану на предлог Стаљина, Черчил је одлучио да ликвидира руководство Краљевине Југославије и прихвати сервис мало познатог партизанског команданта Тита. Британски председник је знао да је Тито комуниста, али Титова политичка припадност га није тангирала. Он је веровао свом совјетском колеги, који је за узврат одмах наредио своме трабанту да се стави под Британско окриље.

Од овог момента Михаиловић и његових 70.000-80.000 четника окарактерисани су као колаборатори и издајници. Испоруке незнатних количина материјала одмах су престале.

Човек који је прешао цео пут од Балканског Орла до нацистичког колаботера и издајника сада је у рукама најљућег свог непријатеља, новог господара Југославије маршала Тита. Ни једна од Влада које су до само пре неколико година гомилале похвале и одликовања на њега не могу сада да учине баш ништа да га спасу"

Овако је писао Ивнинг Стар 1946 године. Кроз све ове године од 1946 па до данас, сва ова оркестрирана пропаганда ипак није успела да помрачи истину о Дражи.

У свом образложењу зашто додељује Генералу Драгољубу Михаиловићу америчко високо одликовање "LEGION OF MERIT – CHIEF COMMANDER" председник Сједињених Амеирчких Држава, Хари С. Труман је написао:

"Генерал Драгољуб Михаиловић се истакао на један изванредан начин као Главни Командант Југословенских оружаних снага и касније као Министар Војске (Краљевине Југославије) организовањем и вођењем важних одбрамбених снага против непријатеља који је окупирао Југославију од децембра 1941 до децембра 1944. Захаваљујући изванредним напорима његових трупа многи авијатичари америчког ратног ваздухопловства су спашени и безбедно враћени у своје базе под савезничком контролом. Генерал Михаиловић и његове снаге, иако без неопходног ратног материјала, и борећи се под ехтремним околностима, допринео је у великој мери савезничким ратним напорима и био је важан фактор у постигнутој коначној савезничкој победи."

29 март 1948.   Хари Труман

Претседник Сједињених Америчких Држава Г-дин Роналд Реган у свом писму од 8-ог семптембра 1979 године упућено Г-ину Мајклу Раденковићу каже о Дражи следеће:

" Драги Г-дине Раденковићу

Коначна трагедија Драже Михаиловића не може да избрише из сећања његову херојску и често пута усамљену борбу против двоструке тираније које су савладале његов народ- нацизам и комунизам.

Он је знао да тоталитаризам, под ма којим именом претпоставља смрт слободи . На тај начин он је постао симбол отпора свима онима у целом свету који су били приморани да се упуштају у сличну херојску и често пута усамљену борбу против тоталитаризма. Михаиловић је припадао Југославији, његов дух сада припада свима онима који су спремни да се боре за слободу".

Ево шта пише Вашингтон Тајмс од 9 Августа 1984:

"Крајем 1943. Премијер Черчил, на основу пристрасних и непоузданих информација и упркос препорукама свих 40-так Британских и Америчких обавештајаца који су били у штабу код Генерала Михаиловића, донео је одлуку да повуче подршку Генералу Михаиловићу.

Председник Рузвелт, и ако са великиом дозом отпора, подржао је ову Черчилову одлуку јер је већ раније било договорено да Господин Черчил има примат у свим одлукама које се односе на Балкан.

Одлука о одбацивању Генерала Михаиловића и оптужбе о наводној сарадњи са непријатељем биле би немогуће да су медији објавили догађај о спасавању 432 авијатичара од стране снага Генерала Михалиловића.

Тако да је то била једна од најстрожих цензура наметнута у Другом Светском Рату, и у Британији и у Америци."

Део те "демократске" цензуре је ова књига која је пред вама. Рукопис, који је био цензурисан у Америци, сада је по први пут доступан широј јавности.

У свему, три америчка председника – Труман, Ајзенхауер и Реган и један француски председник – Де Гол, поред бројних савезничких високих војних команданата имали су само речи хвале за херојску борбу Генерала Михаиловића и српског народа. Једини који се ни до данас нису огласили, а имали су много прилика да то ураде, су енглески политичари. Али они су ово све и закували.

СТРЕЉАЊЕ ИСТОРИЈЕ

RONALD REAGAN

September 8, 1979

Mr. Michael Radenkovich
Vice President
California Citizens' Committee to
  Commemorate General Draja Mihailovich
P. O. Box 1617
Santa Monica, California 90406

Dear Mr. Radenkovich:

Please convey to the California Citizen's Committee to Commemorate General Draja Mihailovich my sincere appreciation for their kind invitation to attend tonight's dinner to commemorate General Mihailovich. Unfortunately, prior commitments prevent me from being with you.

I believe that the spirit in which you have gathered here to honor the memory of General Mihailovich, the faithful allied commander and the first anti-Nazi leader in Europe, is shared by the great majority of Americans.

The ultimate tragedy of Draja Mihailovich cannot erase the memory of his heroic and often lonely struggle against the twin tyrannies that afflicted his people, Nazism and Communism. He knew that totalitarianism, whatever name it might take, is the death of freedom. He thus became a symbol of resistance to all those across the world who have had to fight a similar heroic and lonely struggle against totalitarianism. Mihailovich belonged to Yugoslavia; his spirit now belongs to all those who are willing to fight for freedom.

I wish it could be said that this great hero was the last victim of confused and senseless policies of western governments in dealing with Communism. The fact is that others have suffered a fate similar to his by being embraced and then abandoned by western governments in the hope that such abandonment will purchase peace or security.

Thus, the fate of General Mihailovich is not simply of historic significance--it teaches us something today, as well. No western nation, including the United States, can hope to win its own battle for freedom and survival by sacrificing brave comrades to the politics of international expediency.

10960 WILSHIRE BOULEVARD, LOS ANGELES, CALIFORNIA 90024

Mr. Michael Radenkovich
September 8, 1979
Page Two

Your dinner therefore commemorates something more than the legacy of patriotism and heroism that Michailovich left us. You commemorate the principles for which he fought and died. And you remind our nation that abandonment of allies can never buy security or freedom. In the mountains of Yugoslavia, in the jungles of Vietnam, wherever men and women have fought totalitarian brutality, it has been demonstrated beyond doubt that both freedom and honor suffer when firm commitments become sacrificed to false hopes of appeasing aggressors by abandoning friends.

Sincerely,

Ronald Reagan

RONALD REAGAN

БЕЛЕШКА

Роберт Харболд Макдауел (*Robert Harbold McDowell*) био је амерички универзитетски професор антропологије и историчар који је за време Другог светског рата служио као аналитичар и обавештајац Уреда за стратешке задатке (*Office of Strategic Serices – OSS*), претходника послератне ЦИА.

Задужен за стратешке анализе Балканског подручја (Југоисточне Европе и по тадашњој америчкој терминологији) и Блиског истока, где је као син америчког мисионара и одрастао, Макдауел је као последњи амерички официр за везу код генерала Драгољуба Драже Михаиловића провео неколико месеци у јесен 1944. Због свог бескомпромисног става да је генерал Михаиловић једини делотворни носилац отпора Хитлеру и његовим слугама у Југославији, по повратку са те мисије удаљен је са места шефа Одељења за Југоисточну Европу.

Рукопис своје анализе догађаја на Балкану, и њиховог значаја за слом Хитлера и будућу америчку спољну политику, успео је да заврши тек у пензији, али је њено објављивање *CIA* почетком 1970-их забранила. Недуго потом, 1980, Роберт Макдауел, амерички патриота и пријатељ Срба је умро.

Претходно, међутим, рукопис ове књиге дао је политичком емигранту Мајклу-Благоју Раденковићу, замоливши га да учини с њиме што може.

Мајкл- Благоје Раденковић, академик СКАНУ, рођен 1933 г. у Београду, политички емигрант који живи у Америци.

Захвалан је Господу Богу што је имао ту част да му Роберт Харболд Макдауел Robert *Harbold McDowell*) повери његов рукопис - студију о улози Југоисточне Европе у Другом светском рату. Рукопис- студију добијену од Роберта Макдауела му је дало наду да ће коначна истина и исправка историје о Србима, бити ускоро доступна напаћеном српском народу, али ето морале су да прођу деценије да се коначно обелодани истина.

Сплет политичких околности и разних забрана онемогућили су аутора рукописа-студије, а касније и Мајкла- Б. Раденковића да се истина о кључној улози Срба у Другом светском рату обелодани раније.

Његово краљевско Височанство краљ Петар II одликовао је Мајкла-Благоја Раденковића ратним крстом-споменицом 1941-1945 због исказане храбрости, верности и оданости у борби за слободу свога народа.

То је био период када је као дечак обављао курирске послове преносећи поруке Југословенске војске у отаџбини у својој школској торби.

Не дуго по " ослобођењу" посматрао је са осталим београдским "неослободиоцима" како "ослободиоци "- другови комунисти преименују радње за Немце у " дипломатске магацине". Чоколаду и путер су јела деца "ослободиоца", а за остале је био добар и суви хлеб.

Отац , службеник Министрства спољних послова Краљевине Југославије – неподобан , повремено је склањао породицу у родно село Почековина код Трстеника изнад ког је у брдском селу Црнишава био штаб Четничког команданта пуковника Драгутина Кесеровића

Породица је била стално на удару од стране комунистичке диктатуре. Емигрирао је 1954 године, носећи са собом сву неправду коју је доживео од раних дечачких дана, а касније преживљавајући све патње његове породице које су се наставиле.

Никада није престао да се бори за истину о антифашистичкој улози Покрета Драже Михаиловића у II Светском рату и на сваки начин је користио прилику да разоткрије лажну пропаганду Титове комунистичке камариле која још увек траје.

Припреме за објављивање су дуго трајале и оне нису биле само техничке природе .

Мајкл-Благоје Раденковић зна да је за период лажи, превара и обмана потребно дупло више времена да се све то исправи, али је срећан што ће објављивањем овако значајне студије почети тај други дуг период сазнања истине.

На крају како је рекао ова књига је патриотски дуг према његовим родитељима, свим Србима и будућим покољењима.

Слободан Христић

УВОД

Историографски меродавна сведочанства о важности Југославије и Југоисточне Европе у Другом светском рату одавно су део званичне документације не само британских, француских, америчких и немачких, већ и источноевропских војнообавештајних служби. Но, у досад објављеним радовима ти се званични извори готово и не користе, а безмало ни не помињу. Желим стога читаоцу да нагласим да сам се при проучавању ове материје послужио не само академским изворима већ пре свега савезничким и непријатељским обавештајним подацима из ратних дневника и архива Војнообавештајне службе, и њених извештаја Министарству рата у Вашингтону. Током првих поратних година, тај материјал допуњен је запљењеним немачким и приспелим совјетским и другим источноевропским документима и подацима, битним за потпуније сагледавање ратних збивања.

Што се тиче ратних активности вође југословенских комуниста, Тита, и његових партизана, послужио сам се и поратним изјавама, сведочењима и тумачењима британских, америчких и других личности које су га током рата подржавале, а нарочито југословенског историчара Владимира Дедијера, Титовог званичног биографа, те бригадног генерала Фицроја Маклејна (*Fitzroy MacLean*), шефа англо-америчке мисије код Тита и личног пријатеља премијера Черчила. Веома значајним показали су се и Черчилови мемоари, посебице *Затварање круга* (*Closing the Ring*) који се баве истим раздобљем као и ова моја студија, то јест временом од 1941. до 1944. Насупрот тога, књига *Бојовна планина* (*The Embattled Mountain*) британског пуковника Вилијема Дикина (*F. W. D. Deakin*) ме је разочарала. Наиме, мада Черчилов пријатељ и колега и пре рата, и један од првих Британаца падобраном спуштених код Тита у својству посматрача, а после рата један од уредника Черчилових мемоара, Дикин се у својим написима готово искључиво ослонио на Дедијерове радове.

На самом терену у току рата, наша обавештајна служба састојала се од представника копнених и ваздухопловних снага, морнарице, Стејт Департмента, и новоснованог Уреда за стратешке задатке (*OSS*) под командом генерала Вилијема Донована (*William Donovan*), који је за све у рату неопходне тајне операције одговарао председнику Рузвелту лично.

На терену, сви ови чиниоци делали су мање-више независно једни од других, али су у целини сарађивали међусобно, и са својим британским колегама. Наша, америчка Служба, користила је војне професионалце обучене за обавештајни рад али недовољно упознате са политичком, па и војном позадином

Роберт Макдауел

рата какав се водио у Југоисточној Европи и на Средоземно-блискоисточном фронту. Стејт Департмент су представљале дипломате од заната, добро обавештене о политичким чиниоцима везаним за рат и о њиховом значају за САД. Но, већина укључених у обавештајни рад на терену били су, стицајем прилика, аматери одабрани на основу својих знања и струке – академских, медијских, пословних, и војних – али без довољно практичног оперативног искуства. Уз то ни Британци, чију је водећу улогу на том подручју прихватио и председник Рузвелт, нису ангажовали своје најбоље стручњаке за Југоисточну Европу. Но, одлучивање о политици на том фронту искључиво у Лондону, без одвише уважавања процена особља на терену, показало се као најопасније. Све то су додатно усложњавали и отежавали убачени комунисти, и њихове присталице у лондонском центру и на терену.

Стога је сакупљање војнообавештајних података о Југославији и Југоисточној Европи у целини умногоме зависило од праћења слободно доступних непријатељских или неутралних извора попут званичних коминикеа, локалних новинских чланака и изјава за штампу, чак и разговора обавештених особа. И мада ни један од тих извора појединачно није морао бити од војног значаја, обученим аналитичарима они би, умрежени, пружали корисне податке о немачким намерама, па и о конкретним подухватима. У 1941. и 1942, најпотпуније и најбитније писмене и усмене податке о Југоисточној Европи из појединачног извора добијали смо од српских националиста и њиховог војног огранка под командом генерала Драже Михаиловића. За несрећу, тај материјал је готово искључиво ишао преко Британаца, чији су га центри за Југоисток углавном задржавали за себе, тако да су га више војне и политичке инстанце недовољно користиле током рата, па и по његовом завршетку.

Мимо тога, и британски и француски професионални обавештајци с којима сам од 1942. имао част да покривам Југоисток, за најкориснији појединачни извор података о Југославији, па и целој Југоисточној Европи, сматрали су саопштења и друге званичне извештаје добијене преко наших агената у немачким војним штабовима, а мање праћењем рада нацистичких званичника у униформи. У ретроспективи, чини ми се да је удаљеност од места догађања повећавала веродостојност процене. (У том погледу нарочито сам захвалан пуковнику Питеру Вишеру /Peter Vischer/ који је у Војнообавештајном оделу /Military Intelligence Department – MID/ током већег дела рата био задужен за Југоисточну Европу.)

Британске и америчке тајне службе на терену су знатно допринеле нашем укупном разумевању војних и политичких догађања. Ово је умногоме заслуга њиховог присуства у разним немачким или пронемачким организацијама у земљама под немачком окупацијом, или на неутралним подручјима у Средњој и Југоисточној Европи, као и на Блиском истоку и у Северној Африци. Гледајући уназад, међутим, нема сумње да је немачке организације на југоистоку Европе и стратешки и тактички најуспешније инфилтрирао генерал Дража Михаиловић, нарочито у Мађарској, Румунији и Бугарској, као и самој Југославији. Нажалост, иако су ове податке помно проучавали британски и амерички обавештајци задужени за Југоисток, тај материјал није доспео до оних центара у Великој Британији и САД где се одлучивало о укупној политици.

Ова студија о улози Југоисточне Европе у Другом светском рату плод је и мог четвородеценијског професионалног и личног искуства, укључујући и двадесетак година боравка и путовања по Блиском истоку и Европи. У то ваља убројати службу у Британској војнообавештајној служби 1917. и 1918, када сам провео четрнаест месеци на Кавказу и у њему суседним подручјима, учествујући у герилском, или неконвенционалном ратовању, те рад за Војнообавештајну службу америчке војске од априла 1942. до јула 1946, уз више од тридесет месеци проведених с друге стране океана са основном одговорношћу за Југоисточну Европу и Блиски исток, затим моју службу у својству вишег цивилног војнообавештајног стручног истраживача при Генералштабу копнене војске у Вашингтону од јула 1946. до јула 1959, са главним задатком проучавања Совјетског Савеза, његових сателита и Југославије, као и развитка нових приступа неконовенционалном ратовању.

Овој студији допринело је и моје дечаштво – период између осме и петнаесте године провео сам на Блиском истоку с родитељима, америчким мисионарима – као и боравак, рад на отклањању последица рата, и пословна путовања тим подручјем и околним крајевима између 1919. и 1928. Битан је и мој наставнички и научни рад на Универзитету Мичиген у Ен Арбору између 1928. и 1942. Докторат сам одбранио 1933. и добио стипендију Меморијалне фондације Џон Гугенхајм за 1935–1936 да бих наставио своја истраживања у средњој и западној Азији и источној Европи. Од 1937. до приступања Војсци САД априла 1942, усредсредио сам се на источну Европу и западну Азију са аспекта растућег стратешког значаја тих крајева за европске велике силе. Но, пошто сам током рата јавно критикован због наводних предрасуда против југословенских партизана и њиховог комунистичког вође, Тита, као и против других сличних такозваних прогресивних покрета у Другом светском рату, користим прилику да изнесем и неке своје, личне политичке ставове.

Наиме, после младалачког одушевљења Теодором Рузвелтом и његовим идејама, током студија на Универзитету Мичиген, на основу оног што сам лично сазнао о комунизму и фашизму, постао сам поштовалац Франклина Рузвелта као гувернера, а затим и као председника. На универзитету, међутим, и леви и десни екстремисти нападали су ме као присталицу оне друге стране. У том раздобљу веома критички сам гледао на политичке и друштвене прилике у Југоисточној Европи и тамошње режиме. Но, током мог тридесетомесечног боравка на том терену током рата трудио сам се да одржавам што ближи додир са представницима свих тамошњих политичких група. Стога су ме Вашингтону двапут пријавили као симпатизера комуниста, а 1945. ме замало нису извели пред војни суд због непоштовања званичне политичке подршке Титу.

Међутим, после дугог и помног преиспитавања себе и свога критичког става према предратним приликама у Југославији као и приличног разумевања за прокламоване циљеве партизана, већ почетком 1944. закључио сам да њихово комунистичко вођство нема никакве намере да се држи својих наводних ратних циљева, нити да уважава жеље народа и његових помесних првака. Истовремено, из обиља извора добијао сам доказе да се националистички покрет, у доброј мери под утицајем генерала Драже Михаиловића, све више окреће управо оним реформама које су комунисти само речима заговарали.

У ретроспективи, схватам да је оваква промена схватања политичких и друштвених прилика у Југоисточној Европи умногоме плод мојих бројних посета том подручју између 1917. и 1928. У том раздобљу сам наиме често путовао по Југославији и околним земљама. И мада ни у једној нисам боравио довољно дуго да научим њен језик, владање француским, немачким, и турским, и делимично знање руског и арапског омогућили су ми разноврсне контакте и везе са домаћима и странцима настањеним на Блиском истоку и у Југоисточној Европи, то јест на Балкану. Виђао сам се с државним службеницима, научним радницима и пословним људима, а посебно корисним показала су се познанства са члановима муслиманског дервишког братства Мехлеви. По правилу широко образовани, они и њихови пријатељи на терену су се од давнина занимали за Југоисточну Европу и одржавали везе са њом, нарочито са оним крајевима који су генерацијама припадали Османском царству.

Посебице морам овде исказати захвалност тројици мојих цењених и блиских пријатеља на Блиском истоку. То су Кемал Ататурк, водећи турски војсковођа из Првог светског рата и први председник турске републике, кога у овој студији често помињем као једног од двојице историјски најзначајнијих политичких вођа у Европи међуратног доба, затим Шукри Куватли, његов савременик, председник Сирије и један од најважнијих арапских националиста двадесетог века, који ме је упознао са другима из те групе заинтересованих за муслимане Југоисточне Европе па, у Другом светском рату, и са старијим Ибн Саудом, првим владарем Саудијске Арабије. Ибн Сауд није наиме био само велики пријатељ Британије и Америке већ и непомирљиви противник Хитлера и јерусалимског Великог муфтије, Хитлеровог најутицајнијег присталице у Југоисточној Европи и на Блиском истоку.

Ибн Сауд је био тај који ме је пред слање у Југославији овластио да се међу муслиманима Југоистока слободно позовем на њега. Касније сам сазнао од помесних првака који беху студирали у Турској и знали турски да су имена Ибн Сауда и Ататурка поштована и у најзабаченијим селима Босне, Херцеговине и Санџака, и да се на њих двојицу гледа као на најзначајније исламске вође.

При свему томе, и моје искуство с Блиским истоком, те рад у британској Војнообавештајној служби током 1917. и 1918, показали су се корисним и у Другом светском рату, нарочито током моје мисије у Југославији. И у Првом светском рату имао сам, наиме, прилике да радим с припадницима тајних служби Британије и Француске. Затим сам 1920. и 1921, бавећи се хуманитарном помоћи, служио и као незванични саветник америчког адмирала Марка Бристола (*Mark Bristol*), тадашњег америчког високог комесара за Блиски исток, дошавши опет у додир са поменутом господом. Године 1942, када сам се још једном нашао на Блиском истоку као амерички војни обавештајац, поново сам се срео са неким од тих људи. Уз то, пошто су делови британске и француске службе на Блиском истоку и у Источном Средоземљу увелико били прожети комунистима и њиховим симпатизерима, одређени британски и француски обавештајци су ме замолили да неке од њихових изузетно поверљивих извештаја и докумената намењених вишим центрима шаљем безбеднијим, америчким каналима. Ово је довело и до моје званично одобрене, непосредне сарадње са најзначајнијим британским и француским тајним структурама на терену. У даљем тексту, те контакте често помињем као ''посебне изворе''.

Први непосредни исход оваквог развоја догађаја била је прилика да се 1942. пријавим за рад иза немачких линија у Југославији. Наиме, један поверљив генералштабни официр из једне од држава Југоистока (али не Југославије), иначе више левичар идеалиста него доктринар, већ је подуже упозоравао Британце и Французе да не верују Титу и партизанима, пошто су њихови виши ешалони прожети комунистичким дисидентима више заинтересованим за уништење

Стаљина него Хитлера. Истовремено, пружио нам је и поуздане доказе о значају генерала Драже Михаиловића и његовог српског националног покрета, насталог 1941, за Савезнике. Овај извор наглашавао је важност два чиниоца: да је генерал Михаиловић већ успоставио делатну везу са антинацистичким елементима у Мађарској, Румунији и Бугарској, и већ извео многобројне и разноврсне саботаже на виталним немачким саобраћајницама не само ка Источном Средоземљу и Северној Африци, већ и ка стратешки кључном руском јужном сектору. Тачније, тај наш извор сматрао је да се, од Грчке или Албаније, западном Југославијом до границе с Италијом у Словенији могу слободно и у униформи кретати уз помоћ њему познатих локалних партизанских команданата, те да се исто тако могу вратити у Грчку националистичким каналима преко Босне и Србије. За такав подухват, по његовом мишљењу, била ми је потребна једна година, уз сталну радио везу са савезничким центрима.

Предлагао је, такође, да се усредсредим на северну и источну Југославију где су прилике за ефикасне саботаже немачких линија снабдевања најповољније. Био је и мишљења да би ваљало да будем овлашћен да радим широм Југославије на зближавању националиста и умерених и не потпуно комунизованих помесних команданата који би, по његовој процени, пришли генералу Михаиловићу пре него комунистичкој партији и Титу. На основу својих веза у другим немачким земљама-савезницама у Југоисточној Европи, предлагао је да са генералом Михаиловићем проучим могућности саботажа у тим крајевима. Управо су ми идеје овог даровитог, професионалног војника из Југоисточне Европе (чије име зарад његове безбедности не наводим у случају да је још жив), послужиле да предложим нека своја решења за савезничка обавештајна и оперативна дејства у Југославији.

Десило се, међутим, да је у то исто време 1942. на дужности у Каиру био генерал-мајор америчке авијације Френк Ендрус (*Frank Andrews*), изузетно способан официр задужен да спречи немачку победу над Русима и Британцима. Захваљујући свом искуству придодат сам његовом штабу, при том искористивши прилику да га обавестим о мојим постојећим везама са британским и француским обавештајцима и мојим ''посебним изворима''. Истовремено, без помоћи Британаца и Француза, дошао сам у додир с члановима ционистичке ''владе у сенци'' за Палестину, као што су били Бен Гурион, Шерек, Хоровиц, и Заслани. Они су ме обавестили да у окупираној Средњој и Источној Европи постоји јака илегална јеврејска организација за спасавање њихових сународника и да се већ неко време успешно служи постојећим црноберзијанским и кријумчарским каналима на тим подручјима.

Циониста су, наиме, имали тачне увиде да су те илегалне групе успеле да прожму одређен број локалних пронемачких организација успостављених да Немцима помажу при експлоатацији тих крајева, на тај начин се оспособивши за обавештајни рад и саботаже против Немаца, што је могло бити од знатне користи Савезницима. Податке добијене од циониста проверио сам преко наших других канала и утврдио да су тачни. Кроз своју тајну службу циониста су нам, заузврат, потврђивали истинитост наших сазнања о саботажама генерала Михаиловића, обавештавајући нас да и он при том користи помесне шверцере и црноберзијанце. (Напомињем да је Бен Гурион био шеф те владе у сенци, а Шерек, који се заправо звао Шерток, ''министар војни''. Хоровиц је био главни стручњак за економију, а Заслани за тајне операције. С њим сам се првим срео крајем 1942. у Каиру, где сам био задужен за безбедност у оквиру успоставе америчке Команде за Блиски исток. Негде у исто време се и госпођа Голда Меир, будућа премијерка Израела, обратила Стејт Департменту, нудећи циониистичку војнообавештајну помоћ у окупираној Европи.)

Све што сам успео да сазнам прослеђивао сам генералу Ендрусу, с препоруком да и сами делимо преко циониистичке тајне организације, шверцера и црноберзијанаца, као и југословенских националиста на терену, а посебно преко њихових веза у Мађарској, Румунији и Бугарској. Велики човек колико и војник, генерал је одмах схватио могућности оваквог рада, као и нужност да се не петљамо с политичком и војном бирократијом, већ да одмах прионемо на посао. Пошто је управо требало да иде за Вашингтон у вези са својим постављењем на веома одговорну дужност у Европи (по његовој смрти пренетој на генерала Ајзенхауера), генерал Ендрус ми је наложио да наставим рад са својим везама и ''посебним изворима'', а да га о томе не извештавам уобичајеним путем већ преко тајне адресе у Вашингтону. Казао ми је и да ће настојати да ме што пре пошаље у Југославију. Он наиме већ беше послао личну поруку једном пријатељу у Вашингтону с молбом да ме што пре ослободе дотадашњих дужности и поставе за организатора мисије у Југославији. Све то дешавало се у позну јесен 1942.

Нажалост не само по мене већ и по наш ратни напор, генерал Ендрус је страдао када се авион којим је летео за Вашингтон срушио на Исланду. Тек по завршетку рата сазнао сам од генерала Донована из *OSS* да су сви моји извештаји засновани на раду са посебним изворима слати и њему, а да је он копије редовно прослеђивао генералу Томасу Родерику (*Thomas Roderick*), високом официру америчке Војнообавештајне службе у Команди за Југоисток. Не казујући ми ништа о томе, генерал Родерик ме је непосредно укључио у развој наше обавештајне и оперативне мреже за Југоисточну Европу.

У међувремену, искористио сам и свој релативно кратак боравак у својству војног аташеа у Багдаду, где се налазио и главни штаб Савезничких пољских снага под генералом Владиславом Андерсом (*Wladislaw Anders*), изузетним професионалцем великог интелекта и специјалистом за совјетска питања. Генерал ме је почаствовао личним поверењем и упознао са својим штабом и разматрањем стратешких прилика у Источној Европи, нарочито у односу на совјетску војну доктрину. Ово га је веома занимало још откада је током првих година рата боравио у Русији као фактички заробљеник, што му је послужило да продуби и прошири своје контакте са високим совјетским војним стручњацима.

Тако сам, пошто сам се фебруара 1943. вратио на дужност у Каиро, по ранијој препоруци генерала Ендруса генералу Родерику придружен каирском штабу новоуспостављене америчке Здружене војнообавештајне агенције. И мада сам и даље био одговоран и за Блиски исток, имао сам прилике да већи део 1943. и прву половину 1944. посветим проучавању стратешког значаја Југоисточне Европе, нарочито Југославије. Захваљујући способним помоћницима проводио сам доста времена ван Каира, радећи на даљем упостављању веза у Алепу у Сирији, и Барију у Италији, граду који је у међувремену постао наша главна осматрачница за Југоисточну Европу. Имао сам користи и од повремених посета Команди за наше подручје у Алжиру, где су се налазили врхунски француски стручњаци за цео Југоисток, као што ми је добро дошао и боравак у самом Каиру, због додира са Британцима.

На основу онога што сам сазнао од генерала Донована после рата, изгледа да је генерал Ендрус мислио – пошто га је председник Рузвелт поставио на положај који је после његове смрти припао генералу Ајзехауеру – да на сваки начин убеди председника Рузвелта да што више пажње поклони плану генерала Донована из 1943, да се генералу Михаиловићу и његовим националистима пружи пуна америчка материјална и морална помоћ. У сваком случају, почетком 1944. и ја сам сматрао да је време да још једном покушам да издејствујем слање у Југославију, усредсредивши све своје снаге на тај циљ. До те одлуке дошао сам колико на основу редовних обавештајних података тако и на основу оних из посебних извора. Већ почетком 1944. појавио се, међутим, у Каиру, Алжиру и Барију нов и значајан извор информација о Југославији. Радило се о све већем броју партизанских официра и функционера из Југославије придодатих савезничким центрима за подршку Титу да преузме власт у тој земљи. Већина су били Хрвати, али било је ту и словенских муслимана, па и странаца, понајвише Италијана. У незваничним разговорима са британским и америчким официрима, неки од Хрвата су без снебивања помињали војну недостатност југословенских комуниста, растуће нејединство међу њима у погледу циљева борбе, те све већи број плаћеника у партизанским главним јединицама. (Аутор плаћеницима зове заробљене или пребегле домобране, муслимане и четнике, те Италијане и усташе уновачене после капитулације Италије, 9. септембра 1943; прим. приређивача).

Све их је више наиме било разочараних Титом због избегавања борбе против Немаца, и његовог све отворенијег наметања комунистичке власти. Неки од њих показивали су поштовање, чак и наклоност, према генералу Михаиловићу и његовим, по њима, напредним политичким ставовима, те њиховом утицају на прогресивне снаге диљем Југоистока.

Спрам свих тих сазнања схватио сам да генерал Михаиловић и после свега представља не само најбољу већ и једину прилику за обједињавање свих битних чинилаца у Југославији и њеној околини за борбу против Немаца те, што је још важније, за праведно решавање поратних прилика на Југоистоку. То ме је почетком 1944. навело да се поново јавим за мисију у Југославији као официр за везу при Штабу генерала Михаиловића. Тај мој захтев коначно су одобрили моји претпостављени у Каиру, генерал Осман (*Osman*), генерал Родерик у Команди за Југоисток и виши службеници Стејт Департмента. Марта 1944, и председник Рузвелт се сложио са мојим посланством, као што је претходно, позне 1943, одобрио слање пуковника Сајца (*Albert Seitz*) и капетана Менсфилда (*Walter Mansfield*) из *OSS* код генерала Михаиловића. Наиме, њих двојица се беху управо вратили у Вашингтон са веома повољним извештајима о снази и могућностима националиста, што је несумњиво утицало на председникову одлуку.

Но, почетком априла 1944, председник Рузвелт је нагло повукао дозволу за моју мисију, наводно на лични захтев премијера Черчила. Што сам у августу ипак успео да дођем до Југославије и генерала Михаиловића ваља приписати пре свега искреном дивљењу председника Рузвелта према јунаштву и жртвама генерала Михаиловића, његових снага, и српског народа при спасавању неких пет стотина америчких авијатичара оборених изнад Југославије – подухвата изведених током 1944. упркос спознаје свих да су и Србе и њиховог генерала председник Рузвелт и премијер Черчил препустили комунистима.

После падобранске обуке и шест безуспешних покушаја да се ноћу спустим у Југославију, наш авион је једне августовске ноћи ипак успео да слети близу привременог Штаба генерала Михаиловића у западној Србији, и да при повратку укрца групу спасених авијатичара. Но, почетком септембра, такође по наводном захтеву премијера Черчила, наређено ми је да сместа напустим земљу. Успео сам, међутим, да одгодим тај одлазак до новембра изговарајући се непрекидним покушајима и Немаца и партизана да заробе и генерала и мене, што је онемогућавало успоставу било каквог авионског узлетишта. Када сам, нешто касније, добио сумњиво наређење из Команде да се предам најближем партизанском штабу, одбио сам га с образложењем да је комунистички радио отворено тражио моју смрт, будем ли икада дошао у Југославију. (Касније покушаје комунистичких симпатизера у Вашингтону да ме због тога изведу пред војни суд, Министарство рата енергично је одбило.) Када сам коначно, 1. новембра 1944. успео да се евакуишем америчким транспортним авионом са ловачком пратњом, генерал Михаиловић и његов локални командант пружили су ми сву могућу подршку мимо сопствене, не мале угрожености.

Овде напомињем да је преко мене генерал сер Хенри Вилсон (*Henry Wilson*), главнокомандујући за Југоисток, генералу Михаиловићу послао једну веома љубазну поруку, позивајући га да се евакуише са мном, што је генерал одбио поручивши да би радије погинуо у својој земљи и међу својим народом, него живео у избеглиштву. Побијам, при том, као потпуно лажну, тврдњу комуниста и њихових симпатизера у САД да је за време мог боравка код њега генерал Михаиловић организовао мој састанак са господином Штеркером (*Staerker*), личним изаслаником господина Нојбахера (*Neubacher*), Хитлеровог изасланика за Југославију. Чињеница је, међутим, да су ми надређени из Команде за Југоисток наложили да контактирам Нојбахера у оквиру тадашње званичне савезничке политике нуђења Немцима да се предају, те да сâм генерал Михаиловић не само да није имао никакве прилике да се лично сретне са Штеркером, већ се жестоко противио свим мојим евентуалним контактима са Немцима бар док сам с њиме, да не бих тиме омогућио даље блаћење националиста као ''сарадника окупатора''.

Но, што се тиче значаја моје мисије за југословенске националисте или Савезнике, било у погледу ратовања или припрема за мир, принуђен сам да признам да је мој, прекратак боравак у тој земљи био неуспешан. Осврћући се, међутим, на то данас, прихватио сам поратну процену генерала Донована да је моје присуство у штабу генерала Михаиловића, мада му је донело додатне проблеме и допринело прогонима његовог народа од комуниста, у историјском оквиру, с гледишта сведочења истине и побијања искривљених приказивања људи и догађаја током рата у Југославији које су шира америчка и британска јавност прихватиле здраво за готово, имало оправдања. С тиме на уму и на срцу покушао бих да дам једну трајнију оцену локалних извора на које сам се ослањао при састављању извештаја о мојој мисији, предатог новембра 1944. Савезничкој команди у Казерти, а потом и Министарству рата у Вашингтону.

Наиме, материјал којим сам се послужио сачињавали су наредбе и упутства која ми је издао генерал Родерик, виши обавештајни официр за Југоисток, уз сагласност генерала Донована, шефа Уреда за стратешке задатке (*OSS*) непосредно одговорног председнику Рузвелту за све обавештајне податке са подручја окупираних од непријатеља. Речено ми је, такође, да се при планирању моје мисије генерал Родерик у потпуности саветовао са господином Робертом Марфијем (*Robert Murphy*), вишим представником Стејт Департмента при Команди за Југоисток. Јер, моја је мисија у основи била замишљена као истраживачка, мање усмерена на чисто војна питања а више на основне политичке, друштвене, психолошке и економске чиниоце битне за америчку политику према Југославији, те целој Југоисточној Европи у послератном раздобљу. Игром случаја, мој задатак се умногоме поклапао са мојим дотадашњим обавештајним радом и интересовањима у Команди за Југоисток, као и са мојим предратним истраживањима на Универзитету Мичиген.

На основу њихове важности, покушаћу зато да наведем четири основне категорије локалних извора на које сам се ослањао током свог боравка у Југославији: први је био сâм генерал Михаиловић, други су чинили бројни студенти при његовом Штабу, од којих су неки били цивили а други наоружани добровољци, трећи се састојао од већег броја помесних националистичких вођа из Србије и Босне – цивила колико и војних лица, међу којима је било доста Срба из западне Југославије – а четврти беху стотине србијанских и босанских сељака с којима сам, уз омању групу младих и способних обавештајаца југословенског порекла из *OSS*, проводио вечери или читаве ноћи – у већини случајева подалеко од самога Штаба.

Током рата, као и вековима пре тога, а изгледа и данас, сељаци Југославије чинили су не само најбројнији него и економски, друштвено – па, потенцијално, и политички – најзначајнији и највиталнији део становништва. Српски сељаци – било у Србији, Босни или западној Југославији – на основу свега што сам временом видео и научио, могли би се описати насловом једне, својевремено веома запажене америчке или енглеске књиге: *Једноставно живљење и високо размишљање* (*Plain Living and High Thinking*). У том погледу, они су увек били заиста културни, а када би – не одвише често – изменили нешто у своме начину живота, чинили би то искључиво зарад бољег обављања власти, војне службе, економских или интелектуалних послова. Али, ма како се прилагођавали они би, како то Французи кажу, ''уто више остајали исти''. Генерал Михаиловић ми је често наводио сличну оцену српског менталитета и, док се суочавао са својим неизбежним поразом и смрћу, тешио се пре свега вером у сељаштво – било оно српско, југословенско, или ''балканско''. Узгред, током свог вишегодишњег, послератног професионалног занимања за Источну Европу и Азију, убеђење да ће у тим подручјима становништву психолошки стране комунистичке диктатуре постепено заменити домаћа политичка и друштвена уређења – под утицајем управо те, сељачке баштине – само ми се учврстило.

Наиме, регионална и строго локална руководства националиста на свим нивоима која сам упознао у Србији и Босни, припадала су трима основним сталежима: резервним официрима Југословенске војске (стални састав налазио се, услед општег лошег вођства у Априлском рату 1941, углавном у немачком заробљеништву), православном, муслиманском или католичком свештенству, и сељаштву. У одређеној мери ми се свештенство, због мрзитеља међу њима, учинило сметњом националном јединству, али сам приметио и велике разлике између три вере. Тако бих, по значају одмах иза самог генерала Михаиловића, убројао заиста великог националног првака, оца Саву, православног свештеника са огромним утицајем у Босни не само међу Србима већ и међу муслиманима и Хрватима. Нажалост, овог светог човека који никада није носио оружје су, по заробљавању, комунисти јавно и срамотно мучили до смрти.

Но, у Босни сам имао срећу да се послужим својим знањем турског, будући да је већина муслиманских, не само верских првака, учила школе у Турској. Велике муслиманске заједнице у Босни, Санџаку и Херцеговини, држале се углавном по страни од староставних, и дубоко укорењених сукоба између Срба и Хрвата. Да су ове муслиманске заједнице националистима пружале и знатну војну подршку казали су ми и њихове вође и генерал Михаиловић, а потврдили муслимански официри које сам 1944. сретао у Каиру или Барију, пошто су се својевремено борили и на немачкој или на партизанској страни. Управо су ме те велике могућности за политичку колико и војну сарадњу Срба, муслимана и Хрвата преко генерала Михаиловића и навеле да Команди за Југоисток предложим Босну за центар заједничких англо-америчких и, надао сам се, и совјетских напора да се у Југославији после рата успостави праведан и одржив мир.

У погледу дугорочних чинилаца који би могли играти важну улогу по склапању мира у овом подручју најбитнији су ми се, мимо генерала Михаиловића, учинили студенти. Наиме, 1941. и почетком 1942, Југословенима и осталом свету комунисти су свој програм приказивали као прогресиван а не радикалан, те су се многи студенти – можда и више од половине – с њима слагали а неки и одлазили у партизане, углавном да би се разочарали. Од студената са којима сам о томе разговарао, отприлике половина је била свесна такве промене својих осећања. Том приликом, код њих сам уочио и спремност да размене мисли с неким ко дели њихово универзитетско искуство, а усто је и обавештен о могућностима и приликама у Југославији и Југоисточној Европи. И мада изразито самосвојни, готово сви без изузетка сматрали су генерала Михаиловића јединим кадрим да њихову земљу, па и цео Југоисток, успешно проведе кроз послератне изазове и обнову.

И, док сам покушавао да их наведем да ми се што више повере, схватио сам да сви деле не само заједничке вредности већ и веома здраву шароликост личних жеља и професионалних хтења. Током својих поратних година у Вашингтону, када сам у оквиру Службе био задужен и да разговарам са младим официрима и студентима, пребезима из совјетске Русије и њених сателита, открио сам много заједничког између њих и студената при Штабу генерала Михиаловића из 1944. У мировини потом читајући меродавно штиво пронашао сам многе паралеле између српских студената из 1944. и данашњег интелектуалног ''подземља'' у Совјетском Савезу. Верујем да би наши, амерички студенти, могли много да науче пратећи наде и страховања тих некадашњих високошколаца из Источне Европе, који су преживели пропаст слободно успостављеног реда и мира и његово надомештање потпуном региментацијом.

Додатну вредност проналазим и у ономе што ме је највише задивило током мог боравка у Југославији 1944. Наиме, мимо све мржње изазване југословенским грађанским ратом, ти наоружани студенти-националисти — мада суочени са безмало сигурним поразом и смрћу — делили су основна убеђења о друштвеном и политичком устројству са умеренијим, млађим Титовим официрима које сам сретао у Барију и Каиру. Та схватања као да су у великој мери црпли из ставова генерала Михаиловића познатих још од пре рата, а осведочених и током њега. Сви су наглашавали да генерал, једини међу свим Југословенима, поседује својства која би могла ујединити земљу, па и цео Југоисток, у поратном политичком, друштвеном и привредном напретку.

Оно што сам желео да истакнем овом студијом јесте колико је утицај генерала Михаиловића и на пријатеље и непријатеље мера његове истинске величине. Уз то, онима који су наследили нешто од филосфије и етике Источне Европе још један доказ његове величине јесте одлука да не напусти поробљену отаџбину и не оде у изгнанство, мада је знао да га чека страшна смрт. Оживљавајући у сећању наше разговоре док смо на коњу или пешице ишли брдима и шумама Србије и Босне, или посећивали сеоска домаћинства, присећам се и снажног утиска који су на мене оставили и други видови његове величине. Пошто смо разговарали на француском, могуће је да су остали око нас мислили да разматрамо војну тактику и општу ратну стратегију, као што повремено и јесмо. Али генерал је најчешће наш разговор усмеравао ка другим темама, ка миру и будућности какву је желео не само својој отаџбини, већ и свој Југоисточној Европи, па и Европи као целини. И као што је у Југославији највише љубио сељаштво, код мене се распитивао о положају и напретку сељака у Русији и на Блиском истоку. Видим га заправо као истинског заступника земљорадника, са много замерки тадашњим вођама земљорадничких странака како у његовој земљи тако и диљем Југоистока.

Као и пуковник Алберт Сајц, чији боравак код генерала Михаиловића помињем касније у овој студији, опазио сам да, иако изузетно поносан на своје српство, генерал будућност свога народа није сагледавао искључиво у унији са Хрватима, муслиманима и Словенцима, већ и свим народима Југоистока, у некој врсти федерације или конфедерације. Но, томе није прилазио као сањар, професор, или војник, већ као планер и извршилац, што је и био током целе своје војничке каријере. У нашим разговорима он би се чврсто, повремено и оштро, противио било каквој доминацији било које стране силе над било којим делом Југоистока, чак и у виду давања некој од њих неких посебних трговинских, привредних или других повластица. Уз то, сматрао је и да се ниједан балкански народ не сме, са своје стране, приближавати ниједној од њих.

Повремено, генерал би наш разговор наводио на будућност европског, па и светског уједињења, о чему би ме пропитивао с мешавином неверице и наде. Да је био у прилици да предводи слободну Југославију после рата — што би се и десило да премијер Черчил и председник Рузвелт нису тако грубо погрешили у својој процени — генерал Михаиловић остао би упамћен као један од малобројних, заиста великих лидера поратне Европе. Но, таквог смо човека ми из Велике Британије и Сједињених Држава препустили Титу, да га срамно и сирепо погуби.

ЈУГОИСТОЧНА ЕВРОПА И ХИТЛЕРОВА ОПШТА СТРАТЕГИЈА

Израз Југоисточна Европа у овој студији користим за онај део Балкана који обухвата Југославију, Румунију, Бугарску, Грчку и Албанију и, делимично, Турску и Мађарску. У географском, историјском и стратешком смислу европска Турска и југоисточна Мађарска су саставни део Југоисточне Европе. Политички а и логично, Турци своју земљу сматрају важним чиниоцем и Блиског истока и Југоисточне Европе, а Мађари своју делом и Централне и Југоисточне Европе. Иако су западне, јужне и источне границе Југоисточне Европе јасно оцртане Јадранским, Средоземним, Егејским и Црним морем, северне, копнене границе опиру се прецизном одређивању. Изабрао сам, стога, да у ту сврху повучем замишљену линију од горње границе Јадранског мора, кроз Будимпешту до тромеђе Мађарске, Чехословачке и Украјине, те потом дуж границе између Совјетског Савеза и Румуније до Црног мора.

Мада се ова студија непосредно бави југоисточним делом Европе за време Другог светског рата, треба истаћи и шири стратешки и историјски значај тог подручја за целу Источну Европу, као и значај Источне Европе за цео европски континент и, неизбежно, за цели свет. Иако се то у Америци врло мало узима у обзир, историја јасно показује да су народи Југославије, као и њихови суседи у Југоисточној Европи, укључујући и Турску, одавно важан чинилац не само у ратовима већ и њиховом спречавању захваљујући својим старим, самородним, међусобно зависним и сарађујућим друштвеним и економским установама. То што на крају Другог светског рата нисмо схватили значај тог миротворног потенцијала и помогли његов развој знатно је допринело оним ширим економским и политичким чиниоцима који и трећи светски рат чине неминовним.

Прегледајући током последње три године своје документе и белешке прикупљене у ранијим истраживањима, и за време рада на универзитету и за владу, открио сам да су, игром случаја, чак шесторица истакнутих професионалних војника имали зачуђујуће слична схватања о улози коју би Југоисточна Европа одиграла у федерацији целе Источне Европе, што би онемогућило рат између Немачке и Русије и допринело светском миру. Не знам за искреније и мудрије заговорнике мира од професионалних војника прекаљених у борби, а та господа била су управо таква. Навешћу сада њихова имена онако како сам с њима ступао у везу:

Јерменски генерал Антраник, кога сам виђао у периоду 1917–1918, на руском Кавказу и у околним областима Турске и Ирана, по мом мишљењу један од највећих професионалних, национал-револуционарних герилаца с краја 19. и почетка 20. века, на известан начин прави баштиник руског револуционог раздобља из 19. века, који се прекалио у Југоисточној Европи ратујући с Турцима и коме ме је, као официра за везу, доделила Британска војна мисија на Кавказу.

Турски генерал Мустафа Кемал Паша, касније познат као Ататурк, с којим сам имао низ разговора о бројним питањима у периоду 1920–1921 у Анкари. У својству председника Турске, током најкритичнијих момената међуратног периода исказао се као један од двојице изузетних државника Европе, други по мом суду будући његов савременик и сарадник, југословенски краљ Александар. Да су Британија и Сједињене Државе подржале њихове заједничке напоре, Хитлер би вероватно одустао од општег рата.

Генерал Владислав Андерс, командант Здруженог пољског корпуса на Средњем истоку и Медитерану, кога сам срео у пролеће 1943. као војни аташе у Багдаду. Он не само да је добро познавао источноевропске стратешке чиниоце већ и слабости и предности како немачке тако и руске војне доктрине и праксе; заједно са члановима свог штаба он ми је први предочио источноевропске проблеме и стратешки потенцијал.

Генерал Дража Михаиловић, кога сам виђао, у лето и јесен 1944. у немачкој позадини у Србији и Босни, као команданта свих снага легитимне југословенске владе у Југославији. Генерал Михаиловић се био изузетно истакао у борбама са Немцима током Првог светског рата, потом поставши познат у Југоисточној Европи као бриљантан штапски официр и планер који је врло рано схватио потребу окупљања Југоисточне Европе у ширу федерацију или конфедерацију ради очувања независности и развоја здраве привреде.

Генерал Пол Ели (*Paul Ely*), водећи војни стручњак за Источну Европу, касније шеф Генералштаба француских оружаних снага, кога сам накратко видео одмах после рата у Вашингтону и, у том периоду такође,

Генерал Вилијем Џ. Донован (*William J. Donovan*), шеф Уреда за стратешке задатке (*OSS*), можда једини високи амерички официр који је још током рата разумео стратешке чиниоце од одсудног значаја за наше послератне проблеме са Источном Европом. Оба ова официра изразила су велику стрепњу у вези могућег трећег светског рата, свесни улоге коју би Источна Европа, а посебно Југоисточна Европа, могле одиграти у његовом спречавању.

Иако се нису познавали, ова шесторица војника од каријере не само да су једнако тежили миру већ су сматрали и да би се стратешка, те тиме и политичка и привредна стабилност целе Европе најбоље осигурала уједињењем простора средишње Европе између Немачке и Русије, и Балтичког и Средоземног мора. Таква Средња Европа била би не само војно и привредно јака већ и политички независна. Разноврстан рељеф, индустријски и потрошачки ресурси, приступ Средоземном мору и следствена подршка Британије и Француске – уз друге тактичке и стратешке предности – у великој мери би осујећивали могуће намере Немачке или Русије да против ње употребе војну силу. Још значајније, ни једна од те две силе не би могла успешно напасти ону другу преко такве средње Европе. Генерал Ели је сматрао да би та Средња Европа, као потенцијални савезник Француске и Британије, у отпору некој агресивној Немачкој била успешнија од ''неколико Мажино линија на западу''. Генерал Донован се такође слагао да би уједињена средња Европа – са својим усељеницима у Америку све важнији чинилац у економском и политичком животу САД – у неким међународним кризама у будућности могла битно помоћи америчком сузбијању агресије. У случају било каквог општег европског рата, сва шесторица поменутих војника су Југоисточну Европу видела као одсудни тактички и стратешки чинилац.

Ове оцене Средње Европе као кључа за европски мир, а Југоисточне Европе пак као гаранта њене снаге и целовитости, су без сумње битне за процену политике Русије и Немачке током тридесетих година двадесетог века, када су нарастале Хитлерове агресивне замисли а руска идеолошка грозница добијала на облику и садржају. Оне јасно указују на истински витални значај Југоисточне Европе за Хитлера и његове саветнике у визији хиљадугодишње нацистичке доминације светом. Но пре него што развијем ову тезу, потребно је кориговати уобичајено погрешно тумачење преовлађујућег става народа Југоисточне Европе и Блиског истока према Немачкој и Немцима. С правом огорчени због немачких агресија у првој половини двадесетог века, често превиђамо благотворну и корисну улогу Немачке у овим подручјима пре и после Првог светског рата, и пре него су се, током тридесетих година двадесетог века, исказале праве Хитлерове амбиције.

Немачко занимање од последње деценије деветнаестог века за Југоисточну Европу и Блиски исток чинило се у почетку само наставком или проширењем претходних економских активности Аустрије. Израз *Drang nach Osten* сковали су други не само да опишу немачку заинтересованост за Русију, већ и планове немачких банкарских кругова у некадашњој Турској империји, приписане уз то некаквој завери немачког Генералштаба против Велике Британије. Суштина је, међутим, да су немачке банке најпре британским инвестиционим интересима предложиле заједнички наступ на Блиском истоку, но та понуда у Лондону није изазвала ни интересовање ни стрепњу. И сâм послујући на Блиском истоку одмах после Првог светског рата, лично сам се уверио у поштовање и домаћих и странаца према не само делотворности већ и етичности немачке пословне заједнице, и њеној заинтересованости за побољшање локалне технологије и услова привређивања на свим нивоима. У земљама Југоисточне Европе, где су техничка знања и достигнућа у то доба била знатно развијенија но на Блиском истоку, поштовање немачких постигнућа, и појединачних и државних, било је једнако као на Блиском истоку. Немилосрдност којом су Немци током Првог светског рата наступали нарочито против Срба, временом је падала у заборав због дивљења и поштовања не само према Немцима као појединцима, већ и као друштву. Те чиниоце од великог значаја Хитлер је срачунато користио при свом методичном настојању да стекне контролу над Југоисточном Европом и Блиским истоком без рата, или бар пре него што општи рат избије.

Традиционалан британски и руски став и политика према Југоисточној Европи били су јасно обзнањени и добро познати, али и суштински негативни, осим с кратким прекидима: ни Британија ни Русија нису хтеле да доминирају овим подручјем уз потпуно искључивање утицаја других великих сила. Њихов традиционалан став, пре свега једне према другој, био је само да се осигура да ниједна велика сила не угрози извесне стратешке правце. За Британију, осим слободе за њену трговину са Југоистоком и кроз њега, основна брига била је безбедност морских путева преко Средоземља до Блиског и Средњег истока. За Русију пак, од животног значаја било је да ниједна велика сила не преузме контролу над мореузом између Средоземног и Црног мора, или ушћем Дунава у Црно море, пошто се са обе тачке могла предузети офанзива против неког од руских центара за производњу стратешких материјала на југу Русије и Кавказу, или потпирити неки локални покрет отпора против хегемоније Москве. Осим тога и под царевима и под бољшевицима постојала је, мада никад примењена, војна доктрина да се у рату немачко десно крило ка Русији долином Дунава потисне ка индустријском срцу немачких земаља и тиме избегну погибељни фронтални напади кроз Пољску.

Као допуну тој совјетској војној доктрини навешћу део из моје студије написане на Универзитету Мичиген мало пре Хитлеровог напада на совјетску Русију 1941:

''Основна стратегија совјетске Русије постала је јасна: уколико је то могуће, избећи рат док друге велике силе не исцрпу своје ресурсе у рату или током ратне опасности, и тако олакшају комунизацију капиталистичке Европе изнутра. Совјетска влада може закључити да им на дуги рок већа опасност прети од великих капиталистичких држава Британије и САД него од Хитлерове Немачке. Совјетским вођама, међутим, такође мора бити јасно да демократске државе највероватније неће никада заратити са Русијом. С друге стране, совјетски војни врх свакако зна да Европа западно од Русије не производи довољно хране нити располаже довољним количинама војно-стратешких сировина каквих Русија има у изобиљу. Ако ове године (1941) Хитлер не успе да победи Британију и тако себи отвори морски пролаз којим ће увозити што му треба, совјетским вођама неизбежно ће постати очито да он у очајању мора напасти свог савезника, Русију, не би ли задовољио своје стратешке потребе. С тим у вези, треба имати на уму да разни уговори на основу којих је совјетска Русија требало да снабдева нацистичку Немачку сировинама нису испуњени пошто Хитлер није могао или није хтео да заузврат испоручи количине или врсте машина и других индустријских производа потребних Русији".

У ретроспективи постало је јасно да Хитлер, у неколико година које су претходиле нападу на совјетску Русију, није успео да испуни своје обавезе из трговинских уговора и да се отворено трудио да од Југоисточне Европе створи алтернативно извориште виталних сировина. Али Стаљин је био толико свестан сопствених унутрашњих политичких слабости да није учинио ништа да заштити руске стратешке интересе на том подручју и у Пољској.

Совјетска политика ''мира по сваку цену'' непосредно пред избијање Другог светског рата била је веома слична тадашњој британској спољној политици у питању Југоисточне Европе. А за Британију има мање оправдања него за Русију. Иако је руска војна доктрина признавала значај Југоистока за одбрану Русије, она никад није била примењена, док су Британци, насупрот томе, два пута током Првог светског рата ту интервенисали због немачке претње британској безбедности на Источном Медитерану и Блиском и Средњем истоку. Услед општег америчког непознавања ове значајне чињенице, и њене повезаности с контроверзном Черчиловом стратегијом спрам Југоисточне Европе у Другом светском рату, овде ћу описати те британске интервенције.

Наиме, у Првом светском рату операције на француском фронту су доста рано запале у пат позицију и претвориле се у ''рат изнуривањем''. Од мора па до Алпа одвијали су се углавном двобоји тешком артиљеријом, повремено комбиновани крвавим и јаловим фронталним нападима на системе ровова велике стратешке дубине. У таквој врсти рата немачке снаге су тада имале приличну предност пошто су поседовале средњу и тешку артиљерију какву Савезници нису имали.

Но, Французи су својим тада новим пољским топом од 75мм – неупотребљивим у постојећим приликама на француском фронту – стекли одлучујућу предност за маневарски рат. Стога су млађи британски и француски генералштапски официри предложили да Савезници у Француској само држе своје положаје, а да се у општу офанзиву крене са Источног Медитерана, преко Југоисточне Европе, те да се долином Дунава стигне до Беча и индустријског средишта Немачке.

Уз то, захваљујући заиста херојском отпору Срба, уз мању британску и француску помоћ, немачка и аустријска војска нису успеле да успоставе потпуну контролу над Југоистоком, а постојала је и могућност да се Грчка и Бугарска, па чак и Италија, придруже западним Савезницима. Премијер Лојд Џорџ лично се заинтересовао за те предлоге, али је попустио пред негативним ставом виших официра. Кланица у Француској наставила се тако до јесени 1918. када су операције на Солунском фронту у Југоисточној Европи допринеле савезничкој победи.

Друго дејство Британаца у Југоисточној Европи у Првом светском рату било је резултат плодне маште Винстона Черчила, тада Првог лорда Адмиралитета. То је био британски покушај да се 1915. нападну турска утврђења на Дарданелима и тиме отвори пролаз у Црно море. Циљ је био двојак: пре свега да се пресеку немачке саобраћајне везе преко Југоисточне Европе са Турском и она тако искључи из рата, те тиме и отклони непосредна немачка претња Британији на Средњем истоку, а други да се повећа неопходна британска и очекивана америчка помоћ Русији – не више преко Арктика и Пацифика већ преко Средоземног и Црног мора.

И мада се то тада у пуној мери није можда уочавало, отварање Црног мора за британске и француске поморске снаге 1915. онемогућило би да Немци, преко њега и Југоисточне Европе, црпу стратешке сировине јужне Русије и Кавказа, што им је 1918. умало омогућило да губитке на Западу надокнаде победама на Истоку. Година 1920. и 1921. имао сам срећу да ми операцију на Дарданелима објашњава лично генерал Мустафа Кемал Паша (потом познатији као Ататурк и председник Турске), заповедник турских снага које су 1915. успешно одбраниле Дарданеле. Кемал Паша се с презиром осврнуо на подсмех с којим је Черчилова замисао била дочекана у неким круговима у Британији и Сједињеним Државама. На основу личног увида уверавао ме је да би, да су Британци напад продужили још само двадесетак сати, Дарданели и читав мореуз пали у руке Савезницима, пошто би Турци остали без муниције. По његовој процени, отварање Црног мора за савезничко бродовље и већу помоћ Русији би не само убрзало немачки пораз у Првом рату, већ би вероватно спречило и руску бољшевичку револуцију. Такође је сматрао да би успех Фебруарске револуције а неуспех бољшевичког противудара вероватно спречио и раст екстремне деснице у Западној Европи, а нарочито појаву фашистичке Италије и нацистичке Немачке. Због таквих правовремених увида се Ататурк, тада већ председник Турске, тридесетих година 20. века придружио југословенском краљу Александру у покушају успостављања центра моћи у Југоисточној Европи, кадрог да обузда и Хитлерове и Стаљинове амбиције.

У том контексту укратко ћу предочити немачку процену значаја Југоисточне Европе и став према њој у оба светска рата. Оба пута немачка Висока команда схватила је пресудну важност овог подручја и у одбрамбеном и у офанзивном смислу, и тако се понашала и тактички и стратешки. Током последње три године (по свему судећи, рукопис ове студије завршен је 1969; прим. уред.) поново сам проучио сав материјал који ми је о овој теми био на располагању – оно што су објавили други и моје сопствене радове и белешке засноване на обавештајним подацима из оба рата, као и студије са Универзитета Мичиген.

Сва та документација, наиме, јасно показује да су Хитлер и његови савезници у том смислу делали директно и свесно, користећи немачко искуство из 1918. У тој касној фази Првог светског рата, суочена са неминовним поразом, Немачка је паметном стратегијом и тактиком употребе Подунавља, Црног мора и Кавказа готово принудила Британију да се повуче из рата, и њој препусти ресурсе Русије и Средњег истока. Но, морам нагласити да се Хитлер на Истоку суочио са невољама каквих у Првом рату није било. Тада је Турска, наиме, била активни савезник Немаца, главнина турских снага везујући стотине хиљада британских и руских војника који би иначе били послати непосредно на Немачку. Хитлер је рачунао да ће Турска поново одиграти ту улогу, и велике немачке и италијанске офанзиве 1941. и 1942. на Источном Медитерану и у Африци биле су усмерене не само на Суецки канал и Средњи исток, већ су за циљ имале и да наведу Турке да одступе од неутралности и приђу Хитлеру. Нажалост, амерички коментатори често су пропуштали да наведу да је, поред величанственог отпора Срба, могућа улога Турске у рату била разлог да Хитлер 1941. и 1942. с кључног, руског фронта у Југоисточну Европу пребаци трупе и опрему којима би иначе потпуно сломио совјетски отпор током тог почетног раздобља велике совјетске унутрашњо-политичке и војне слабости.

Немачка стратегија у оба светска рата била је заправо суштински и неизбежно заснована на спознаји економских недостатака које ни вредни немачки радници ни способни немачки научници нису могли уклонити. Што се тиче потрошње – хране на пример – ни најстроже рационисање није могло омогућити Немачкој да задовољи потребе свога становништва на дужи рок, а камоли да издржава и стотине хиљада ратних заробљеника и увезене радне снаге. Немачка је стајала још слабије када је реч о производњи нафте, специјалних мазива, и стратешких метала. У целој Европи западно од Русије једино је Југоисточна Европа могла дати највећи део тих добара, но чак ни власт над тим подручјем, процењеним као стратешки неопходно, није могла до да одложи потпуно пражњење немачких складишта. У миру, Немачка се ослањала на увоз морем, али су у рату ти путеви били под потпуном британском блокадом. Тако је у оба светска рата Немачкој остајало једино да што пре освоји те богате залихе суштински важних добара у јужној Русији, на руском Кавказу и на Средњем истоку. Но, освајање и искоришћавање тих пространих подручја Истока зависило је од претходне контроле над Југоисточном Европом, и њених саобраћајних праваца Дунавом и железницом.

У Првом светском рату немачко стратешко интересовање за Русију везивало се пре свега за идеје и личност генерала Макса Хофмана (*Max Hoffmann*), познатог и изузетно способног штапског официра и стручњака за Русију. По избијању рата, њега је фелдмаршал Фон Хинденбург именовао за фактичког шефа Генералштаба свих немачких армија на руском фронту. Неуспевши да потпуно победе Француску пре но су руске армије ступиле у сукоб на Источном фронту, неки од најбољих умова у немачкој војсци, укључујући Хофмана, сматрали су да Немачка треба само да одржи постојеће стање на француском фронту а сву пажњу усмери на операције на Истоку. Генерал Хофман је сматрао да ће контролом над јужном Русијом и Кавказом не само сузбити сваку могућност за руски контранапад и својој земљи обезбедити одговарајуће залихе стратешких сировина, већ и да ће угрозити британску контролу над средњоисточном нафтом и индијским ресурсима у тој мери да ће Британија бити принуђена да затражи нагодбу са Немачком. Иако га је Кајзер испочетка одбацио, 1918. Хофманов концепт је оживљен и делимично примењен под командом немачког фелдмаршала Аугуста фон Макензена (*August von Mackensen*), тада команданта немачких снага у југоисточној Европи. (Податке о генералу Хофману и његовим идејама добио сам из његових поратних публикација, из немачких војних дневника, од некадашњих немачких и турских официра, учесника у операцијама предвиђеним Хофмановим концептом, и на основу сопственог рада у Британској војнообавештајној служби на Кавказу, 1917. и 1918.)

Савремени британски поглед на ову немачку стратегију на Источном фронту у Првом светском рату може се наћи и у студији истакнутог британског стручњака, професора Џ. А. Р. Мариота (*J.A.R. Marriott*), из које ћу навести неке детаље:

''(Од 1916) Кључ за напад који је у августу 1914. отпочео Кајзер (...) мора се потражити на Балканском полуострву (то јест у Југоисточној Европи), где ће и бити нађен (...) Да су Централне силе ударајући на Србију заправо доводиле у питање позицију Велике Британије на Блиском и Далеком истоку (то јест у Индији) није било довољно добро схваћено (...) Напад на сељачку Србију није био само почетак светског рата већ и обелодањивање основног разлога за њега (...) Велика Србија не само да је Хабсбурзима пречила пут према Солуну већ и Хоенцолернима према Цариграду. Југословени су се нашли сами између Централних сила и њихових снова о Средњој Европи (*Mittel Europa*) која би се протезала од Хамбурга до Цариграда (...) Од Цариграда се градила пруга којом је немачки трговци и немачки војници требало да путују ка Персијском заливу (...) Када би се они успоставили у Персијском заливу (...) бок Велике Британије био би пробијен, и више не би било битне препреке између Немачке и њене власти над Истоком. Немци су (1914) бесумње очекивали да експлоатишу Месопотамију и продру у Персију (...) и тиме угрозе превласт Велике Британије у Индији (...) (Од 1918) Уништењем Србије био је отворен пут од Берлина до Босфора и Дарданела (...) Црно море је безмало и буквално постало немачко језеро. Немачки вазали и савезници владали су сваким делићем његове обале (...) Снаге отпора у Русији и Румунији била су сломљене (...) Немачка је држала Украјину (...) Очигледно је да та *Mittel Europa* сада влада алтернативним путевима за Далеки и Средњи исток''. (*The Eastern Question*, Oxford, Clarendon Press, 1940, стр. 485–491.)

Професор Мариот даље истиче не само пресудну улогу Срба, већ и важност Румуније, њених лука на Црном мору и Дунаву, и саобраћајних праваца кроз Југоисточну Европу, као и ресурса тог подручја: ''Направиши тако коридор ка Одеси и Констанци (...) Немачка би управљала двема најважнијим лукама на Црном мору, тиме обезбедивши алтернативни пут за Средњи исток''. Он затим цитира једну изјаву у Рајхстагу с почетка 1918: ''Румунија је од великог значаја за нас Немце као пролаз према Црном мору и Истоку у целини''. Том изјавом наведене су и подробности немачког занимања за Југоисточну Европу, као што су побољшање пловидбе Дунавом и железничког и осталих саобраћајних система, уз пуно искоришћење локалних ресурса. Професор Мариот се само делимично осврће на значајне немачке операције на Кавказу 1918, помињући тамошњу мисију извесног немачког генерала ''фон Крисеа'' (*Kriesse*), о чему ћу рећи нешто више у даљем тексту. Успут, он поново истиче нову немачку алтернативу ''правцу Берлин-Багдад'', који представља као ''правац Берлин-Бухара'' – преко Црног мора, Кавказа, ка централној Азији. Наводи да тај правац пролази кроз области ''пребогате житом, нафтом и рудама, и има везе и са самом Индијом.

(Наведено дело, стр. 519) Укратко, Мариот сматра да је основни немачки стратешки циљ у Првом светском рату била Србија и обезбеђивање пролаза кроз Југоисточну Европу, преко Црног мора и Кавказа, до руске централне Азије и британске Индије.

Ову анализу потврђују и употпуњавају и моја лична истраживања из тог времена: извештаји које сам поднео бригадном генералу В.Х. Бичу (*W. H. Beach*), шефу обавештајне службе Месопотамских експедиционих снага у Багдаду, крајем новембра 1918, засновани на мом војнообавештајном праћењу делатности немачких и руских бољшевичких снага, и догађања од почетка фебруара до краја октобра у руској Јерменији и Грузији – дуж црноморске обале од Батумија до Новоросијска и одатле ка југу, дуж обале Каспијског мора – те мојих поратних контаката на Блиском истоку са бившим турским и немачким официрима који су 1918. непосредно учествовали у планирању турских и немачких операција у области Кавказа, као и мојих потоњих истраживања на Универзитету Мичиген на основу с тим повезаним немачким послератним публикацијама, укључујући и мемоаре генерала Хофмана и новине *Asiens Kampfers* (*Азијски ратници*, прим. прев.), чији су оснивачи били немачки официри активни током рата у Турској и на Кавказу. Од још већег значаја је материјал који сам проследио генералу Бичу у Багдад, преко мене послат од једног предратног британског тајног агента из Тбилисија. Још почетком рата тај изванредан човек беше продро у тајну немачку предратну организацију на Кавказу, 1918. будући на важном положају у оперативном штабу у Тбилисију, под командом немачког официра њему познатог као генерал Крес фон Крисенштајн (*Kress von Kriessenstein*) – ''фон Крисе'' професора Мариота.

Најважнији задатак немачког штаба у Тбилисију 1918. био је да стекне контролу над великим кавкаским богатством у нафти и стратешким рудама и обезбеди њихово пребацивање у Немачку. Од потенцијално једнаке – или чак веће, али мање примењене – стратешке важности био је нешто измењен Хофманов план, који је 1918. укључивао следеће пројекте:

(1) успостављање комбинованог експедиционог корпуса на Кавказу, од Немаца, Турака и домаћих сарадника, који би били снабдевани и добијали подршку преко Црног мора;

(2) окупација руске централне Азије копном из северне Персије (Ирана) или преко Каспијског мора, и организација максималне пољопривредне производње и вађења рудног богатства са Кавказа и из централне Азије, и њихов транспорт у Немачку;

(3) окупација подручја Персијског залива и уништавање тамошњих британских нафтних постројења;

(4) реорганизација и наоружавање око тридесет хиљада немачких и аустријских заробљеника у руској централној Азији, и

(5) немачко-турски напад из централне Азије на британске положаје у Индији.

Немачки план је наиме подразумевао да ће немачке трупе у Француској бити у стању да одрже линију одбране током зиме 1918–19, и да ће пролећна немачка офанзива са Кавказа на Средњи исток принудити Британце на склапање мира са Немачком. Очекивало се да ће током зиме 1918–19, неколико елитних немачких јединица велике покретљивости моћи да буде пребачено са Западног фронта на Кавказ. Но, независно од самога плана, британска обавештајна служба је већ знала да се најмоднија ратна механизација доставља неким центрима за обуку у Немачкој, зарад употребе на Истоку.

Британски агент из Тбилисија је такође непобитно установио да руски бољшевици – у јужној Русији, на Кавказу и у централној Азији – регрутују домаће сараднике за немачки штаб у Тбилисију. Био сам у прилици да то и сâм независно потврдим, пренезви неколико извештаја у том смислу, заснованих на подацима добијеним од добро позиционираних ''белих'' официра на северном Кавказу. Сарадници су плаћани турским златом или, како изгледа, предратним руским новчаницама. Било је чак и непотврђених извештаја да су Немци добили оригиналне пресе за штампање ових новчаница од бољшевичких власти. Ваља напоменути и да су током лета и јесени 1918. бољшевичке радио станице које смо могли слушати на Кавказу, укључујући и Радио Москву, стало емитовале лажне немачке извештаје о пропасти Савезника у Француској, то јест да су се америчке трупе лоше показале на ратишту, те да су Немци заузели Париз, а потом и луке на Ламаншу.

Ваља, међутим, имати на уму да се у Другом светском рату Хитлер суочио са тактичким проблемима на Источном фронту сасвим друкчијим од оних из 1918, а да су евентуалне подударности стратешке природе. Наиме, током целог Првог светског рата, као делатни немачки савезници Турци су на Истоку везивали стотине хиљада британских и руских војника који би иначе били упућени непосредно против Немачке. Осим тога Хитлеру је, као и Кајзеру, требао турски утицај на муслимане Блиског и Средњег истока и Русије. Јасно је да је Хитлер на Турску рачунао као на активног савезника те је ефекат великих немачких офанзива из 1941.

и 1942. на Источном Медитерану био усмерен више на неутралну Турску него на остатак муслиманског света. У стратешком смислу, међутим, Хитлер је, попут немачког Генералштаба у Првом рату, открио да сâм тактички успех не обезбеђује и стратешки. У вези с тим, навешћу део из моје студије са Универзитета Мичиген, завршене крајем 1941:

''Какве паралеле можемо уочити између два рата? Знајући да Немачка никада није могла водити дуг рат искључиво властитим ресурсима, Хитлер је немачком народу обећао кратак рат и, бар у једној прилици, само на једном фронту у исто време (...) Али, као 1914. и 1915, Британија је избегла завршни немачки ударац, обезбедивши се против директног напада. И опет је, као 1917, Немачка добила већину битака само да би се нашла усред рата за производњу и превоз – не само наспрам сировинских и производних моћи Британске и Совјетске империје, већ све више и Сједињених Држава. И опет су, као 1918, Немци из Југоисточне Европе продрли дубоко у јужну Русију, и сада су на Криму и Дону, окренути ка Кавказу. Хоће ли та паралела важити и у будућности? То нико не зна, али сам дубоко уверен да ће немачке трупе, ако Немачка још једном искористи своју контролу над Југоисточном Европом и Црним морем, и поново окупира Кавказ, убрзо потом тријумфално ући у северни Иран. У том случају Хитлер ће бити у положају да постигне оно што је за длаку измакло Кајзеру 1918. С друге стране, ако немачке снаге буду заустављене северно од Кавказа, и ако Сједињене Државе прихвате своју одговорност у пуној мери, верујем да ће Хитлер не само бити поражен, већ да ће и крај доћи много брже но што се сада очекује''.

У једној другој студији на Универзитету Мичиген написао сам:

''Није претерано поново истаћи да је ово, у основи, рат за производњу и превоз, за прераду сировина у муницију, транспортовану безбедно, правовремено и у што већој количини на фронтове. Укупна бројност војске постала је мање важна од способности да се непријатељ надмаши у концентрацији добро снабдевених снага на одабраним положајима, значајним не само стратешки већ и тактички, и у временском распону који захтевају тактичке прилике. Хитлер је напао Русију прошлог лета пошто је схватио да непосустајући британски отпор, и пораст решености владе Сједињених Држава да макар наше индустријске могућности употреби против Немачке, значе дуготрајан рат. Хитлер је напао Русију да би Немачкој прибавио неопходне сировине, и обезбедио и побољшао виталне немачке саобраћајне линије кроз Југоисточну Европу – ка Русији и Блиском и Средњем истоку, те Суецком каналу и нафтним пољима Персијског залива''.

Пошто сам размотрио почетне тактичке циљеве борби за Лењинград, Москву и Стаљинград, наставио сам:

''Али ти непосредни и тактички циљеви нису одлучујући. Иако је реч о биткама које ће бити забележене као најкрвавије у историји, оне суштински спадају у припремне подухвате и Хитлеру неће донети победу ако после њих не уследе нове операције. Европа, искључујући Русију, не може произвести довољно хране за потребе свог становништва, ни довољно нафте и мазива за ратне напоре, те потребе индустрије и пољопривреде које ће бити подршка војним операцијама (...) Европа, искључујући Русију, нема довољно неких метала неопходних за производњу муниције. Упркос резервама прикупљеним пре рата, рат је за Немачку постао очајничка трка с временом. У јужној и централној Русији западно од Урала и северно од Кавказа налазе се богата поља која могу исхранити целу Европу. Али пошто нема довољно стоке за вучу, она се могу у потпуности искористити једино ако има довољно нафте и мазива за тракторе. Али Русија северно од Кавказа и западно од централне Азије има само два мала нафтоносна поља која задовољавају 13 одсто њених потреба. Западна и централна Русија између Балтичког и Црног мора могу се одговарајуће снабдевати само из великих нафтоносних поља Каспијског басена. Немци могу ускоро заузети половину руских погона за производњу угља и гвожђа – чега, иначе, и сами имају довољно. Највећи и најмодернији руски центри за производњу од суштинског значаја за рат – фабрике тешких машина, ваљаног челика и слично – леже источно од Урала.

Но, ако Немачка успе да окупира Кавказ јужно од главног планинског ланца, она ће освојити три четвртине руске производње нафте, две трећине њене производње мангана, и целокупну производњу бакра, азбеста и ретких метала. Уколико стекне контролу над Црним морем и долином Дунава у Југоисточној Европи, уз пољопривредно богатство јужне Русије, и рудно благо Кавказа, те централну Азију и Урал широм отворене немачкој окупацији, она ће заиста имати средстава да неограничено задовољава своје основне војне и цивилне потребе (...) Ако Немачка утврди своје трупе на Кавказу, северни Иран пашће под њену контролу готово аутоматски (...) Ако се Немци утврде у северном Ирану, стећи ће контролу над руском централном Азијом и над целокупном висоравни до нафтоносних поља Персијског залива и граница Индије. Осим овог циља који треба да осигура немачко коришћење руских ресурса, други главни циљ Хитлерове стратегије на руском фронту је да свој директни продор из Југоисточне Европе и са Источног Медитерана у правцу Либије, Египта и Суецког канала замени ударом преко Кавказа и Ирана на Индију – како је и предвиђао Хофманов план из Првога рата''.

Ову процену с краја 1941. потврдили су каснији налази Британске команде за Блиски исток. На основу тога и мојих контаката са британским официрима у Штабу у Каиру, од почетка 1942. постало је јасно да су се чак и на врхунцу продора немачког фелдмаршала Ромела ка Каиру и Суецком каналу тог лета, надлежни британски заповедници осртали ''преко рамена", не би ли проценили како се одвија истовремено немачко напредовање кроз јужну Русију, у правцу Кавказа, Ирана, централне Азије и Индије. Виши британски и амерички команданти на терену па и сам Хитлер су, осим истрајном одолевању совјетских и британских трупа, неуспех немачких офанзива на Источном фронту и 1941. и 1942. приписивали најпре антинацистичком српском удару од 27. марта 1941, којем је уследила инвазија сила Осовине на Југославију, а потом отвореном отпору и саботажама 1941–42 српских националних снага под непосредном командом генерала Драже Михаиловића.

У светлу свих мени познатих доказа верујем да је непобитно установљено да је у оба светска рата Југоисточну Европу – са Југославијом, и Србима као кључним фактором – немачка Висока команда сматрала одсудном за успех својих напора на целокупном Источном фронту, то јест и на руском и источно-медитеранском сектору. Једним делом, Југоисток је сматран виталним због својих природних богатстава неопходних за немачки ратни напор и производњу у самој матици. Југоисток је такође био од пресудног значаја за одбрану саме Немачке од руске и британске контраофанзиве копном кроз долину Дунава или, у Другом рату, и ваздухом и копном из савезничких база у северној Југославији. Најбитније при том било је питање како ће Југоисточна Европа и Срби реаговати на офанзивну стратегију Хитлера према Русији и Британији на Истоку, којом је требало обезбедити хиљадугодишњу превласт нациста.

Но, оправдано огорчени спрам дивљаштва Хитлеровог одговора на покрете отпора Грка и Срба током рата, Британци и Американци пречесто превиђају да је Хитлер пре избијања рата годинама радио на остварењу својих наума без превеликог насиља, свестан да би оно отежало привредно искоришћавање подручја припојених његовој империји. Бар донекле, овакав став био је плод утицаја његовог главног економског саветника, др Хјалмара Шахта (*Hjalmar Schacht*). Хитлер је тражио од Срба, Грка и Турака исту меру сарадње коју је добио од Мађара, Румуна и Бугара. (Оне које занима ненасилна тактика какву је изгледа Шахт препоручивао, и каква је примењена на многим местима током тридесетих година двадесетог века, упућујем на моју студију *Немачки продор на Балкан /German Penetration of the Balkans*, Michigan Alumnus Quarterly Review, лето 1940/).

Зарад, међутим, истинитог односа према тим другим народима Југоистока који нису пружили организовани отпор, истичем оно о чему ће касније овде бити више речи: раније поменуте саботаже српских националних снага под командом генерала Михаиловића, признате од већине совјетских и британских официра од заната и нашег генерала ''Дивљег Била'' Донована, шефа Уреда за стратешке задатке — дошле су до пуног изражаја управо захваљујући сарадњи бројних појединаца и група у тим земљама. А када је Хитлер решио да одбаци Шахтов концепт зарад бруталне репресије — иако је она била усмерена пре свега на Србе и Грке — и ти други народи нашли су се на удару, сразмерно снази и значају свога отпора.

По мом мишљењу, почетна настојања нациста да у Југоисточној Европи не владају искључиво терором биле су делом последица Хитлеровог познавања дуготрајног и снажног отпора Срба немачкој окупацији у Првом светском рату — такође делом изазваним тада испољеном немачком суровошћу. На основу својих сазнања, склон сам и да верујем да је Хитлер себе сматрао мање војником а више готово надљудским манипулатором људским осећањима. У чланку који сам управо навео, кажем и следеће:

''Од избијања рата (на главним фронтовима), упркос симпатијама према Савезницима, упркос властитој војној снази и снази савезничких армија на Медитерану и у Русији, не само да су балканске државе одбиле да зарате, већ су снабдевале Немачку знатним количинама веома важних стратешких сировина — и то на кредит у који немају поверења, на рачун властитог животног стандарда, а да Немачка то није издејствовала силом ни, у неким случајевима, ни присуством својих трупа (...) Јасно је да Немачка у последњих пет година потпуно покорила балканске државе а да свет и ти народи тек сада тога почињу бивати свесни (...) То је значај немачког продора у Југоисточну Европу: при нападу нациста војна сила је секундарна — употребљава се, по потреби, само за завршни ударац. Све почиње економским продором, да би се њиме постигао и идеолошки (...) Продор у неку земљу се врши да би јој се привреда подредила нацистичким интересима, на уштрб њених сопствених. Размере тог продора и превласти нациста може сузбити једино домаћи идеолошки отпор. Свим фазама нацистичког завојевања — војном, идеолошком, економском — управља Хитлерова филозофија, по којој је могуће бескрајно тлачити друге, и стећи неограничену добит, под условом да се не напредује пребрзо (...) Склони смо да памтимо само страховите Хитлерове ударе а да заборављамо постепено, психолошко и привредно подривање противника које је, увек, претходило отвореном нападу''.

те Суецком каналу и нафтоносним пољима Персијског залива". Затим: "Али од највеће важности било је како ће Југоисточна Европа и Срби реаговати на офанзивну стратегију Хитлера према Русији и Британији на Истоку, чији је циљ био да осигура хиљадугодишњу власт нациста". По мом уверењу велика већина војника од заната из Западне и Источне Европе, упозната са Хитлеровом стратегијом и тактиком на Истоку, сматрала је те кампање изузетно добро планираним и изведеним, упркос извесног мешања и неспособности представника нацистичке партије.

За немачки Главни штаб за Југоисток смештен у Београду, западна Југославија – заправо, западно или јадранско подручје целе Југоисточне Европе – имала је изгледа малог стратешког и тактичког значаја током рата, изузев накратко, у јесен 1943, када га је могуће англо-америчко искрцавање из Италије донекле узнемирило. Та незаинтересованост произлазила је углавном из чињенице да су се ресурси од великог значаја за немачко становништво и ратну индустрију готово искључиво налазили у источном делу Југоисточне Европе. Но, како се рат захуктавао, немачка Висока команда и Главни штаб у Београду схватили су да се успешан отпор немачкој окупацији и експлоатацији Југоистока, с изузетком Грчке, дешава поглавито на истоку Балкана. Под тим пре свега подразумевам отворен отпор у српским крајевима Србије и Босне, и "подземни", у суседним областима Мађарске, Румуније и Бугарске, који је такође организовао и њиме фактички руководио генерал Дража Михаиловић.

С тим у вези ратни и поратни обавештајни подаци – насупрот маси оног што се дало наћи у медијима током и после рата – потврђују да нису народи Мађарске, Румуније и Бугарске, с малим изузецима, били савезници Хилтера већ само њихови режими, и да је у сваком од њих било врло различитог расположења. Упркос дуготрајном и веома раширеном поштовању за раније немачке врлине и постигнућа, да Русија није била под комунистима питање је да ли би Хитлер имао такву подршку на Југоистоку какву јесте. Растућа претња ширења руског комунизма на запад, уз традиционално поштовање према немачким достигнућима, пружила је Хитлеру прилику да ове три земље искоришћава у миру, и усредсреди се само на оружани отпор у Грчкој, Југославији и Албанији. У нашим обавештајним архивама нисам нашао никакву потврду тврдње, раширене непосредно после рата, да је прокомунистичко и просовјетско расположење у Југоисточној Европи ојачало још пре совјетске окупације тих подручја 1944. Напротив: наша послератна обавештајна сазнања недвосмислено потврђују дуготрајно и снажно предратно неповерење како према совјетском тако и према домаћем комунизму, ни по чему везано за реакцију на совјетску послератну политику. Наши обавештајни подаци такође показују да тајне операције које је током рата осмислио, и у Мађарској, Румунији и Бугарској изводио генерал Михаиловић не би имале успеха да тамошње организације преко којих је радио нису уживале ширу подршку. У Југоисточној Европи као и у Западној, чак су и нацистичке квислиншке организације биле пуне домаћих родољуба. Сви ти чиниоци утицали су на утврђивање немачке политике према Југоистоку.

Распоред немачких снага у Југоисточној Европи је умногоме зависио од значаја који је Висока команда приписивала домаћој производњи стратешких сировина. Притом, чини се да је највећи значај придаван румунским нафтоносним пољима и малој, али врло значајној производњи стратешких метала у српским крајевима Југославије. Не одвише важна налазишта тих метала при Јадранској обали су изгледа била препуштена Италијанима, а транспорт је обављан морем. Главни пољопривредни производ за Немце представљало је жито, допремано у Немачку углавном из Мађарске, источне и јужне Румуније, и делова северне Бугарске и Југославије. Не нарочито велика производња меса у Мађарској, Србији, Румунији и Бугарској значила је много Немцима, као и узгој воћа у Грчкој, Бугарској и јужној Србији. Занимљиво је и то да се у западној Југославији – и по званичним партизанским подацима и по изјавама страних симпатизера комуниста од 1941. до 1944. локацији главнине партизанских снага – није производило ништа, или готово ништа Немцима стратешки битно.

Наравно, немачки војни распоред у Југоисточној Европи зависио је још више од безусловне немачке потребе да заштити своје комуникације не само између Југоистока и Немачке, већ и Југоистока и два главна немачка фронта на Истоку – у јужној Русији и Црноморском забрежју и у Источном Средоземљу и на Средњем истоку, Хитлеровим кључним полугама за присиљавање Руса и Британаца на мировне преговоре. Дунав и пруге Југоисточне Европе носили су главни терет подршке овим немачким војним захватима и чинили главне саобраћајнице за превоз сировина са Југоистока у супротном смеру. По немачким плановима, туда је ваљало превозити и још битније прехрамбене призводе и рудно богатство јужне Русије, Кавказа и Блиског истока, основних предуслова за немачку победу.

Послератни процењивачи ратних збивања у Југославији и Југоисточној Европи губили су се у настојањима да реконструишу операције покрета отпора и њихов војни значај, не узимајући у обзир ове основне чиниоце. Ако је отпор требало да буде нешто више од игре жмурке, онда су снаге отпора и њихова дејства морали бити усредсређени тамо где су немачке потребе биле од суштинског значаја за шире немачке стратешке циљеве, где су немачке логистичке операције биле најрањивије и где је, у складу са тим, била и највећа концентрација немачких трупа.

Стога сам овој студији покрета отпора на Југоистоку и њиховог доприноса ратним напорима приступио земљописно: лоцирањем, на основу наших обавештајних досијеа, главних концентрација немачких трупа да бих утврдио где се немачка Висока команда осећала наизложенијом, а потом утврђивањем, за сваки период рата, места на коме су две супарничке организације отпора, националисти и комунисти, имали најјаче снаге. Послератни истраживачи пропустили су да уоче основну чињеницу да се Дунавом с његовим притокама и системом канала између Немачке и Црног мора одвијао много већи војни саобраћај у оба правца но железницом у том истом подручју. Такође су пропустили да уоче да водени и железнички путеви нису једнаки ни у смислу терета који се њима превози ни по начину извођења саботажа. Тако су, на пример, они претпостављали да је главни железнички правац много важнија мета саботаже од неког наводно мање важног, пренебрегавајући чињеницу да свака окупациона сила у непријатељски расположеној земљи може важан терет и заштитне трупе упутити мање изложеним правцима.

Поратни коментатори су преувеличавали и немачке снаге намењене сузбијању отпора. Један од разлога томе био је и прихватање пропаганде југословенског комунистичког Врховног штаба. Други се делом може објаснити сметањем с ума да су неке немачке трупе могле бити привремено смештене у Југославији без икакве оперативне намене. Оне су могле бити на путу ка главним фронтовима, или се враћати с њих, а могле су се и одмарати у очекивању даљих задатака. С друге стране, иако су наши ратни обавештајни подаци и званични војни извештаји то потврђивали, поратни коментатори често су пропуштали да примете да су у критичним тренуцима на највећим фронтовима Немци морали да повлачи јединице из Русије и са Источног Средоземља у српске делове Југославије не само због саботажа него и офанзива националистичких снага генерала Михаиловића. За разлику од тога, процене о распореду и јачини немачких снага у овој студији засноване су на овим суштинским чиниоцима, утврђеним на основу ратних и поратних, како савезничких тако и немачких обавештајних података.

Пре немачког напада на Југославију и Совјетски Савез 1941, највећа концентрација немачких трупа у Југоисточној Европи била је у Бугарској, а нешто мања у Румунији и Мађарској. У тој фази главна немачка тактика била је не само да се осигура сарадња са тим земљама и искоришћење њихових ресурса, већ и да се Турска увуче у рат као немачки савезник. С друге стране, немачки стратешки циљ је по свему судећи био да Совјетски Савез остане пријатељски неутралан, а да се у тадашњем британском руководству ојача политика ''мира безмало по сваку цену''.

У време највећих немачких офанзива на Источном фронту 1941. и 1942, услед масовног устанка Срба у источној и западној Југославији, велика концентрација немачких јединица у Југоисточној Европи – осим оних ангажованих у Грчкој и у пролазу ка главним фронтовима – била је ограничена на Југославију. Тада су немачке трупе биле подједнако размештене по свим српским областима, и на истоку и на западу. У 1943. и првој половини 1944. јаке немачке снаге постојале су у Србији, нарочито на северу и у средишном делу, нешто мање у централној и северозападној Југославији и Бугарској, још слабије у Мађарској и Румунији. У очекивању могућег англо-америчкој напада из Италије, у западној, централној и северозападној Југославији, после италијанске капитулације 1943, уочено је извесно и привремено појачање концентрације најбољих немачких трупа зарад снажења борбене воље домаћих квислинга.

Имајући све ово на уму, изложићу како видим тачан и прилично разумљив сажетак мисије, распореда и јачине немачких снага намењених сузбијању југословесних снага отпора – заснован, како рекох, на ратним и поратним обавештајним документима о главним фазама рата. За свој оружани напад на Југославију, априла 1941, Хитлер је употребио 33 најбоље немачке дивизије, са приличним снагама за подршку. Ратни документи показују да су, изузев трупа на путу ка руском и британском источно-медитеранском фронту и у повратку с њих, немачке окупационе снаге стациониране у Југославији за време великих Хитлерових офанзива 1941. и 1942. на тим секторима, и током контраофанзиве националиста на немачку позадину, биле много јаче него 1943. и 1944. Током друге половине 1944. поново су повећане немачке снаге у Југославији, по свему судећи као непосредна последица немачког повлачења из Грчке и Албаније. У периоду релативно малих отворених напада националних снага на немачке трупе у Југославији 1943. и у првој половини 1944 (за разлику од саботажа), наши ратни документи показују да су Немци у Југославији имали највише 15 дивизија слабијег састава са укупно 140.000 људи (немачке дивизије из Другог светског рата бројале су око 10.000 војника; прим. уред.), уз три СС дивизије састављене углавном од домаћих мањинских група, укупне јачине око 40.000 људи, и око 30.000 локалних квислинга – Хрвата, Словенаца, муслимана и Срба.

(При том, ваља имати на уму да су мањински елементи у СС дивизијама по бројности чиниле следеће групе: муслимани, руски белогардејци избегли у Југославију и југословански грађани немачког порекла. Једна од дивизија била је састављена искључиво од југословенских муслимана. Међу њима одлучујући фактори били су идеолошки и политички, а мање најамнички. Противно неким извештајима, три поменуте СС дивизије и шест планинских бригада хрватских квислинга – сви распоређени у западној Југославији и коришћени пре свега против помесних националних снага а, по потреби, и против партизанских јединица – мада слабо наоружане показале су се, према свим изворима, добро, чак и одлично у борбама.)

У време релативно малих сукоба националиста с Немцима у лето 1944, пре опште мобилизације коју је прогласио генерал Михаиловић, Војнообавештајни одсек у Вашингтону, ослањајући се претежно на британске процене, овако је известио о приликама у западној Југославији, где се налазила главнина Титових снага: ''Није остало много квалитетних немачких трупа. Већина је пребачена на исток (то јест у Србију). Па ипак, оне (на западу земље) владају преко хрватских трупа. Но, и те ослабљене снаге под немачком командом могу да заузму било коју њима битну тачку. Оне контролишу све луке (на Јадранском мору), готово све градове, и већину путева и железничких праваца''. Октобра 1944, британска војнообавештајна служба известила је да осим трупа које се повлаче из Грчке и Албаније, немачку регуларну окупациону војску за Југославију чини 13 дивизија, укључујући и три СС дивизије, као и снаге локалних марионетских режима, то јест укупно око 155.000 људи. По истим изворима, међутим, у децембру немачке снаге у Југославији, с квислиншким јединицама, бројале су око 350.000 војника. Британски војни аналитичари оценили су то као реакцију на приспеће јаких совјетских снага на југословенско-румунску границу, и на упорне националистичке саботаже немачких комуникација.

На основу званичних података који су ми стајали на располагању током и после рата – не узимајући у обзир масовни српски устанак 1941, од најисточнијих крајева до Јадранског мора, и општу мобилизацију коју је за 1. септембар 1944. прогласио генерал Михаиловић – распоред и концентрација немачке војске у Југославији се углавном нису мењали упркос променама у јачини снага. Тај модел јасно предочава географске и временске оквире делотворног отпора Југословена Немцима у Другом светском рату. Он истовремено открива да је осамдесет до осамдесет пет одсто немачких борбених јединица послатих да окупира Југославију било стално стационирано у Србији. Мањи делови тих ефектива из Србије су повремено, и на кратко, коришћени за превентивне и рутинске немачке кампање ''чишћења'' у средишној и западној Југославији. На основу наших ''посебних извора'' установио сам и да су мање немачке снаге из Србије повремено морале да залазе у југоисточну Мађарску, југозападну Румунију и западну Бугарску зарад подршке тамошњим немачким снагама безбедности не би ли се спречиле саботаже које је у тим подручјима организовао генерал Михаиловић. Преосталих петнаест до двадесет одсто немачких борбених трупа одређених за окупацију Југославије било је стално стационирано у северозападним областима земље, као подршка домаћим марионетским снагама у борби против локалних националиста – од Лике на северу до Црне Горе на југу – као и против главнине партизанских јединица, углавном концентрисаних у војно неважним планинским областима западне Босне и Херцеговине, подаље од главних немачких јединица.

Допринос југословенских националистичких снага и оних предвођених комунистима савезничким ратним напорима мора се процењивати у светлу таквог распореда и концентрације немачке окупационе силе. Следећи основни географски чиниоци у вези са концентрацијом Немаца у Југоисточној Европи и искоришћењем њених ресурса морају се такође узети у разматрање:

– у погледу железничког и речног саобраћаја Дунавом, Будимпешта је била разводна тачка којом су пролазиле немачке трупе и опрема ка фронтовима јужне Русије, црноморским лукама, Грчкој и Источном Средоземљу, те фронту против главних снага отпора у Југославији. Ваља знати да је главна железничка пруга која директно повезује Београд и Трст током рата била од невеликог значаја, њен крак од горњег Јадрана ка Немачкој будући резервисан поглавито за снабдевање немачких трупа у Италији и за централни сектор у Северној Африци.

Ваља такође имати на уму да се највећи део сировина из Југоисточне Европе, јужне Русије и са Блиског истока потребних немачкој ратној индустрији кретао углавном Дунавом и с њим повезаним пругама кроз Будимпешту. Ако се повуче црта од центра транспорта у Будимпешти ка југу – кроз Београд у правцу главне источномедитеранске луке у Солуну – цело југоисточно европско полуострво бива подељено у два безмало једнака дела.

И ту долазимо до битног: дуж те црте и источно од ње налазила се највећа концентрација важних природних ресурса и комуникација од стратешког и тактичког значаја за Немце. Те чињенице су, наиме, незамењиве при процени доприноса општем ратном напору, што партизана предвођених комунистима, у одлучним периодима рата концентрисаним понајвише у западној Југославији, што националиста, активних углавном у Србији. Но, од још већег свеукупног значаја су докази савезничких служби да су, стратешки и тактички, Немци били изложени ометању или прекиду подршке својим фронтовима у јужној Русији и Источном Медитерану не западно од линије Будимпешта-Београд-Солун, већ дуж ње, а нарочито источно од ње – у југоисточној Мађарској, источној Србији, Румунији и Бугарској. Окупиран од Немаца, Београд се показао оптималним административним и географским центром за тајна дејства националиста на Југоистоку.

При разматрању и процени ратних операција претежно српских југословенских националних снага под командом генерала Михаиловића, те партизанских снага предвођених Титом, све те елементе би ваљало имати на уму.

ОПЕРАЦИЈЕ НА ЈУГОИСТОКУ ГЕНЕРАЛА ДРАГОЉУБА ДРАЖЕ МИХАИЛОВИЋА

Отварајући разматрање о операцијама југословенских националиста у Југоисточној Европи током рата, не могу ћутке да пређем преко лажних оптужби и подметања који су обележили велики део послератних радова о националном покрету и српском генералу Дражи Михаиловићу, који га је основао и водио од 1941. до 1944.

У погледу политичког деловања у земљи, називан је реакционаром или њиховим инструментом; у погледу става у рату оптужен је за сарадњу са непријатељем или за допуштање такве сарадње својим подређенима. Из ових оптужби је проистекао општи закључак да је допринос генерала Михаиловића и националистичких снага савезничким напорима у најбољем случају био спорадичан и минималан.

Истина о томе одувек је била добро позната обавештајним службама за време рата али је остала непозната широј јавности, па и многим интелектулацима. Чињеница је да је као генералштабни пуковник, Драгољуб Дража Михаиловић због својих напредних схватања био неомиљен, па и прогоњен између два светска рата, од конзервативнијих чинилаца у официрском кадру и влади, мада се током своје каријере истицао као изузетно способан војник. Но, генералов највећи допринос Савезницима у Другом светском рату – извођење тајних операција у Југославији и ван њених граница против немачких комуникација у Југоисточој Европи – имале су стратешког војног значаја само због активне подршке међу демократским првацима не само у Југославији већ на целом Југоистоку, с његових добро познатих прогресивних ставова. Тако је и бригадир Фицрој Маклејн, мимо свог дивљења за Тита као ратног команданта, одговорним британским официрима казао да британска истрага у вези са оптужбама против генерала Михаиловића „није открила никакве стварне доказе о његовој сарадњи" са окупатором. Што је још важније, оптужбе против генерала и ратне политике националиста одбацила је велика већина британских и америчких официра који су радили непосредно са националистима или партизанима на терену, као и виши британски и амерички војни и дипломатски представници на Блиском истоку и у Команди за Средоземље.

Штавише, после пажљивог проучавања послератних мемоара премијера Черчила, убеђен сам да ни он није веровао у те оптужбе, иако се њима послужио у својим погрешним покушајима да очува британске позиције у Источном Средоземљу тако што ће напустити генерала Михаиловића и пренети своју подршку на комунисту Тита.

Уосталом, у погледу оног што се стварно одиграло у Југославији током рата постоји опширна и изванредна студија Дејвида Мартина, *Издати савезник* (*Ally Betrayed*) – уз то и једино целовито такво дело. У време када је написао своју књигу, Дејвид Мартин био је канадски социјалиста и новинар, а у рату припадник британског ваздухопловства који је пред његов крај имао приступа аутентичним и важним британским специјалним изворима у Лондону, који су се тицали Југославије.

Предговор његовој студији написала је добро позната и уважена британска списатељица и социјалиста, Дама Ребека Вест, која се тада већ дуго бавила Југоисточном Европом. Из њеног предговора издвајам:

„Дужност комуниста била је да Михаиловића дискредитују, нарочито као представника југословенске професионалне војске, што је чинило део њихове партијске линије (...) да се дискредитују сви покрети отпора осим оних којима су руководили они (...) Никада досад није вођена тако срамна кампања клевета и лажи као што је била комунистичка противу Михаловића; а левица је, готово без изузетка, комунистичка или не, само отварала уста гутајући те гнусобе. И мада сам социјалиста, морам признати да се левица последњих неколико година показала као добар чувар светих начела Слободе, Братства и Једнакости – али само као пас који држи батеријску лампу у зубима док лопов проваљује у сеф (...) Наратив Дејвида Мартина није потпун (...) али се строго држи чињеница. Пошто сам црпела податке из других извора, ја то сведочим и тврдим (...) Михаиловић је био честит човек и – будемо ли му одани као Дејвид Мартин – и ми се сврставамо уз Добро, а противу Зла."

Ево сада једног цитата из Мартиновог *Издатог савезника* (David Martin, *Ally Betrayed*, Prentice Hall, New York 1946, стр 84–88):

„Једина природна претпоставка јесте да је одлука (британске владе да напусти генерала Михаиловића и националистички покрет у земљи) донета на основу препорука британских и америчких официра на терену. Чињеница је, међутим, да ниједан британски или амерички официр који су били у вези са њим није дао такву препоруку (...) Сви су они извештавали да огроман део српског народа подржава тај покрет и да он заслужује даљу савезничку подршку.

Последица тога била је да је приличан број савезничких официра у додиру са партизанима био запањен разликом између стварности партизанске демократије и верзије коју су пропагирале новине и да такво стање нису могли да прихвате. Појединици су својим извештајима то не само критиковали већ и осуђивали. Не желећи да учествују у томе, неки су тражили смену, или премештај. Од шездесетак америчких официра који су неко време боравили код партизана, безмало сви су тамо дошли с великим симпатијама за тај покрет. Данас, међутим, тешко би се и за шесторицу њих могло казати да су присталице партизана.

Наиме, савезнички официри код Михаиловића су без изузетка извештавали да имају пуну слободу кретања, да нису ни под каквим присмотром, нити да их ико на било који начин ограничава. Насупрот томе, официри за везу код Тита су већином држани под сталним присмотром (...) само у ретким приликама било им је дозвољено да присуствују биткама, а после августа 1944, често су имали третман притвореника. (...) Чињеница је да је војнообавештајна служба имала врло мало везе са напуштањем Михаиловића. Он је напуштен због политичких предрасуда. (...) 'Сазнања' војнообавештајних служби потом пуштена у промет да би се оправдало напуштање Михаиловића највећим делом сачињена су *post facto*. (...) Иако је одлука да се Михаиловић напусти донета почетком јесени 1943, тек су чланови англо-америчке мисије која је од марта до јуна 1944. боравила код Михаиловића, вративши се у Вашингтон и Лондон донели прве исцрпне извештаје о четницима (националистичком покрету) (...) У то време (првих месеци 1944) подаци са терена обрађивани су по разним канцеларијама како би се прилагодили спољној политици.

(...) Било је појединих елемената у америчком Уреду за стратешке задатке (*OSS*), подређеном британском Уреду за специјалне задатке (*Special Operations Executive – SOE*), који су од почетка радили на Титовом промовисању."

У потпуности се слажем, на основу сопствених информација из званичних британских и америчких извора, са овим изјавама и закључцима Дејвида Мартина.

О животном путу и каријери генерала Михаиловића, такође цитирам из послератног сведочења америчког пуковника Алберт Сајца који је као члан *OSS* у пратњи капетана, касније мајора Валтера Менсфилда провео више од пет месеци 1943–44 у деловима Југославије под контролом националиста. Сајц је у својству специјалног представника генерала Вилијама Донована, шефа *OSS*, имао задатак да истражи све аспекте тамошњих прилика по директном налогу председника Рузвелта. Заједно или одвојено, њих двојица покрили су сва подручја под контролом националиста, добар део времена провевши у друштву генерала Михаиловића. Пуковник Сајц био је професионални војник и специјалиста за герилски рат са великим познавањем литературе о том питању. Године 1943. објавио је невелику студију: *Михаиловић, херој или превара?* (*Mihailovich: Hoax or Hero?* Leigh House Publishers, Columbus, Ohio)

Цитирам прво што наводи о биографији генерала Михаиловића:

„Године 1910, млади Михаиловић уписује се на српску Краљевску војну академију. Долази 1912, и Балкански рат. Прикључује се чувеној Шумадијској дивизији где се као каплар истиче великом смелошћу и смиреношћу у боју, што бива запажено. Рањен је и одликован златном Обилићевом медаљом за храброст. На крају рата, 1913, поново уписује Војну академију (...) бива унапређен у чин потпоручника. Долази 1914, када му је поверена команда над митраљеском четом. Два пута бива рањен и добија Орден белог орла са мачевима за храброст (...) Опет бива рањен у акцији против немачких савезника Бугара и напушта болницу без могућности да преузме команду над својом четом, у чувеном продору према Београду из Солуна. Његово држање награђено је Карађорђевом звездом као највишим српским одликовањем (...) Године 1919. уписује се у Ратну школу као капетан, а и три године потом, као мајор, постаје члан Генералштаба. Године 1934. постаје војни аташе у Бугарској, а затим у Прагу (пошто су га из Бугарске прогнале тамошње фашистичке власти; прим. Макдауела). Године 1937. враћа се у службу као шеф штаба словеначке Дравске дивизије, а почетком 1938. преузима команду над 39. пешадијским пуком. Истиче се у вршењу обуке и као командант. Године 1939. постаје начелник Штаба за утврђења али долази у сукоб са генералом Недићем због свог става да не ваља градити изузетно скупа утврђења, унапред осуђена на пропаст због топографије земљишта. Михаиловић се заузимао за високу модернизацију наоружања и велику покретљивост војске. Поставши пуковник, прелази у новостворени Врховни војни инспекторат као шеф штаба. У жељи да ојача одбрану земље (...) уводи одбрамбене и офанзивне иновације, укључујући извештаје о међунационалној и међурасној пропаганди, подстицаној од Италије и Немачке (...) Недић је ужаснут а Михаиловић послат на војни суд који га кажњава са десет дана затвора, због одбијања да повуче неке врло оштре али истините коментаре."

Пуковник Сајц даље пише да је немачка инвазија 1941. затекла Михаиловића у Мостару:

„Не могу да заборавим његову величанствену борбу током тих мрачних дана када је Ромел безмало ушао у Александрију (...и то) пошто није успео да придобије особе на врху за своју идеју одбране која би скупо коштала непријатеља. Тада су сви четнички (националистички) напори били посвећени запречавању, блокирању и саботажи пруга у Моравској долини које су водиле до Солуна и Африке (...) Немци су имали тако лоших искустава са заседама да су морали ојачавати своје снаге (...) Од Михаиловића сам успео да сазнам његов концепт герилског рата, због чије га изврсности сматрам равним Лоренсу од Арабије. То му је била омиљена тема и схватио сам да се целог живота усавршавао у том виду борбе."

У својој студији, пуковник Сајц се осврће и на Михаиловићево схватање војних и цивилних потреба. О првима пише:

„Националисти су одлично знали да убрзани темпо рата од њих захтева да стално притискају Немце и Бугаре тако да им буду потребне читаве дивизије да заштите своје развучене линије комуникације. Те линије протезале су се до Грчке и Африке, ишле кроз Бугарску и Румунију, до јужне Русије. Притисак националиста лишавао их је меса, рибе, дрвене грађе, дувана и руда неопходних и у домовини и за снабдевање њихових растегнутих фронтова."

У погледу осећања која је генерал гајио према унутрашњим приликама у својој земљи, пуковник Сајц пише:

„Био је врло забринут шта ће бити у Југославији по одласку Немаца и (...) показао велико занимање за Словенце и Хрвате, које је поистовећивао са својим српским сељацима (...) Много је размишљао о тужној судбини сељака и злоупотребама бирократа, говорећи: 'Када са овај рат заврши, неће више бити тога. Нећемо дозволити таквој корупцији да се поново појави (...) Мој глас ће се слушати. Ако будемо имали само двадесет пет година мира ово ће постати велика земља (...) Заједништво расе, језика, и бољег разумевања зближиће нас у једној југоисточној европској федерацији коју ће свет морати да поштује."

Пуковник Сајц и ја делимо дубоко поштовање према овом човеку који је усред страшног рата, и упркос огромној опасности по себе, могао тако да размишља и да има толико вере у будућност свога народа. Кроз личне контакте током и после рата јасно сам уочио да је и пуковника Сајца као и мене обогатило познанством са генералом који је ратовао иза немачких линија у Југославији.

Како бих боље описао и разјаснио улогу и утицај генерала Михаиловића, цитирам из свог извештаја о Југославији сачињеног за потребе савезничке Високе команде у Казерти новембра 1944:

„Југословенски националистички покрет отпора створили су и подржавају они Југословени – поглавито Срби, али и Хрвати, муслимани и Словенци – који су се успротивили окупацији сила Осовине колико и покушајима југословенске комунистичке партије да влада, користећи се југословенским партизанским покретом. Југословенски националистички покрет збир је многих помесних покрета, израслих 1941. и 1942. из спонтаних, локалних устанака противу окупације и непријатељских злочина.

Покрет је заснован на расположењу народа и само његови многобројни локални лидери, изабрани од народа, имају непосредну моћ у оквиру њега. Генерал Михаиловић је номинални старешина југословенских националиста, и више вођа патриотског удруживања зарад отпора него командант у уобичајеном значењу те речи. Он предводи покрет у мери у којој су вође помесних управа и народ вољни да га следе, што они и чине. Људи га гледају са дивљењем, а сељаци и студенти – главна снага покрета – верују му као ниједној другој особи. Југословенска националистичка војска настала је као 'бранилац дома', као низ локалних одбрамбених одреда супротстављених осовинској и квислиншкој окупацији и злочинима. Она је наставила да пружа отпор силама Осовине до граница својих могућности, али су упорни напори југословенске комунистичке партије да од самог почетка уништи националистички покрет временом довели до тога да је покрет морао велики део својих снага да пресумери ка одбрани од комуниста и партизанске војске коју они контролишу.

Иако искључиво замишљен као војни и одбрамбени, националистички покрет је силом прилика постао и политички покрет. Овај политички аспект је покрету временом давао све позитивнији, динамичнији, чак револуционарни тон.

Заправо, југословенски националистички покрет посвећен је ослобађању земље од доминације

(1) Немаца и других страних сила,

(2) југословенских комуниста и

(3) старих партија и лидера који су последњих двадесетпет година водили

земљу. Покрет настоји да обезбеди истински слободне изборе, по могућству у прво време под надзором три савезника који ће омогућити свим националним и политичким групама, а тиме и комунистима, да изразе и остваре своје жеље у погледу будуће владе и југословенског друштвеног уређења сразмерно својој снази.

Покрет укључује конзервативце од којих се неки, највероватније, само на речима слажу с његовим програмом. Његови најјачи поборници и незаобилазни локални лидери – мимо војног професионалног састава који је у мањини – су сељаци, интелектуалци и студенти, решени да остваре уставну револуцију и уведу истинскију демократију. Велика већина и националиста и партизана – око осамдесетпет посто становништва, у највећој мери деле исте наде у погледу будућег политичког и привредног живота земље. Они су подељени утолико што код партизана постоји страх од повратка на старо а међу националистима од комунизма. Очистити национализам од реакције није велики проблем, али Титови комунисти контролишу партизански покрет."

Даље у извештају наводим програм југословенског националистичког покрета:

„а. Ослобађање југословенске територије од сваке стране доминације.

б. Потпуна победа над покушајима југословенске комунистичке партије да дође на власт контролишући партизански покрет.

в. Чистка највећег дела особа из свих политичких странака које су играле кључну улогу у разним југословенским владама у последњих петнаест година, и кажњавање појединих лидера због сарадње са Осовином, или антидемократског деловања пре рата.

г. Стварање потпуно новог устава за Југославију зарад поновног утврђивања права националних група и индивидуалних грађана, што се може остварити низом избора које је најбоље обавити под надзором Великих сила.

д. Ново усмеравање привредног живота земље са нагласком на коришћење домаћих ресурса и новца ради стварања бољих услова живота за све становнике, уместо само за повлашћене слојеве, што би се постигло минималним мешањем државе и већом применом задружног начела.

ђ. Реформа образовног система којом би се нагласак пребацио са врха на базу.

е. Политика усмерена на стварање Балканске федерације.

ж. Политика пријатељства према свим Великим силама, посебно совјетској Русији, али и одбијање признавања било ког дела Балкана као сфере утицаја било које спољне силе.

з. Реорганизација војске кроз принудно пензионисање свих официра у рангу генерала."

Последњу ставку предложио је генерал Михаиловић, с напоменом да се она односи и на њега.

У погледу разумевања улоге и значаја Југославије у рату од велике важности је и размештај националистичких снага. Њихов распоред који је одредио генерал Михиаловић остао је готово неизмењен током рата, и сви се моји извори у суштини слажу око њихове локације. Све време, наиме, Србија је била главна база и командни центар за националистичке подухвате, северни рејони будући тактички битнији од јужних. После северне Србије, поменуо бих источну Босну, између река Дрине и Босне, и Санџак и Херцеговину који су повезивали Србију са Црном Гором и Јадраном, као подручја од кључног тактичког значаја унутар Југославије. Нешто изолованије на западу, иако саставни део националистичке команде, лежале су важне српске заједнице западне Босне, Далмације и Лике, које су упркос усташким програмима истребљења опстале понајвише властитим напорима и, уз Црну Гору, поднеле главни терет Титовог устанка и грађанског рата.

Осим српских заједница у источној и западној Југославији, генерал Михаиловић рано је признат и као командант словеначких снага отпора у региону и оних које су дејствовале у Босни. Недељама сам пролазио босанским националистичким крајевима – српским, муслиманским и хрватским – изненађен не само њиховим војним потенцијалом него, што је још важније, задивљујућим напретком у постизању мира и сарадње између различитих националних и верских чинилаца.

Проблем распореда снага пред генералом Михаиловићем, као званичним командантом националистичких операција у Југославији, био је веома сличан невољама с којима се једва носио генерал Џорџ Вашингтон у нашој Револуцији. Реч је, наиме о природном сукобу општенационалних и локалних интереса, који постаје озбиљан када ауторитет највиших нивоа власти престаје да делује. Мера у којој је генерал Михаиловић успео да савлада тај узрок слабости остаје заувек доказ његове величине као појединца, с обзиром на неформалну природу његове власти и одсуство подршке од сопствене владе у изгнанству и Савезника.

Уколико се све то посматра са становишта шире стратегије и подршке Савезницима на Истоку и у Источном Средоземљу од 1941, најзначајнији допринос генерала Михаиловића била су дејства његових илегалаца у југоисточној Мађарској, југозападној и средишњој Румунији, и западној и централној Бугарској, куда су пролазиле главне немачке линије комуникација. Све те многобројне помесне тајне групе су се састојале од превасходно домаћих људи. Међутим, те мреже су настале и могле успешно да дејствују искључиво захваљујући храбрости и пожртвовању Срба у Србији, кадрих да се уз све било отворене било тајне офанзивне операције, носе са непрекидним противнападима главних немачких окупационих снага стационираних у Србији, као и сатанским мерама нацистичких стручњака за сузбијање отпора.

У смислу неке крајње будуће оцене рата у Југославији, како против стране агресије тако и унутрашње комунистичке побуне, убеђен сам уз то да ће доћи и до пунијег признавања тактичког доприноса српских заједница и њихових војних ефектива на крајњем западу земље, у појасу од Црне Горе до Лике. Такође знам да је генерал Михаиловић био изузетно свестан важности не само источне и западне, већ и централне Босне, преко које је успевао да одржи своје линије комуникација. Мимо свега тога, међутим, и на основу савезничких и на основу немачких ратних и послератних обавештајних сазнања, главна команда, највећа концентрација националистичких снага, и главно ратиште остали су у Србији током целога рата. Ту се све то време налазила и главнина немачке војске, а у Београду њена Централна команда за Југоисточну Европу.

Најбољи начин да закључим ову дискусију о положају националиста јесте утисцима тројице америчких официра који су један за другим службено слати у Југославију током рата, о томе колико је, изван већих градова под окупацијом немачких или марионетских трупа, било пространство под непосредном командом генерала Михаиловића. Пуковник Алберт Сајц из *OSS* провео је наиме више од пет месеци 1943. и 1944. у централној и западној Југославији безмало непрекидно путујући и посећујући удаљене центре под командом генерала Михаиловића. И мада га је морал трупа и становништва пријатно изненадио, оно што га је уистину запањило била је величина тога простора, толике „хиљаде квадратних миља" ван главних центара, које су ефективно држале снаге „под директном командом генерала Михаиловића."

Роберт Макдауел

И капетан Џорџ Мусулин из *OSS* боравио је месецима у Србији 1944. тражећи и евакуишући у Италију стотине оборених америчких пилота које су спасиле снаге генерала Михаиловића. По мени, капетан Мусулин од свих данас живих америчких и британских официра који су били на служби у Југославији за време рата има најтачније и најсвеобухватније податке као и најјаснију слику догађања у источним српским крајевима. У студији заснованој на документима које је сачинио генерал Донован, Кори Форд наводи из једног Мусулиновог извештаја:

„Оно што је на мене оставило највећи утисак јесте задивљујућа безбедносна дисциплина и војника и сељака. Амерички ваздухопловци (њих готово 400), сакупљени су са подручја које је захватало хиљаде квадратних миља, и сви су знали где се налазе. Немци су мучили и убијали сељаке, рушили им и палили куће, покушавајући да сазнају где се оборени авијатичари крију. Ти несретни људи, које су британске и америчке власти напустиле, на немилосрдном удару и Немаца и Титових партизана, могли су за предају пилота добити више новца него што је ико од њих могао и да сања да ће икада имати, али ниједан Американац није био одан (...)" (*Генерал Донован из OSS*, стр. 210)

У недељама у којима сам током лета и јесени 1944. и ја без престанка путовао кроз западну Србију и источну Босну и сâм сам био највише запањен што су тако позно у рату месни националисти под командом генерала Михаиловића успешно контролисали подручја изван градова, пољопривредну производњу, па чак и локалну управу. Завојевачи – и Немци и партизански одреди под комунистима – кретали су се градовима и изван њих искључиво у стројевом или борбеном поретку, док су се ван градских атара поносно и слободно кретали наоружани мештани Срби. Иако вероватно у мањем обиму, познато је да се исто дешавало и да је исти дух владао и даље на западу, у Црној Гори и Лици, што су те 1944. приметили и други Британци и Американци, све бројнији при новоствореним – али лишеним стварне власти – партизанским управним органима. Ти увиди и извештаји су ме и навели да јавим Вашингтону да почетком јесени 1944. око седамдесет одсто укупне територије Југославије и даље следи генерала Михаиловића и његову националистичку организацију.

Било какво разматрање стварне снаге националиста у Југославији током рата мора уважити извесне чињенице које поратни коментатори готово без изузетка занемарују. Због лоше процене политичара, а вероватно и због издаје током почетног немачког напада, већина југословенских официра, подофицира и другог стручног особља, као и стотинак хиљада војника, пали су у заробљеништво. Немачке власти послале су на принудни рад у Немачку и хиљаде других радно способних мушкараца и оних у најбољем животном добу. Па ипак, у војнообавештајним круговима региона владала је сагласност да генерал Михаиловић има на распологању бар две до три стотине хиљада војно способних мушкараца који су прошли неку врсту војне обуке, или поседовали потребно искуство, већина од њих будући Срби. У свом извештају генералу Доновану, пуковник Сајц написао је да би „Михаиловић, када би добио оружје од Савезника, могао да на бојно поље изведе војску обучених и ратом прекаљених војника бројнију од 300.000 људи." (Avakumovic, *Mihailovic, Hoax or Hero?* /Авакумовић, *Михаиловић, херој или превара?*/, стр. 81)

На основу мојих запажања у касно лето 1944, националистичка војска у северној и средишној Србији супротстављена Немцима бројала је око 40.000 бораца. Тада је и генерал Михаиловић јавио да у ратним јединицама у Србији и источној Босни располаже и са педесет до шездесет хиљада додатних обучених трупа наоружаних углавном само пушкама. Извештавао је да свим његовим јединицама недостају минобацачи, аутоматско наоружање и муниција, у шта смо се и лично уверили. Редовни дневни радио извештаји генералу из других подручја Југославије показивали су да је почетком септембра 1944. у целој земљи било готово 100.000 Срба организованих у јединице. Поред Срба, из извора које сматрам веродостојним сазнао сам да има и неких 20.000 муслимана у источној Босни и Санџаку, око 10.000 Хрвата у источној и централној Босни и Славонији, и око 6.000 Словенаца у Босни и Словенији окупљених у помесне националистичке одреде. Сви су они били дуго под командом генерала Михаиловића.

Било какво разматрање стварне снаге националиста мора уважити и то да је огромна већина ових јединица, укључујући и српске, била пре нека врста домаће страже него стајаћа војска. И да генерал Михаиловић није био поборник „герилског" или „партизанског" ратовања, друга му врста борбе није преостајала услед чинилаца ван његовог утицаја, попут природе локалне српске народне војне организације и чињенице да му Савезници нису обезбедили оружје и опрему осим, по признању премијера Черчила, слања „неколико авиона" са војним материјалом. Додатни борци у оквиру српских тајних група које су продрле у немачке организације у Југославији генерал је на мој захтев проценио на „не више од неколико хиљада."

Не поседујем никакве податке нити процене о додатним снагама у виду тајних организација коју су оперисале под командом генерала Михаиловића у Мађарској, Румунији и Бугарској. На основу нашег проучавања тајног ратовања, обављеног после рата, ваља претпоставити да су локални „кадрови" у тим земљама са знањем да су у вези са југословенским националистима бројали не више од неколико стотина људи. Ипак, послератном анализом потврђено је што је и Хитлер 1943. и 1944. признавао, а што смо ми на терену већ слутили: да је подземни и герилски рат генерала Михаиловића унутар и ван Југославије био одлучујући фактор у укупном успеху ратног напора националиста на Југоистоку.

Стога, при разматрању тактичких и стратешких концепата на којима је генерал Михаиловић заснивао своју стратегију и тактику, сматрам да је од користи да овде наведем и неколико узгредних опаски које ми је генерал упутио док смо се усиљеним маршом кретали кроз северну Србију и источну Босну, а које сведоче о опсегу његовог владања битним војним знањима. Пасус који следи узет је из мог извештаја послатог новембра 1944. Англо-америчком штабу у Казерти, који потврђује да су, у поређењу са генералом, многи који су са њим учествовали у стварању југословенског националистичког покрета имали далеко оскудније стратешко и тактичко разумевање ситуације. Цитирам:

„Српски националистички покрет, из кога се развио југословенски националистички покрет, настао је 1941. као последица три првобитна непосредна налога, у великој мери одлучујућа за његов раст и после 1941. Хронолошким редом то су:

(а) Општа одбрана од освајача;

(б) Појединачна заштита живота и својине од немачких и усташких зверстава и пљачки;

(в) Одбрана од претњи – испрва према друштвеном устројству а потом животима и имовини – проистеклих из успоставе партизанског покрета под контролом југословенске комунистичке партије.

Овај у суштини одбрамбени – а стога донекле пасиван, чак негативан карактер српског националистичког покрета – био је извор његове највеће слабости у прошлости, али и његове највеће снаге. Међутим, ти исти подстицаји су од недавно почели доприносити стварању једног динамичног, чак револуционарног духа, од изузетног значаја за будућност."

У оштрој супротности са овим ограниченим погледом на рат, и упркос његовој снажној обузетости непосредним проблемима, генерал је у разговорима показивао изванредну способност да при операционом планирању узима у обзир најшире стратешке па чак и политичке факторе који могу допринети политици, планирању и операцијама Савезника. Једнога дана казао ми је да Англосаксонци, укључујући и Американце, исувише моралишу при оцењивању совјетске политике, што је сматрао штетним по разумније решавање проблема у Европи. По његовој оцени, совјетски војни лидери били су немилосрдни али никада и ирационални, и од тога је, по њему, требало полазити при процењивању сваке ратне политике. У вези са тиме, казао ми је да ће убудуће Југославија морати да заслужи и задржи поверење и Москве, колико и Париза, Лондона и Вашингтона. Чини ми се да је генерал мислио на став који је владао међу образованијим националистима а с којим сам се веома често сретао и код војника и код цивила. Као што наводим у свом извештају Савезничком штабу: „Међу националистима нисам наишао ни на какву нетрпељивост према Русији, осим стрепње да би могла подржати југословенске комунисте. Рекао бих да би националистичко руководство поздравило било какав руски наговештај сарадње са Југославијом, нарочито ако би Русија преузела да их штити, уздржавајући се од мешања у унутрашње прилике у земљи."

На основу неколико разговора стекао сам снажан утисак да је генерал Михаиловић успео спојити ратне планове, укључујући и улогу Русије, са неком давном, дубоком, безмало страственом жељом да допринесе, чак и за време рата, неком виду послератне уније између свих народа Југоистока, и томе налазим потврду у ономе што ми је говорио о својој стратегији и тактици: да ниједна ни друга не могу опстати искључиво као српска или југословенска већ као југоисточна и европска, при чему је немачка претња Русији основа сваком планирању. Објаснио ми је да да је 1941. и 1942. себи поставио следеће задатке:

(1) да рат колико је могуће води као „балканску борбу" не само против немачке агресије већ и као увод у еру послератне сарадње на целом Југоистоку, зарад постизања бољих економских, друштвених и политичких услова, и

(2) да у својим војним прегнућима предност даје онима који ће највише смањити немачки притисак на Русију јер, „ако би Хитлер сломио совјетски отпор, њега више нико не би могао победити." Генерал је резоновао да је претња самој Русији за време главних немачких офанзива на Истоку 1941. и 1942. била много опаснија и стратешки одсуднија него истовремена претња Британији на Источном Средоземљу, пошто је од САД зависио немачки пораз. Да би ми то појаснио, испричао ми је да је, по свом доласку 1940. у Југославију у својству специјалног изасланика председника Рузвелта, тадашњи пуковник

Роберт Макдауел

Вилијем Донован уверавао југословенско руководство да ће председник ангажовати америчке ресурсе и људство за рат у Европи. Услед тога, као и већина виших официра, Михаиловић је постао уверен да ће САД одиграти одлучујућу улогу у уништењу нацистичког режима до 1944, најкасније 1945.

Али, генерал је био уверен да, уколико би се совјетски војни или политички отпор Немачкој скршио пре делотворне америчке војне интервенције на европском ратишту, никакво ангажовање савезничких војних капацитета не би потом спречило укључивање не само Источне Европе већ и великог дела Русије у Хитлеров Рајх. Тада би, без обзира да ли Хитлер постоји или не, тај нови немачки систем владавине трајао бар једно поколење.

„Да би југословенски отпор Немцима био довољно снажан да буде од значаја за совјетски и британски отпор немачким офанзивама 1941. и 1942, морали смо да пројектујемо своју офанзивну улогу и изван граница Југославије и да постанемо битан део шире балканске стратегије. А то би спречило Стаљина или било ког другог совјетског вођу да немачки пораз искористи за наметање совјетске превласти Источној и Централној Европи."

То су били разлози, казао ми је генерал, који су га навели да се на почетку рата повеже са антифашистима не само у Грчкој и Албанији већ и у Бугарској, Румунији и Мађарској. (У студији коју помињем, професор Роберт Ли Вулф пише: „Михаиловић је преговарао са националистима у Мађарској, Румунији, Бугарској, Албанији и Грчкој." /Robert Lee Wolff, *The Balkans in Our Time* /*Балкан у наше доба*/ стр. 213/) Не залазећи у детаље, генерал Михаиловић ми је даље рекао да су напади на немачке комуникације, речни саобраћај Дунавом, и на систем пруга битних за операције у јужној Русији и на Источном Медитерану биле његов основни циљ у тим контактима. Преко наших специјалних обавештајних извора, већ смо знали да је генерал испрва просто настојао да охрабри те групе ван граница Југославије да предузимају организоване саботаже.

Но пошто је, са изузетком Грчке, мало тога предузето, генерал је био принуђен да сâм оснује илегалне организације у тим земљама. Према нашим посебним изворима, у том раду он се у свакој од тих земаља ослањао на људе и групе са којима је делио наду да ће доћи до стварања југоисточне федерације или конфедерације, чија би се спољна политика ослањала на пријатељске односе са свим Великим силама, али без повлашћеног положаја за било коју од њих.

При том, напомињем да немам никаквих сазнања да ли је за време рата било непосредног контакта између генерала Михаиловића и Совјета. Наравно, док је у међуратном периоду био војни аташе у Бугарској и Чехословачкој, зна се да је тадашњи пуковник Михаиловић одржавао пријатељске али и потпуно коректне односе са тамошњим совјетским амбасадама. Као што ћу навести касније у овој студији, и совјетска влада је настојала да успостави своју војну мисију на високом нивоу при штабу генерала Михаиловића, не би ли то довело до сарадње Тита и његовог партизанског покрета са националистима.

Овакви увиди у стратешко и политичко размишљање генерала Михаиловића могу нам, наиме, омогућити да боље схватимо одређене стратешке и тактичке замисли битне за операције југословенских националиста. У светлу како ратних тако и поратних сазнања рекао бих да су током рата националисти у исто време водили два рата на три фронта:

– пре свега, отворени офанзивни рат против Немаца, понајвише у источној Југославији;

– углавном ''подземни'' офанзивни рат против Немаца у суседним подручјима Мађарске, Румуније и Бугарске, и

– рат против комуниста који су предводили југословенске партизане, већим делом отворен али са значајним тајним елементима, вођен највећим делом у западној Југославији.

Уз то, и нацисти и комунисти су, и стратешки и тактички, настојали да сломе вољу за отпором националиста под командом генерала Михаиловића плански терорушући цивилно становништво. На основу не само наших обавештајних сазнања током рата него и поратних разговора с немачким официрима, тврдим да су геноцид, и претња њиме, чинили битан део Хитлерових ратних планова и дејстава на свим фронтовима, будући да су Немци рачунали да немилосрдно примењен у почетној фази напада, геноцид смањује укупне губитке и омогућава веће искоришћење локалне радне снаге за подршку њиховим офанзивама.

На основу онога што знам, не видим зато разлога да сумњам у тврдњу да су Срби претрпели највеће губитке по глави становника од свих европских народа осим можда Пољака. У ово не убрајам хиљаде и хиљаде мушкараца, жена и деце које су у западним српским крајевима масакрирале усташе хрватског марионетског режима, уз подршку нациста. С великим болом генерал

Михаиловић ми је описивао дилему с којом га је суочила нацистичка кампања геноцида. У приликама које су му се чиниле као питање националног и савезничког опстанка, одабрао је да цивилно становништво посматра као и сопствене трупе, то јест, као оне чији је губитак урачунат. У томе је изгледа следио неку древну српску традицију.

Међутим, као што ми је сâм казао, сваки командант мора у крајњем исходу да постигне равнотежу између губитака и победа. Током 1941. и до половине 1942 – када је, по његовој процени, Совјетима претио крах који је могао продужити и проширити Хитлерову доминацију над Европом – генерал је жртвовао своје цивиле заједно са војском. У складу са њему својственом скромношћу, никад није тврдио оно што ћу као чињеницу изложити у овој студији, то јест да су те жртве преокренуле општу ситуацију на фронтовима у корист Савезника, што су и Хитлер и савезнички команданти на терену сматрали заслугом Срба и генерала Михаиловића. Но током 1943. и потом, почео је да одбија да излаже цивиле масовним немачким одмаздама уколико и Савезници не ангажују своје трупе за значајније офанзивне акције на Југоистоку.

У нашим разговорима, генерал Михаиловић је често тврдио да, као и Хитлер, и он у својој стратегији мора занемарити ограничења наметнута националним границама, и цело југоисточно полуострво посматрати као једну операциону целину. Уз свега неколицину аналитичара из тридесетих година двадесетог века, и он је схватао да Хитлер мора – вероватно следећи савет свог економског саветника Шахта – да уклопи привреду, саобраћајну и комуникациону мрежу, па и политичку мисао Југоистока у своју сферу утицаја, ради потпуне експлоатације тог виталног подручја у рату. Оно чиме се генерал Михаиловић разликовао од велике већине задужених за савезничко ратно планирање било је његово савршено јасно, здраворазумско, стратешко схватање да би управо полуге којима се Хитлер дотле служио у Југоисточној Европи – не би ли је коначно заузео – могле, у рату који је генерал водио, бити употребљене за онемогућивање локалних административних тела на која се Хитлер ослањао за искоришћавање помесних ресурса и њихов транспорт. Као што је генерал неуморно тврдио, највећа немачка стратешка, али и тактичка рањивост није била на фронтовима већ у позадини.

Ова слабост, наиме, није била само материјална већ и људска – Немци су се морали ослањати на велики број домаћих помагача, добрим делом равнодушних према одржавању огромне и компликоване машинерије немачке подршке фронтовима. По Михаиловићом схватању, и Хитлер и Стаљин – обојица посвећени безобзирном ширењу личне власти – засновали су ту моћ, и код куће и у Европи, не на осећањима заједништва попут љубави према отаџбини или на стварном идеолошком убеђењу, већ на себичним интересима и користољубљу. То је 1941. материјално и психолошки утицало на брзо урушавање совјетског отпора немачком напредовању – све док се Стаљин није потврдио као велики вожд, лукаво се обраћајући урођеном руском патриотизму и панславизму, и заснивајући своју ратну политику на њима. Генерал Михаиловић се зато при својим тајним подухватима у марионетској Мађарској, Румунији и Бугарској усредсредио да погрешне мотиве нациста при њиховом ширењу на Југоисток током тридесетих година двадесетог века искористи као оружје против њих.

Но, наше обавештајне службе су тек крајем 1942. преко својих „тајних извора" почеле да схватају значај илегалног рата који је српски националистички покрет водио још од 1941. То сам укратко поменуо у уводу ове студије а и другде. Али, због њене осетљивости, ту материју генералу Михаиловићу нисам могао помињати у нашим разговорима, као што ми ни он очито није могао у потпуности поверити своје мишљење о англо-америчком тетосању Тита као савезника. С друге стране, моје искуство на тајним задацима у британској војнообавештајној служби у Првом светском рату и историографско занимање за герилски рат, послужили су ми да омогућим генералу да ми пружи прилично јасан увид у своја схватања на ту тему и да ми отворено прича о свом начину коришћења таквих борбених дејстава. Верујем, такође, да му је могућност да тако слободно разговарамо значила много.

Темељи на којима је он развио своје концепте тајних операција описаћу у тексту који следи, позивајући се на његове речи током недеља које смо провели заједно пешачећи или јашући по терену, у условима сасвим у складу са његовим замислима о неконвенционалном рату. Наиме, основ његове доктрине могао би се сажети у изреку: „Користи непријатеља да поразиш непријатеља." Генерал Михаиловић се веома интересовао за јерменског револуционара, генерала Антраника, који је већ као младић ратовао против Турака на Балкану, да би ми 1918. казао следеће: „Неће недостајати ни наоружања ни муниције докле год их непријатељ буде имао." Ту мисао генерал Михаиловић је проширио рекавши: „Убаци се међу непријатеља ради информација, диверзија и саботаже." Под „убацивањем" имао је на уму инфилтрирање својих људи у непријатељске структуре и подривање рада непријатељског особља. По његовом схватању, војнообавештајни рад састојао се од сагледавања безброј материјалних и психолошких фактора.

Наиме, попут Британаца у борбама на Блиском истоку у Првом светском рату, и он је схватио значај уклањања или уништавања чак врло једноставних делова на транспортним средствима и комуникационим системима непријатеља, нарочито када су резерве тих делова биле мале. Под диверзијом подразумевао је ослањање на непријатеља за оружје, муницију и експлозив, будући да Савезници нису ни покушали да га снабдеју чак ни пешадијским наоружањем. Саботажу је, пак, морао усмерити првенствено на немачке транспорте реком или железницом у правцу руских или британских фронтова, али најзначајнији вид саботаже био му је психолошки – срачунавање свих дејстава на умањивање спремности Немаца и њихових марионета да делују и реагују одлучно. Вероватно најважнија генералова максима била је „Упознај непријатеља."

У свему томе – а касније сам добио прилику да проучим и друге доктрине „неконвенционалног ратовања" – препознао сам основну сличност у схватању овог питања између југословенских националиста и Совјета. Још када се узме у обзир генералово непрекинуто занимање за тај облик ратовања као и чињеница да је совјетска вештина „партизанског ратовања" била добро позната у источно-европским војним круговима много пре Другог светског рата, верујем да се још као војни аташе у Софији и Прагу пуковник Михаиловић позабавио општом темом неконвеционалног рата. Са друге стране, ваља имати на уму да је свуда где се такав начин ратовања дуже упражњавао било мало варијација у основним начелима.

Међу тактичким аспектима неконвенционалног ратовања које је генерал Михаиловић сматрао битним било је извођење великог броја мањих саботажа на широком простору које, добро и унапред осмишљене, далеко више шкоде непријатељу од неколико силовитих удара. Немачки експерти са којима сам разговарао о томе по завршетку рата препознали су то и сами из искустава са совјетским саботажама, називајући их доктрином „стратешке концентрације и тактичке дисперзије." Послератне провере на терену, које је вршила америчка војна инжењерија, поткрепиле су генералову тезу да то везује максималне непријатељске снаге, уз логистичке проблеме произишле из њихове раштрканости, што често умањује снагу непријатељевог одговора.

Наша испитивања подржала су и даљу тезу генерала Михаиловића да ће једном демонстрирана способност извођења великих саботажа, уз такође доказану спремност да се прихвати одмазда – и тек повремено прибегавање стварним саботажама са пратећим губицима у људству – знатно повећати груписање одбрамбених снага непријатеља. Доктрину и тактику генерала Михаиловића и српских националиста и њихових тајних, заграничних савезника – нашим обавештајним службама познатих као „специјални извори" – немачка Висока команда у Београду сматрала је одговорним за озбиљно смањење снабдевања својих трупа на фронтовима, дотура стратешких сировина Немачкој, као и за везивање немачких трупа критично потребних за одсудне битке 1941. и 1942.

Психолошки, саботаже су у непријатељским редовима и међу квислинзима изазивале збуњеност, осујећеност и беспомоћност, што су наше обавештајне службе непобитно утврдиле током 1943. С тим у вези, генералу су се нарочито свидела два израза која сам чуо од команданта савезничких пољских трупа на Блиском истоку, генерала Андерса, прихваћена пак од совјетских стручњака за герилско ратовање: „Партизана има свуда, а нема их нигде" и „Народ је магла у којој нестају партизани".

Најбољи начин да завршим овај општи преглед војних замисли које су националисти користили против Немаца јесте навођење текста наредби совјетске Високе команде радијом упућених Титу при Хитлеровом нападу на Совјетски Савез 1941. Те наредбе су наиме безмало у потпуности подржавале националистичку доктрину, али их је Тито упорно и доследно игнорисао све време рата:

„Без оклевања организовати партизанске одреде и започети партизански рат иза непријатељских линија. Палити војне фабрике, складишта запаљивих материјала, аеродроме; разарати пруге, телеграфске и телефонске мреже; спречавати кретање војника и муниције. Организовати сељаке да крију жито и терају стоку у шуму. Користити сва могућа средства застрашивања непријатеља, како би се осећао као у опседнутој тврђави."

Та наређења – које је Тито пренебрегавао – схватао сам као истински израз доктрине герилског рата какав је генерал Михаиловић водио противу Немаца. Гледајући уназад, сматрам несрећом што јавност Британије у САД никад није имале прилике да се упозна са тим чудесним и за Савезнике изузетно важним видом ратовања коришћеним у Другом светском рату, при специјалним операцијама генерала Михаиловића.

Но, пре разматрања националистичког делања против Немаца накратко ћу се осврнути и на релативно малу улогу националиста у већим борбама против Титових партизана, да бих одбацио и те оптужбе. Генерал је, наиме, био и јасан и искрен када ми је објашњавао тај аспект својих обавеза као врховног команданта Југословенске војске у отаџбини, војске легитимне југословенске владе у избеглиштву.

У вези с тиме, ваља имати на уму да је 1944. један број помесних партизанских команданата и цивилних руководилаца некомуниста постао незадовољан Титовим вођством и његовим све очитијим усредсређивањем на сопствену партијску и државничку каријеру. Такви су британским и америчким официрима у поверењу све чешће говорили да генерала Михаиловића сматрају умереним националистом и да мисле да би он био способан да уједини земљу у слободи и напретку, ако би дошао на власт. Наши „посебни извори" су, почевши од 1942, у неколико наврата такође слали сличне извештаје.

Услед такве процене Титових особина, генерал Михаиловић ми је рекао да је од почетка рата сматрао да, препуштен властитим способностима и могућностима, Тито није кадар да угрози опстанак националиста и њихову борбу против Немаца. Због тога се, и стратешки и тактички, мимо психолошког рата, генерал посветио углавном сузбијању раста партизанских снага у западној Југославији, за то задуживши своје локалне команданте. На почетку рата, наиме, такође на основу извештаја из партизанске организације, закључио је да Тито нема намеру да се троши нападајући Немце. Попут наших обавештајних служби, генерал је био свестан веза југословенске комунистичке партије са нацистима током рата. (Овај рукопис будући тек ''прва рука'', аутор је наговестио фусноту са намером да објасни ову тврдњу. Но, пре тога је умро. Претпостављам да је имао на уму сарадњу КПЈ са нацистичком тајном службом Абвер пре Брозовог одласка из Београда у пратњи Јаше Рајтера, немачког официра у униформи, на слободну територију ујесен 1941, те тајне преговоре Коче Поповића, Влатка Велебита и Милована Ђиласа са Немцима у Загребу 1943. пре Неретве и Сутјеске, када је склопљен договор о међусобном ненападању, и заједничкој борби противу Савезника у случају њиховог искрцавања на Балкан – који је Хитлер потом лично поништио. Прим. М.Б.Раденковића)

У нашем последњем разговору, крајем октобра 1944, генерал ме је замолио и да англо-америчкој Високој команди у Казерти изложим његову процену тадашњих политичких прилика у Југославији.

Ево шта сам навео у својој изјави:

„Генерал Михаиловић ми је подробно објаснио да би, и овако касно, евентуалну англо-америчку интервенцију у Југославији – зарад успостављања контроле и над националистима и над партизанима – радо прихватио не само он и остали националисти у Србији, Босни, Херцеговини, Црној Гори, Далмацији,

Лици и Словенији, него и већина локалних (како је наглашавао) партизанских вођа у тим истим подручјима, са изузетком Црне Горе."

Генерал је тврдио да би такав подухват захтевао само нешто англо-америчког штапског особља и мање специјалне падобранске јединице, већ припремне при Штабу у Барију. Уз то, у то време сам већ од господина Нојбахера, Хитлеровог личног представника у Високој команди за Југоисток, добио уверавања да би таква симболична интервенција са наше стране била сигнал да нам се предају све немачке трупе у Југославији, под условом да их не изручимо Совјетима.

На основу претходне анализе личности генерала Михаиловића и његових стратешких и тактичких замисли, ваља рећи нешто и о конкретним дејствима националиста током 1941, 1942, 1943. и 1944. Ова студија, међутим, није место за шире разматрање техничких аспеката разних националистичких подухвата нити сам ја лично професионално обучен за такав задатак. За почетак, међутим, истакао бих да је важно – пошто су „герилски" ратови или „мали ратови" у многим деловима света постали неизобилазан чинилац у америчкој спољној политици – да шири сегменти нашег интелектуалног естаблишмента, медија, а нарочито јавности, схвате домете и ограничења тих облика оружане борбе, и могућности да се не само одупремо таквој тактици, него и да је примењујемо.

Данас, наиме, имамо једно језгро младих америчких стручњака у тој области. Међутим, мало људи схвата да постоје још стотине, ако не и хиљаде сјајних Американаца међу нама, пореклом из Источне Европе, који су прошли кроз ватру неконвенционалног рата, и отвореног и подземног отпора нацистичкој окупацији у својим матичним државама, пре но су пристигли на наше обале. Међу најбољима од њих су „Михаиловићеви људи."

Генерално говорећи, југословенске националистичке операције против Немаца излагаћу у општим цртама и хронолошки, пратећи четири главне фазе рата како их је генерал Михаиловић класификовао:

Прва, током 1941, и првих немачких напада на Југославију и Грчку;

Друга, пред крај 1941. и током 1942, за време најјачих и најодсуднијих немачких офанзива у Русији и на Источном Средоземљу и у сектору Северне Африке;

Трећа, током 1943. и првих шест до осам месеци 1944, када су немачке снаге на Руском и источномедитеранском-северноафричком фронту изгубиле стратешку, па и тактичку предност; када су Руси започели своје коначно, мада споро напредовање, и када – због Рузвелтове лоше анализе и погрешне политике коју је водио заједно са Черчилом – англо-америчким снагама није дозвољено да подрже руску офанзиву продором из горњег Јадрана до долине Дунава, како је испрва предложио Черчил, а Стаљин подржао на Техеранској конференцији, као што је у први мах учинио и председник Рузвелт; и

Четврта, у другој половини 1944, када су Совјети стигли на источну границу Југославије, а Англо-американци поново пропустили да дејствују са Јадрана кроз долину Дунава, и убрзају пораз нациста не само на фронтовима него и у самој Немачкој, чиме би предупредили неумерене совјетске амбиције у погледу Источне и Централне Европе.

Својом хронологијом ћу укратко покрити и упоредно супротстављање националиста Титовој партизанској револуцији, и позабавити се њиховим отвореним и тајним дејствима, од огромног значаја за ометање немачке експлоатације Југоистока и немачких веза са руским јужним и британским источно-средоземним фронтом.

Ту бих поново истакао преломне тренутке 1941. и 1942, када су немачке офанзиве на та подручја биле на врхунцу, и кад је отпор српских националиста на Југоистоку имао истински стратешки и тактички значај – да би 1943. и 1944, када је искривљена слика о југословенском отпору постала позната у иностранству, његова улога заправо била сведена на прост тактички допринос коначном немачком слому, са савезничког пропуста да делују у спрези са генералом Михаиловићем.

Наиме, Хитлер је још 4. маја 1941. прогласио крај државе Југославије, казнивши је због српског пуча у Београду и потоње слабе војне одбране земље. Но већ у другој недељи маја, тадашњи пуковник Михаиловић развио је заставу устанка противу Немаца на Равној Гори, у Србији. Са свиме тиме свет је добро упознат. Мање је, међутим, позната, и мање цењена осим међу обавештајцима – као што сам чуо и од самог генерала Михаиловића – чињеница да је читавих стотинак дана у свим важним деловима Србије, Босне и Црне Горе – а вероватно и другде – пламтео спонтан и самоникао масовни устанак противу окупатора. Затечени и запрепашћени Немци и њихови домаћи сарадници су неко време држали једино главне градове и саобраћајнице. По оцени британских стручњака општенародна побуна угушена је тек октобра 1941. године, и то само захваљујући буквалном извршењу Хитлерове наредбе да се за сваког убијеног немачког војника стреља стотину цивила.

СТРЕЉАЊЕ ИСТОРИЈЕ

Тај покољ се наравно разликовао од масовног покоља Срба у марионетској држави Хрватској, који није имао никакве везе са том наредбом, будући дело хрватских фашиста на том подручју.

Но, Михаиловићево устројавање спонтаних устанака помесних Срба против немачке окупације, између маја и октобра 1941, у повезане војне операције са јасним тактичким цијевима довољно је, по себи, да посведочи његову величину као војсковође. Имао сам прилике да о томе разговарам и са националистичким и партизанским официрима, као и британским и француским професионалцима током рата, а после рата да прибавим и оцену генераловог рада од компетентних немачких, источноевропских и совјетских извора. Слушајући објашњења самог генерала Михаиловића схватио сам да је чак и у тој, првој фази ратовања, настојао да Србе одврати од усредсређивања на освету и убијање што већег броја Немаца, и да их упути ка за њихово добро кориснијој дужности пружања што делатније подршке главним Савезницима, јединима у прилици да униште нацисте.

Описујући, стога, улогу и успехе генерала Михаиловића у 1941. години, истакао бих да је он дао пример како се организују мале, обучене и убојите борбене јединице и акције саботаже против много надмоћнијих немачких снага и њихових комуникација – што му је и омогућило да 1942. оконча интеграцију отпора националиста не само у Србији, већ донекле и у средишњој и западној Југославији и, што је најважније, у суседним земљама Југоистока. Али српски допринос укупном савезничком војном прегнућу 1941. није био безначајан ни по себи.

Цитирам из своје студије написане на Универзитету у Мичигену крајем 1941, засноване на подацима из „отворених" извора, али проверене и анотиране од стране британских експерата, у то време из пословних разлога присутних у САД.

„У разматрању губитака нанетих Немачкој услед Хитлерових дивљачких удара на Србе, ваља узети у обзир и његов значајан неуспех не само у Југославији већ и у суседним „марионетским државама" – Мађарској, Румунији и Бугарској – у производњи и транспорту домаћих стратешких војних добара за Немачку, и гомиљању немачких трупа и опреме у близини руске границе. Немачке операције одмазде захтевале су додатну мобилизацију трупа у „марионетским" државама, што је довело до повлачења неколико стотина хиљада сељака и радника са њихових уобичајених послова. У Југославији, нацистичке репресалије довеле су до великог уништења сировина неопходних немачкој привреди, те железничких пруга и пратеће опреме, што су чинили и Немци и родољуби. Иако се нафта из Румуније шаље у Немачку, за производњу и превоз других, за њу важних стратешких материјала из српског дела Југославије недостаје радника, опреме, и домаћих транспортних средстава. Услед тога у овој, веома критичној години рата, помоћ коју је Хитлер очекивао од Југоисточне Европе озбиљно је умањена.

По признању самих Немаца, штета начињена транспортним средствима у региону као целини је огромна. Дунав, као највећу саобраћајницу која повезује центар немачке индустрије и совјетски фронт, националисти су затворили за саобраћај током немачких репресивних дејстава тако што су притворили све речне пилоте. Данас је та река и даље у блокади, бар делимично због рушења мостова на њој, и могла би остати запречена недељама, па и месецима. Пруге у источном, то јест српском делу Југославије – уз водоток Дунава, војно вероватно најзначајнији железнички систем Југоистока у овом тренутку – темељито су саботиране и оштећене.

Све то морамо посматрати у светлу највеће слабости немачке ратне машине на источним фронтовима – мањкавости постојећег транспортног система за снабдевање немачких трупа суочених са Русима и Британцима (...) Широм Југоистока, Немачка је принуђена да држи веома јаке гарнизоне, а непрекидно исцрпљивање људства, опреме и залиха, и мањак превозних средстава услед герилских саботажа несумњиво ће се наставити."

О водећој улози и значају генерала Михаиловића и његовог националистичког покрета отпора у тако раној фази рата 1941, сведочи и то да је немачка Висока команда за Југоисточну Европу свој противудар назвала *Михаиловић* и уценила његову главу на 200.000 динара. (За детаље, а нарочито цео текст нашироко дељене изјаве немачке Високе команде – која генерала напада због „оружане побуне против немачких окупационих снага" – и нуђења ове суме за његово хватање, види: Др Иван Авакумовић, *Михаиловић према немачким документима / Mihailovich According to German Documents*), стр. 29–31)

То је био први од два позната покушаја атентата на генерала Михаиловића. Титово име придодато је генераловом тек 1943, када је Немцима постало јасно да су Британци одлучили да напусте Михаиловића и да у највећој могућој мери подрже комунистичког вођу. Нажалост, упркос подацима сачуваним у архивама војнообавештајних служби, послератни коментатори су углавном настојали да озбиљно успоравање почетног напредовања главних немачких снага на Руском фронту објашњавају као просту последицу пуча у Београду, који је довео до Хитлерове инвазије Југославије. И мада су то, бесумње, били битни фактори у редоследу догађаја, одлучујући чинилац, када је српска страна у питању, није дошао са врха српског руководства у Београду већ са терена. Права заслуга припада српском сељаку, појединим помесним вођама и генералу Михаиловићу.

Генерал је, наиме, одувек веома инсистирао на разјашњењу свих тих елемената Британцима или Американцима који су долазили у његов штаб, али је такође порицао било какву своју „генијалност" у вези тога. Историографске истине ради, напомињем да је упркос британском напуштању националиста и преношења англо-америчке подршке на Тита, генерал Михаиловић у разговору са мном понављао да је 1941 – док Јапан још није увукао САД у рат и док Стаљин својим трупама још није пружио довољну мотивацију за отпор Немцима – једино саможртвеност британске империјалне војске у Северној Африци и у источномедитеранским пределима спречила рано остварење Хитлерових намера.

Дејства српских националиста и тајне операције њихових савезника у Мађарској, Румунији и Бугарској, свих под командом генерала Михаиловића, током 1942. биле су битно другачије од оних из 1941. Не само да је Немачка претња Русији и Британији на источним фронтовима била на врхунцу, већ су нам и наша обавештајна сазнања казивала да је допринос генералових снага у борби противу те претње достигао стратешки значај, који је могао постати одлучујући фактор на источним фронтовима.

Гледајући уназад, стога, после много размишљања схватио сам да би у било којој истински свеобухватној и дефинитивној историји Другог светског рата 1942. требало да буде описана као „година велике југословенске или српске контраофанзиве." Да бих објаснио ту своју тезу, широј јавности можда веома проблематичну, укратко бих навео поједине прилике током 1942. које су могле додатно увећати стратешки значај несумњивог доприноса генерала Михаиловића Савезницима.

За боље сагледавање позадине неопходне за правилно схватање тих прилика, навешћу своја три закључка из Трећег поглавља о Југоисточној Европи и Хитлеровој општој стратегији.

Пишући наиме о догађајима из 1918, рекао сам:

„У позној фази Првог светског рата, када је Немачка безмало била пред извесним поразом на фронту у Француској, добро стратешко и тактичко коришћење Дунавске долине, Црног мора, и Каквказа готово су избациле Британију из рата и довеле до тога да Немачка завлада ресурсима Русије и Средњег истока";

Роберт Макдауел

а о Другом светском рату написао сам следеће:

„Хитлер је рачунао да ће Турска поново одиграти ту улогу (савезника против Русије и Британије), и велике италијанске и немачке офанзиве 1941. и 1942. на Источном Средоземљу и у северно-афричком региону биле су уперене не само на Суецки канал и Средњи исток већ и на навођење Турака да напусте своју неутралност и приђу Хитлеру. Пречесто, амерички посматрачи пропуштају да помену да је, уз величанствени отпор српских националиста, и потенцијална турска улога у рату натерала Хитлера да 1941. и 1942. преусмери војску и друге ресурсе са критичног Руског фронта, где су те снаге врло лако могли изазвати слом совјетског отпора током преломног периода велике совјетске слабости."

Из једне од мојих мичигенских студија позне 1941. цитирам:

„Као 1918, немачке снаге продрле су дубоко у јужну Русију, дошавши до Крима и Дона. (...) Али (...) уколико Немачка још једном искористи своју контролу над Југоисточном Европом и Црним морем, и поново окупира Кавказ, њена војска славиће победу у северном Ирану. У том случају, Хитлер ће бити на добром путу да постигне оно што је за длаку измакло Кајзеру 1918. (То јест да победи Русију и Британију освајањем лежишта стратешких сировина јужне Русије, Кавказа, централне Азије и Средњег истока)".

То је, дакле, позадина спрам које се морају вредновати офанзиве српских националиста 1942.

И *Ратни мемоари* премијера Черчила сведоче о растућој бризи са којом је пратио немачку претњу 1942, и три могућности које су стајале пред Хитлером – мимо јавности добро познате офанзиве генерала Ромела у Северној Африци, зарад заузимања Суецког канала и отварања Немцима поморског пута до по Британце животно важних нафтоносних поља у Персијском заливу. Немачке опције биле су наиме:

1) офанзива из Југоисточне Европе кроз јужну Русију, Кавказ и северни Иран, до стратешки богате руске централне Азије и Персијског залива;

2) продор из Југоисточне Европе кроз Турску до истих циљева, и

3) комбинација три истовремене офанзиве на Средњем истоку, кроз јужну Русију, Турску и Суецко подручје. Имајући све то на уму, обавештен сам од

британских професионалаца у Каиру да је премијер Черчил поставио генерала Хенрија Вилсона (касније награђеног титулама сер Хенри и фелдмаршал лорд Вилсон) да успостави команду у Персијском заливу која би могла да се избори са овом троструком претњом. У склопу тога, генерал Вилсон је од премијера добио задатак да установи и британску Команду за Блиски исток у Каиру и Англо-америчку команду за Средоземље у Алжиру.

Крајем лета 1942. имао сам част да и ја допринесем савезничком разматрању тих питања. Каирска мисија америчког генерала Ендруса, коју помињем другде, усмерила је сву своју пажњу на ту вишеструку немачку претњу, и он је веома брзо схватио стратешки значај Југоисточне Европе као базе без које Немци ни на који начин не би били у прилици остваре своје намере. Уз то, колико ми је познато, први који су Вашингтону скренули пажњу на на потенцијално кључну улогу Турске у Хитлеровим ратним плановима и за време кризе 1942, биле су наше, америчке дипломате у Анкари и Каиру. Током рата, наиме, Турска се држала неутралности са спознаје да би – услед свог стратешког положаја на споју Средоземља са Црним морем, те лежећи на траси главне железничке пруге између Југоисточне Европе и Средњег истока – победа било Немаца било Руса значила крај њене независности. Природне симпатије велике већине Турака биле су уз Британију и САД, и веровали су у Хитлеров пораз. Но, с добрим разлогом нису били убеђени у спремност Англо-американаца да се суоче се послератном претњом Стаљина као ратног победника.

Године 1942, савезничке обавештајне службе на Источном Медитерану постале су врло свесне немачких напора да уведу Турску у рат као свог савезника, као и извесне турске подршке решавању турског проблема на тај начин. Такође смо знали за поштовање између Турака и југословенских националиста, чији су се узајамни интереси и наде за будућност у великој мери подударали. Нашу главну бригу, међутим, чинило је то да је не само тадашња немачка офанзива у јужној Русији, већ да би и свака будућа кроз Турску ка Средњем истоку, зависила од немачких комуникација Дунавом и пругама које су пролазиле кроз источну Југославију, Мађарску, Румунију и Бугарску.

То су наиме чињенице очигледно непознате већини послератних коментатора, а које су 1942. довеле до јачања англо-америчког интересовања на кључним нивоима власти за отворене и подземне кампање на Југоистоку, вођене под командом и по наређењима генерала Михаиловића. Упркос одлуци да подржи Тита и напусти Михаиловића услед својих погрешно заснованих напора да очува поратни статус Британије, премијер Черчил је – по мишљењу многих британских професионалаца као и по моме – био врло свестан шта је генерал учинио за Савезнике 1942. Иако у својим *Мемоарима* он наизглед приписује војни неуспех немачких кампања на источним фронтовима искључиво српском пучу у Београду и потоњој немачкој инвазији Југославије 1941 – без помињања икаквог удела генерала Михиаловића – познато је да је приватно са великим уважавањем говорио о необично важном учинку Михаиловићевих отворених и тајних војних дејстава током 1942.

Но, највеће признање националистичким операцијама у том стратешки одлучујућем периоду 1942, током и после рата, долази од немачких војних и политичких служби. Тако генерал Валтер Кунце (*Walter Kuntze*), тадашњи командант Југоисточне Европе, у свом телеграму од 10. јула 1942. описује генерала Михаиловића као „најопаснијег непријатеља". Хајнрих Химлер, шеф Гестапоа, написао је у писму од 17. јула 1942: „Основа за било какав успех у Србији и целој Југоисточној Европи је Михаиловићева ликвидација". (Авакумовић, н.д., 54–55)

Но највеће немачко признање генералу Михаиловићу и његовим војним и тајним снагама за допринос Савезницима током 1942. дао је сâм Хитлер у свом годишњем обраћању немачком народу за Нову 1943. годину.

Цитирам један део тог говора:

„Прави узрок тешкоћама (током 1942.) у Северној Африци и на Балкану (Југоисточној Европи) лежи у упорним покушајима саботаже и парализе. (...) Њихове сталне саботаже, уз веома разноврстан пасивни отпор, успеле су да зауставе допремање залиха у Африку и другде."

Ваља обратити пажњу на оно што је Хитлер у својој изјави о немачким неуспесима на источним фронтовима, у тој одлучујућој 1942. години, заправо рекао:

Прво, да је снабдевање фронтова не само успорено, већ и заустављено;

а) да се то односи на северноафрички сектор, и немачку офанзиву генерала Ромела ка Суецком каналу и Средњем истоку, и да се исто догађа и

(б) „другде" због тешкоћа „на Балкану" (или у Југоисточној Европи), при чему се мисли на јужноруски фронт;

Друго, да се догађају „упорне" и „сталне" саботаже што подразумева дугу, сталну, систематску кампању, а не спорадичне инциденте;

Треће, да „сталне саботаже" и „упорне" акције као и „заустављање" немачке подршке фронтовима – па и „паралисање" немачких операција – указују на одсудно спречавање снабдевања источних ратишта;

Четврто, израз „ уз веома разноврстан пасивни отпор" указује да се ради о систематским, технички софистицираним дејствима, много убојитијим од обичних заседа и рушења неких објеката какве изводе групе сељака. Само су таква дејства могла натерати Хитлера да тако понижавајуће, јавно призна свој неуспех током 1942, и навести Химлера да изјави да је за било какав успех „у целој Југоисточној Европи" (логистичкој бази за стаљинградско и јужноруско, као и североафричко и средњоисточно ратиште) неопходна „Михаиловићева ликвидација". Пошто је такве доказе прихватила и наша обавештајна служба предложио сам да се 1942. назове „годином велике југословенске (или српске) контраофанзиве."

Већ колико средином августа 1942, три главна британска заповедника (војске, морнарице и ваздухопловства) на Средњем истоку и у источносредоземном сектору послали су поруку генералу Михаиловићу чији један део цитирам:

„Са дивљењем пратимо операције од непроцењивог значаја за нашу заједничку, савезничку ствар, којима Ви руководите."

Првог децембра 1942, шеф британског Империјалног штаба у Лондону, непосредно одговоран премијеру Черчилу као министру рата, послао је поруку генералу Михаиловићу у којој каже да цени „изванредна прегнућа Југословенске војске (...) и непобедивих четника под Вашом командом, који се даноноћно боре у најтежим условима."

За Нову 1943. годину, генерал Ајзенхауер, тадашњи савезнички командант на медитеранском ратишту и као главнокомандујући америчких трупа у том сектору, послао је следећу поруку генералу Михаиловићу:

„Америчке оружане снаге у Европи и Африци поздрављају свог брата по оружју, и славне и неустрашиве војне јединице под вашом стаменом командом. Ти храбри људи који су Вам се придружили како би истерали непријатеља из своје отаџбине, уз највеће жртве потпуно су посвећени борби за заједничке циљеве Уједињених нација. Нека им њихова борба донесе потпуни успех."

Кад је, наиме, амерички генерал Патрик Хурли (*Patrick Hurley*) дошао на Средњи исток у пролеће 1943. као лични изасланик председника Рузвелта, он ми је казао да такве поруке и њихов садржај нису пука дипломатска куртоазија но истинске оцене наше владе, као и британске, обе свесне колико су заслужне снаге генерала Михаиловића. У нашем дугом поратном разговору о ратним дешавањима у Југоисточној Европи, генерал Донован, ратни шеф *OSS*, поменуо ми је поруку генерала Ајзенхауера, рекавши да је срећан што смо барем тада „и званично признали српске заслуге за укупни ратни напор." Таквих и сличних детаља и прилика сећам се као признања одговорних британских и америчких војних команданата огромном доприносу генерала Михаиловића и његове војске немачком поразу током тог најкритичнијег периода рата 1942.

Стратешки врхунац целог рата на Истоку – достигнут 1942. неуспехом Немачке да заузме Стаљинград и настави продор ка Кавказу и даље, и неуспехом Турске да отвори своју капију према Средњем истоку – готово да није имао непосредног утицаја на тактичке прилике у Југославији 1943. Насупрот погрешном утиску који су створили неки истраживачи и коментатори, а који сам и сâм донекле имао током рата – неки од најжешћих ратних окршаја одиграли су се између националиста и Немаца, као и између националиста и партизана управо те године.

То сам и написао у свом извештају Савезничком главном штабу почетком новембра 1944:

„После 1943, улога Немаца у Југославији свела се у суштини на одбрамбену, то јест на одговор на националистичке акције, но у облику изузетно агресивних немачких напада не само на националистиче снаге на терену, него и на штаб генерала Михаиловића."

Тако је званична немачка новинска агенција *DNB* 19. маја 1943. из Берлина известила да су немачке војне и СС формације са хрватским (квислиншким) снагама, „отвориле нову офанзиву у Босни против банди које предводи Михаиловић."

А *Donauzeitung* је јула 1943. пренео немачки извештај да су „Михаиловићеве снаге бројне и добро наоружане (...) Биће потребно много времена да се српске снаге униште."

Уз то, немачки материјал за тај период до којег су дошле наше обавештајне службе, класификован као тајни, био је још суморнији. Како је забележено у поглављу о партизанским операцијама, Тито се 1943. максимално заложио да партизани што жешће нападају националистичке заједнице и војне јединице у западној Југославији – понекад у сарадњи с Немцима или њиховим квислинзима.

Поред отворених војних дејстава, годину 1943. су по свему судећи обележиле још успешније саботаже националних снага против немачких комуникација на Југоистоку и немачке експлоатације стратешких сировина. И сам генерал Михаиловић ми је рекао да је први пут те године био у могућности да помогне сељацима да смање допрему пољопривредних добара у немачка складишта и центре за снабдевање. Званични немачки записи, доступни после рата, показују да су Немци добијали мање тих добара из Србије под окупацијом него што је било предвиђено трговинским уговорима са југословенском владом, потписаним пре доношења немачке директиве о реквизицији. Господин Нојхаузен, немачки ратни економски управитељ Србије, на свом суђењу 1947. казао је да су „Михаиловићеви људи" у огромној мери смањили прилив производа какав су Немци, на основу својих пажљивих процена, очекивали. То је још једна сличност између тактике генерала Михаиловића и совјетске доктрине о „партизанском рату." Заинтересованима за техничке аспекте ваља рећи да су отприлике две године, колико је генералу требало да своја подземна дејства усаврши, по оцени немачких стручњака после рата сматране оптималним временом за њихово планирање и извршење. А то само увећава заслуге генералових илегалаца на терену још 1942. године.

Од значаја у вези с тиме су и докази прикупљени током и после рата од наших обавештајних служби који указују на критичан пад морала немачких снага на Југоистоку током 1943. То је изгледа у причној мери био резултат невероватног утицаја „фактора психолошке саботаже", који ми је Михаиловић истицао и који су стално понављали у наређењима Титу из Москве.

Та обавезујућа упутства ваља зато поново цитирати:

„Неопходно је користити сва средства за застрашивање непријатеља, тако да се осети као у опседнутој тврђави."

Дејство тог чиниоца на пад морала немачких снага и њихових квислинга под ударом како стварних тако и психолошких напада 1943, стално су наглашавали наши „посебни извори" и тада и у првој половини 1944. Генерал Михаиловић ми је то само потврдио говорећи о настојањима немачких официра да успоставе контакт са познатим антинацистима у неколико подручја на Југоистоку. То је изазвало приличну панику међу тамошњим домаћим квислинзима.

Ваља, даље, подсетити на разне планове и дејства националних снага током 1943, илустроване следећим наводима из неколико извора. Тако се фебруара 1943, у личној поруци Хитлер пожалио Мусолинију на све бројније покушаје италијанских окупационих снага у Југославији да се договарају са националним снагама, написавши:

„ (...) Руководство Михаиловићеве организације увелико се спрема да разоружа и уништи твоје снаге у Херцеговини и Црној Гори. (...) Сматрам да је у интересу нашег заједничког подухвата да твоји третирају Михаиловића и његов покрет као заклете непријатеље сила Осовине, и преклињем те, Дуче, да у том смислу издаш одговарајуће заповести својим командантима. Ликвидација Михаиловићевог покрета сада неће бити лака, због снага којима располаже (...)". (Из наведеног дела Дејвида Мартина, стр. 149. Цео текст ово кључног ратног документа везаног за Југославију, налази се у *Les Lettres secretes echangees par Hitler et Mussolini*, Париз 1949, стр. 149–54)

Хитлерову бригу о јачини националних снага и њиховим намерама делио је и Тито, чији су изасланици почетком 1943. покушали у да уговоре прекид ватре са Немцима, како би упутили главнину својих трупа против њих у југозападној Југославији. (О неким аспектима преговора између партизана и Немаца видети поглавље о партизанским операцијама.)

Када су ти покушаји пропали, немачка Висока команда је априла и почетком маја 1943. започела комбиновану операцију против националних снага и партизана под називом *Шварц* (*Schwartz*), „у којој је Михаиловићев штаб обележен као главна мета Вермахта и Луфтвафеа". (Авакумовић, н.д, стр. 174) Док је генерал био делимично заокупљен борбом против Немаца и усташа у такозваној Независној држави Хрватској у западној Југославији, немачка војска је предузела неуспешне кораке – нарочито током операције зване *Моргенлуфт* (*Morgenluft*) јула 1943 – за уништење његових војних одреда у Србији. У том периоду такође – после британског прихватања Тита – немачка Висока команда у Београду понудила је 100.000 марака у злату, као награду оном који би ухватио било Михаиловића, било Тита.

Дејствима националних снага 1943. у западној Југославији није посвећена пажња коју заслужују. По ономе што сам чуо од генерала Михаиловића, као и на основу онога што сам после рата сазнао од првака националних снага, схватио сам да је у том периоду генерал био суочен са три неодложна захтева:

Први је био прека потреба да се заштите западни Срби, изложени трострукој претњи уништења од Немаца, комуниста, и усташа – хрватских фашиста који су зарад властитих циљева служили сад нацисте сад комунисте;

Други је од генерала тражио да се нада англо-америчкој окупацији крајњег запада Југославије, у оквиру општег напредовања од Јадрана према Дунаву, и затим до Беча;

Трећи је био да ће у западној Југославији, безмало једином подручју где је партизански покрет задобио некакву народну подршку – која се касније истопила услед комунистичког екстремизма – можда успети да помири своје снаге и умерене елементе у помесним партизанским командама. На тој нади, како ми је рекао, темељио је своја очекивања да ће вође на терену, и националне и партизанске, временом створити заједнички фронт противу страног непријатеља и домаћих зала.

Такав став су неки западни национални команданти и поједини хрватски партизански руководиоци и спроводили. Нажалост, и тврдокорни партизански комунистички врх и немачка Висока команда стално су радили, и фактички и психолошки, на даљем заоштравању грађанског рата. С личне заокупљености питањем психолошког рата, у послератном периоду стекао сам јасније разумевање његових размера у Југославији, и то не само како су се њиме служили нацисти и комунисти, већ и националисти. (За те увиде, као и толике друге у ратни сукоб у Југославији, много дугујем Славку Н. Бјелајцу, предратном официру и члану Југословенског главног штаба, који је у рату био један од команданата националних снага у западној Југославији, а по његовом завршетку дуго један од мојих блиских и цењених колега у вашингтонском Одељењу за копнену војску)

У једном извештају с почетка 1944. сажео сам дејства националних снага у западној Југославији током 1943, углавном се ослањајући на званичне британске изворе. Цитирам:

„Дејства националних снага умногоме су обликовали велики и непрекидни Титови напори да их уништи на западу, нарочито током пролећа и јесени. У суштини, радило се о продужетку партизанских офанзива започетих у Лици и Далмацији крајем 1942, из нове базе у западнобосанским планинама код Босанског Петровца. Отпор националних снага, нарочито у Лици, спречио је партизанско ширење у Далмацију, тако да су с пролећа 1943. углавном локалне националне снаге успеле поново да заузму српска села у западној Босни.

Токoм лета 1943. Тито је опет употребио своју главнину против националних снага на југу – у Црној Гори, Херцеговини и, у мањој мери, у централној Босни. Још гневна због опште офанзиве националних снага током 1942, немачка Висока команда искористила је ситуацију 1943. да своје и квислиншке трупе пошаље у западну, централну и југозападну Југославију, противу тамошњих националиста и оних у Србији.

Два пута су немачка званична обавештења објавила потпуни крах главнине националних снага. Не само том приликом, националисти су тврдили да су Немци и партизани сарађивали да би уништили генерала Михаиловића и његов покрет на западу. Места и датуми из званичних немачких и партизанских депеша снажно подупиру те оптужбе. Немачки документи из 1943. такође пружају доказе да су Немци и тада сматрали националисте за свог главног непријатеља. Чак су немачки извори крајем лета и у јесен 1943. говорили о њиховом капацитету за продужавање борбе на дуже време."

У погледу даљих борби између Немаца и националних снага током 1943. генерал Михаиловић ми је рекао да су на основу искустава стечених 1942. и почетком 1943. команданти националиста на терену успели да обуче своје официре и војнике тактици намењеној ублажавању немачке одмазде против цивила. Овде се не мисли на подземне операције већ на поступке прихваћене међународним конвенцијама. Пуковник Алберт Сајц је приликом наших послератних сусрета критиковао неке националистичке јединице на подручју којим је прошао 1943. и почетком 1944, због њихове претеране спремности да се суоче с непријатељем у условима, или на местима, у којима је могло доћи до цивилних жртава иако је било и других могућности. Такав став је можда трајао и даље али, на основу наших сазнања током рата, изгледа да је број цивилних жртава у последње две године рата био знатно мањи него 1941. и 1942. Иако је такво стање можда делом било последица немачког суздржавања због надолазећег пораза и одмазде, немачки поратни извори показују да су националне снаге тактички усавршиле распоређивање малих одреда на шира подручја током 1943. Пуковник Сајц тактику генерала Михаиловића из 1943. и 1944. сажима следећим његовим речима:

„Увек предводи или пружај пример. Познај терен као свој длан. Обучавај људе, и борце и сељаке, да пријављују сваки покрет и дејство непријатеља. Искорени издајнике и брбљивце. Нападај само када можеш стећи предност. Постарај се да ти борци буду чврсти, увежбани и сити. Користи што је могуће мање снаге. (...) Никада не пружај непријатељу прилику да те нападне. Удари га јако, а онда нестани док је још у шоку." (н. д, стр. 39)

И Дејвид Мартин преноси следеће препоруке које је сазнао из својих сусрета са националистима, а које сам и ја чуо од генерала Михаиловића, као плод његових размишљања из 1943:

„Да би имао употребљиве информације, прибављао храну, преносио оружје, поспешивао своје кретање, од пресудне је важности да покрет отпора има велики број својих људи у 'квислиншкој' власти и њеним оружаним снагама. Укратко, покрет отпора мора поседовати поприличан сопствени 'квислиншки' покрет у 'квислиншкој' власти непријатеља." (исто, 153)

Ова последња ставка се посебно односи на извештаје које су стално потврђивали наши „посебни извори" већ од краја 1942.

Дејвид Мартин такође даје примере саботажа националних снага против Немаца живописним речником својих британских „тајних извора", који добро одсликава суштину сазнања мени доступних из других извора. Цитирам:

„Кашичица песка сипана у кућиште осовине теретног вагона начинила би од њега крш у року од неколико месеци. На хиљаде теретних вагона је на тај начин онеспособљено: прошли би диљем Балкана док се штета не би открила, исувише касно да Немци било шта учине. Још један омиљени трик био је да се узме неколико комада угља из станичног дворишта, да се они пресеку, делови издубе и напуне тротилом, па поново споје и залепе. Ти комади били би стављени при задњем крају тендера за угаљ уз локомотиву која ће кроз неколико сати кренути за Мађарску, Бугарску или Румунију (...) После седамдесет до сто километара дошло би до необјашњиве експлозије. Воз би стао. Екипу за поправке и резервну локомотиву би тада морали слати из неког већ оптерећеног железничког чвора. У међувремену, возови би стајали и, уколико би све било изведено како треба, Немци никад не би сазнали шта се десило и ко је вин (...) Пљачке возова извођене су веома редовно (...) Пљачка би била откривена тек при отварању фургона у Атини, Будимпешти или Софији..." (исто, 178-79)

Важан додатак Мартиновом опису саботажа националних снага током целог рата је и следећа изјава његових званичних британских контаката:

„На хиљаде потврђених сведочанстава о саботажама и пљачкама возова које су извели Михаиловићеви људи достављено је савезничким владама. Теретни вагони су испадали из строја после само два месеца, локомотиве се необјашњиво кочиле, фургони пристизали на одредишта запечаћени – али празни, фабричке машине се редовно квариле... Произвођене су лажне бомбе, пруге затваране под изговором да предстоји бомбардовање – то су биле методе четничких герилаца. Када је било стратешки потребно, мостови су потпуно разарани и предузимане велике акције упркос масовних немачких одмазди. О таквим дејствима постоје многобројни записи, од 1941 до јесени 1944." (н.д., стр. 179)

У вези с тиме, Дејвид Мартин такође указује на један од кључних чинилаца при успеху ових саботажа, а то је да је „огромна већина железничких радника припадала Михаиловићевој организацији." То су наглашавали и наши специјални извори не само у Југославији већ, што је битније, и у Мађарској, Румунији и Бугарској, где су фашистички режими и немачка Висока команда једнако пазили да не претерају са репресијом над неопходним службама.

Одговорно тврдим да је генерал Донован, 1943. и 1944. покушавајући да придобије председника Рузвелта да одобри једну велику мисију *OSS*-а при штабу генерала Михаиловића, намеравао да, на основу сазнања из наших специјалних извора, још више развије и користи могућности националних снага за саботаже по Мађарској, Румунији и Бугарској, не би ли се и тиме убрзао немачки слом на источним фронтовима. Уз, наравно, организоване раднике и друге прогресивне групе, тајне организације под Михаиловићевим контролом у тим подручјима укључивале су и веома битне шверцерске и црноберзијанске групе.

Током рата било је нашироко познато, и по новинама под немачком контролом и писано, да су постојале читаве лоповске мреже дуж немачких комуникација ка истоку, а нарочито уз Дунав, и да је у њима било и немачких цивила па и војника. То су ми потврдили палестински ционистички извори који су направили тајне канала за спасавање јеврејских породица из Источне Европе. Генерал Донован се надао да би се сви ти елементи могли довести под окриље наших дејстава. Понављам при том оно што сам написао у поглављу о америчкој политици, да је он у свом извештају са напоменама о приликама у Југославији 1943. и 1944, истицао да су југословенски националисти:

„продрли у локалне непријатељске органе власти, раширили своју обавештајну мрежу унутар њих, да врше диверзије са циљем заплене непријатељске опреме и залиха, а првенствено ради смањења и успоравања испоруке добара и производа из Југославије непријатељским фабрикама и фронтовима, као и ометања пролаза непријатељских трупа и материјала кроз Југославију и суседна подручја на путу ка ратиштима."

Генерал Донован се надао да бисмо преко сталног америчког представништва при штабу генерала Михаиловића и ми, преко свих тих група, стекли приступ локалним немачким властима у целој Југоисточној Европи.

Иако је из њихових књига јасно да су и Дејвид Мартин и пуковник Сајц били добро упознати са тајним операцијама националних снага у Југоисточној Европи током рата, они су пропустили да наведу конкретне циљеве и локације. Наравно, ни ја нисам задржао копије нити белешке у вези извештаја наших специјалних извора који су стизали до мене. Али, пошто су се у њима понављали одређени називи места обележаваних и на поверљивим штапским картама у Каиру, могао сам касније, у Вашингтону 1945, да ослањајући се на сећање реконструишем неке податке који се данас смеју објавити. У погледу непосредних одредишта немачких пошиљки железницом преко веома важног центра у Будимпешти, иначе на удару саботажа, најчешће понављани називи локација од севера према југу, 1943. и 1944, били су Сирет, Јаши, Галати, Браила, Констанца, Варна, Бургас, Истамбул и Солун.

Морам при том опет нагласити да је већина немачких пошиљки, нарочито оних намењених јужноруској зони, ишла Дунавом, до истовара бродова по разним приобалним железничким станицама и речним лукама од Будимпеште до Црног мора, како би се избегло стварање великих циљева за савезничке бомбардере. Идентификујући подцентре српских националних снага за железничке саботаже којима је руководио српски тајни штаб у самом Београду, наводим их по учесталости помињања: Брод, Нови Сад, Сегедин, Темишвар, Арад и Орадеа. Такође памтим неколико примера саботажа пруга и железничких постројења која ћу помињати касније, посебно Сату Маре у северној Румунији.

Делом тих операција у западној и централној Бугарској руководило се изгледа из подцентра националистичких снага у Нишу. У Хомољским планинама на крајњем североистоку Србије се по свему судећи налазио важан центар за тајне радио везе са оперативцима ван Југославије. На то сам скренуо пажњу људима из *OSS*-а и, у инструкцијама од генерала Томаса Родерика (*Thomas Roderick*) по мом одласку у Југославију наложено ми је да испитам њихову могућу корист по нас.

Уобичајени обавештајни извештаји из немачких извора 1943. и 1944, иако у том погледу оскудни, јављали су о некаквим сталним „покушајима" саботажа на следећим железничким линијама при главној траси између Будимпеште и Солуна: Будимпешта, Черновци–Лавов, Будимпешта–Јаши–Лавов или Одеса, Будимпешта–Констанца–црноморске луке. Немачки обавештајци помињали су пругу Будимпешта–Београд–Софија–Бургас–Варна као битну за слање војног терета из Немачке до црноморских лука јужне Русије. Упркос том знатном ослањању Немаца на неколико релативно малих пруга од Будимпеште до руске границе, и до румунских и бугарских црноморских лука, морам поновити свој утисак, стечен проучавањем целокупности наших извора, да су немачке линије саобраћаја кроз Југоисточну Европу Дунавом, који је и каналима повезивао јужну Немачку са Црним морем, представљале несумњиво најзначајније комуникације у Другом светском рату.

Пошто су највећи део забележених саботажа на тој артерији извеле подземне организације, било ратни профитери и црноберзијанци било шверцери од заната, нема одвише изгледа да ће се доћи до додатних детаља мимо већ утврђених о коришћењу таквих агената за рад у тајним организацијама генерала Михаиловића током рата. Једини важан изузетак у том погледу за који знам су прилично добро познате отмице дунавских речних пилота, које су извели српски националисти како бих их спасили принудног рада за Немце. Генерал је отворено признао и пуковнику Сајцу и мени да је дошао до велике количине немачког војног материјала за своје снаге у Србији преко професионалних шверцера или црноберзијанаца који су продрли у неку од локалних немачких организација.

У поређењу, наиме, са 1942-ом годином, дејства националних снага 1943. могу се описати као врло методично и хладнокрвно нагризање преосталих немачких резерви – и материјалних и психолошких – после пропасти Хитлерове велике офанзиве 1942. Ваља такође приметити да се трећа фаза операција националних снага на коју је указивао генерал Михаиловић одвијала не само 1943. већ и током првих шест до осам месеци 1944, када су немачке снаге на Руском ратишту и у Источном Медитерану изгубиле не само стратешку него и добар део тактичке иницијативе. Тада су наиме Руси свој главни продор започели без журбе, али – због лоше процене британског и америчког политичког и војног врха – англо-америчким снагама није допуштено да искористе своје могућности и подрже руско напредовање сопственим, са горњег Јадрана до линије на Дунаву, као што је предлагао премијер Черчил, а испрва на Техеранској конференцији подржао и Стаљин.

Четврта фаза дејстава националистичких снага коју је описао генерал Михаиловић почела је крајем лета 1944, када је поново позвао на општу мобилизацију свих националиста широм Југославије, зарад подршке главним Савезницима при окончању немачке окупације Југославије и Југоистока. Генерал очито ни током 1944. није престао да се нада да ће се Англо-американци придружити

Совјетима макар у окупацији Југославије. Са своје стране настојао је не само да совјетским и англо-америчким окупационим снагама пружи пуну војну помоћ него и да учини још један напор ка постизању неког степена сарадње између својих снага и умереног, некомунистичког, помесног вођства међу партизанима.

Но, с почетка 1944. дошло је до велике немачке војне операције *Treibjagd*, уперене против генералових снага у централној Србији и пропраћене низом немачких удара на локалном нивоу. Стварна колико и потенцијална опасност од националних снага по Немце који су се повлачили из Грчке, Албаније и Југославије, огледала се и у Хитлеровој изјави с краја августа 1944, да је „нека врста комунистичке опасности" пожељнија од снажења генерала Михаиловића, од кога је зазирао као од симбола „јединог конструктивног елемента на Балкану." (Цитирано у Авакумовићевом делу, стр. 175)

Навео бих такође и један свој извештај из јула 1944, написан пре моје југословенске мисије, али на основу закључака до којих су дотле дошли наши штабови за Југоисток и Блиски исток у Каиру, Барију и Алжиру:

„Иако на главним савезничким фронтовима најтеже борбе у овоме рату вероватно тек предстоје, у погледу Југославије и целог Југоистока, у строго војном смислу, може се тврдити да ће овог лета рат бити завршен. Немци су и даље веома јаки у том подручју и, што се тиче саме Југославије, има их чак и више због повлачења из Грчке, Албаније и Бугарске. Са малим изузецима, немачке снаге у овом сектору нападају само у самоодбрани и, у све већем броју желе што пре да се предају англо-америчким снагама. Бугарски команданти су почели да ступају у везу са генералом Михаиловићем преко првака демократских земљорадничких странака како би договорили предају, а чује се и да румунски, мађарски па и поједини немачки официри и званичници покушавају да успоставе везу са генералом Михаиловићем преко преживелих помесних демократских вођа. Што је најважније, Немци у Југославији се пасивно држе својих гарнизона у градовима, слабије реагујући на отворене војне нападе националних снага и саботаже. Уз то, што је врло неуобичајено за њих, однедавно су почели да напуштају своју тешку механизацију и наоружање много спремније него што би се то од Немаца очекивало."

Узевши у обзир општу ситуацију у Југославији с краја лета и у јесен 1944, да није било никакаквог англо-америчког мешања у њене унутрашње прилике већ да су кроз сарадњу сва три главна савезничка лидера одржани слободни избори као предуслов за уставне промене и административне реформе, мислим да би велика већина свих политичких, националних, и верских заједница и група изабрала Дражу Михаиловића за председника привремене краљевске владе, кадре да одржи ред и спроведе заиста слободне изборе.

Убеђен у тачност таквог погледа на унутрашње прилике у Југославији почевши од 1944, поткрепљеног сопственим службеним истраживањима у Вашингтону после рата, у једној од мојих званичних послератних студија написао сам следеће:

„ ...Укратко, до почетка лета 1944. генерал Михаиловића и његова српска национална организација (...) успешно су прошли испит ефективног отпора немачкој окупацији и експлоатацији, као и устанку југословенских комуниста, да би се потврдили као једини делотворан и конструктиван фактор у земљи. Оно што је било истина у лето 1944, мада тада непризнато, досада је више него потврђено сазнањима обавештајних служби за време рата и после њега, и заслужује да уђе у званичну историју. То јест, српски генерал Дража Михаиловић, као војник и национални вођа, заслужио је поштовање и поверење свих значајних чинилаца југословенског друштва, будући најбољи предводник југословенских народа и за прелазни период после рата, усто поштован и од угледних савезничких војних и дипломатских лидера. Но, до краја те године, Дражу Михаиловића су напустила сва три главна Савезника, а под њиховим притиском и његови краљ и влада, док га је британско и америчко политичко вођство на све могуће начине изоловало, тиме доводећи и до његовог судског убиства."

СТАЉИНОВО ОПРЕДЕЉЕЊЕ ЗА НАЦИОНАЛНУ ОПЦИЈУ ТОКОМ ДРУГОГ СВЕТСКОГ РАТА

У овом одељку посвећеном ратној политици Стаљина, намера ми је да докажем да је, мимо свег свог зла и маничности он, током рата, умногоме испољио већу мудрост у раду с премијером Черчилом и председником Рузвелтом него они с њим. Наиме, подаци Службе недвосмислено потврђују да је током рата и одмах после њега, када су се њих двојица упињали да му удовоље, он своју политику спроводио ослањајући се не толико на своје могућности, колико водећи рачуна о својим слабостима. Управо у таквој поставци Черчил му је дозволио, а Рузвелт га чак подржао, да наметне целој Источној и добром делу Средње Европе њој духовно стран комунизам.

На општијем плану, током четрнаест послератних година проведених у Министарству војске у Вашингтону – у својству аналитичара који не узима у обзир само снагу већ и недостатке комунистичких режима Европе и Азије – уочио сам озбиљност урођених слабости тих система, нарочито на њиховом врху. Но, ми и данас углавном сматрамо да они своју политику спроводе сигурни у исправност својих безбедносних и других процена.

Анализа постојећих података Службе, међутим, открива да самопоуздање врхова комунистичке власти не произлази из уверености у сопствену снагу, колико из свести о нашој неспремности да искористимо све могућности да их подријемо с њихових недостатка – којих је комунистичка врхушка веома свесна – на свим нивоима. Јер, само је обимна америчка помоћ у оружју, транспортним средствима и новцу, на којој је инсистирао председник Рузвелт, омогућила Стаљину да упркос озбиљним манама и слабостима свог система преживи не само Хитлерову бесомучну навалу већ и веома опасно масовно дезертерство, чак и отворену побуну делова Црвене армије, које је подробно описао Џулијус Епстајн (*Julius Epstein*) у својој студији *Операција ''Казна''* (*Operation Keelhaul*). Ваља такође имати на уму да историју Совјетске Русије наново сагледава, па делимично изнова и пише, нова генерација руских интелектуалаца, тако да се можемо надати да ће и ти увиди постати део интелектуалне баштине света.

Но, и америчко разумевање доприноса наших совјетских савезника ратној победи се премало ослања на чињенице. Јер, по сазнањима и британских и француских војних обавештајаца, поткрепљеним подацима из средњоевропских и источноевропских војнообавештајних извора, највећу помоћ Хитлеровом нападу на СССР током 1941. и 1942. пружио је сâм совјетски комунистички апарат, мешајући се у рад команде Црвене армије.

Уз то, приметио сам да су и Американци и Британци прецењивали или потцењивали професионалну способност совјетског официрског кадра. Наиме, током рада за Британску војнообавештајну службу 1918. на Кавказу и у околним подручјима, и посматрања белогардејских официра у борби на живот и смрт са првобитном ''Црвеном армијом'', схватио сам да је у њено стварање Троцки од почетка мудро укључио велики број руских официра-некомуниста. То ми је после Првог светског рата потврдило и неколико немачких официра с дугим искуством у Русији. Пољски официри које сам 1942. упознао на Средњем истоку беху такође закључили слично о Црвеној армији на основу сазнања из руских и немачких извора. Од њих сам усто добио доста података о текућем стању у тој војсци, који су се поклапали са информацијама из других извора. Наиме, при процени пуне важности целине тог материјала ваља знати да је по избијању Другог светског рата Црвена армија постала прворазредна војна сила, бар по источноевропским мерилима. Њена основна, можда и једина слабост било је мешање партијских комунистичких кадрова у војна питања, вероватно ради спречавања официра од каријере да стекну већи утицај у совјетској власти.

Тек са свиме тиме на уму могуће је схватити заиста страшан значај недавне Епстајнове студије *Операција ''Казна''*, којом се описује наш удео у насилној репатријацији хиљада и хиљада црвеноармејаца-дезертера који су се, устајући противу Стаљина, придружили Немцима. Американци, мимо те књиге, немају на располагању готово ништа друго из чега би разумели ту несумњиво шокантну епизоду из Другог светског рата, а тако ће нажалост остати све док се не промени безбедносна класификација тог материјала. Наиме, за амерички народ оно што је од значаја у случају Операције ''Казна'' не би требало да буде толико устанак делова Црвене армије против Стаљина и комунистичког устројства, и утицај те побуне на војна дејства, већ то што су и премијер Черчил и председник Рузвелт, мимо савета обучених обавештајаца, официра и дипломата слушали непознате особе које су се – свесно или несвесно – држале комунистичке ''линије''.

Што се тиче самог настанка устанка у Црвеној армији током Другог светског рата, или тачније низа таквих устанака, податке које поседујем добио сам непосредно од поратних руских, пољских и финских информаната у чију поверљивост нисам имао разлога да сумњам. Но, пре даљег разматрања тог питања ваља истаћи да се – успешном одбраном Петрограда, Москве и Стаљинграда од Хитлеровог покушаја да заузимањем и искоришћавањем тих кључних руских политичких центара што пре оконча рат на Источном фронту – Црвена армија осведочила као национална одбрамбена сила, кадра да потуче и најбоље немачке снаге верујући у праведност своје борбе.

Значајно је при том упоредити тај успех са неуспехом Стаљинове окупације малене Финске – иначе, стратешки исправног потеза у очекивању Хитлеровог напада на Русију – када се та иста војска показала у сасвим другом светлу. Наша обавештења о томе за време рата била су, разумљиво, спорадична и нејасна. Из онога што сам, међутим, сазнао од мојих поратних иформаната – од којих су неки у том рату и непосредно учествовали – постало ми је јасно да се Црвена армија показала неспособном, или невољном, или и једно и друго, да потуче невелике финске војне ефективе. У светлу података мени доступних из свих могућих извора, сматрам стога да је устанак противу Стаљина и почео том финском епизодом.

Наиме, мимо успешне одбране Петрограда, Москве и Стаљинграда, током Другог светског рата Црвена армија водила је, заправо, два упоредна рата унутар Русије. Један се састојао од отворених и осведочених битака јединица оданих Стаљину са Немцима, а други од углавном непознатих борби противу Стаљина и његове власти. Међу стотинама хиљада црвеноармејаца, ратних дезертера, поратни совјетски подаци разликују три главне мада променљиве групе:

– дезертере који су се заједно с Немцима непосредно борили противу Црвене армије,

– ''партизане'' који су се борили и противу Немаца и стаљиниста и, коначно,

– бегунце који су се цео рат крили по руским шумама и мочварама, живећи од онога што би добили или опљачкали од цивилног становништва.

Спрам те позадине, значи, ваља процењивати Стаљинову улогу у рату. Хитлер се наиме одлучио да свеопштим ратом завлада источноевропским и руским виталним ресурсима, и тако победи и Велику Британију и Русију пре него се Американци одлучујуће умешају. Насупрот тога, присиљен на рат, Стаљин се определио да Немце успорава док се Сједињене Америчке Државе не придруже Британији, да би сви заједнички победили непријатеља на свим фронтовима. Но на основу података наше Службе које ни премијер Черчил ни председник Рузвелт нису искористили; а за које западна јавност углавном није ни знала, Стаљин је изгледа био спреман на безмало сваку идеолошку жртву на домаћем плану, и сваки политички уступак Западу, само да сачува власт. Зарад тога, привремено је, а да то Савезници нису ни захтевали, одложио и идеологију и сва спољна обележја комунизма у Русији и обратио се, док је непосредна опасност по њега и његов режим трајала, традиционалном руском патриотизму и национализму.

Што се пак тиче Југоисточне Европе, а нарочито Југославије, био је спреман да док траје рат жртвује интересе и циљеве комунизма за које се дотле тако упорно залагао. Посебно, и знаковито, наредио је био Титу, кога је претходно поставио за вођу југословенских комуниста, да се уздржи од супротстављања ауторитету југословенске краљевске владе у избеглиштву у Лондону, а да у самој земљи сарађује са генералом Дражом Михаиловићем, министром војним те владе и командантом југословенских националних снага на терену. Штавише, готово до средине 1944. покушавао је, узалуд, да и западне Савезнике наговори да му помогну при превазилажењу разлика и успостављању сарадње између партизана и националиста, не би ли и тиме убрзао Хитлеров слом.

Такав однос потврђује и оно што сам чуо од бројних британских официра у Каиру, учесника на савезничкој конференцији у Техерану 1943, а што је сасвим у складу са њеним поратним приказом у Черчиловим *Мемоарима*, и, посебно, Стаљинове конструктивне и кооперативне улоге у тим разговорима. Стаљин се међутим супротставио Черчиловом веома преувеличаном приказу снаге и значаја Титове војне моћи. Морам при томе истаћи и да су послератни коментатори Техеранске конференције нетачно представили наводе завршног саопштења тврдећи да су се три Савезника сложили да пруже ''сву могућу подршку Титовим партизанима''.

Како су ми неки британски учесници указали, оригинални текст заједничког коминикеа био је на руском и помињао само ''партизане'', како Руси зову све герилце, будући да су Совјети одавно генерала Михаиловића и званично сврстали у ''партизанске'' команданте који завређују савезничку помоћ.

И не само ти британски учесници већ и сам Черчил у *Мемоарима* помиње своје изненађење због обима подршке коју је Стаљин на почетку конференције дао његовом предлогу за непосредне англо-америчке војне операције на Југоистоку. Наиме, Стаљин се сложио не само са савезничким војним захватима у Егејском подручју, како би се Турска навела да зарати са Бугарском и отвори Босфор за ефикасније савезничко снабдевање совјетских фронтова, већ и са снажном англо-америчком копненом и ваздушном офанзивом од горњег Јадрана ка североистоку, преко северне Југославије, ка стратешки изузетно важном Подунављу.

Стаљиново потоње противљење тој првотној, одличној Черчиловој стратешкој замисли – које ћу подробније размотрити у одељцима ове студије посвећеним Черчилу и Рузвелту – на основу свега што сам сазнао може се једино приписати и данас несхватљивим променама Рузвелтовог става током саме конференције. И мада то не умањује нашу осуду Стаљинових злодела, треба му признати невероватну спремност – током рата, и свакако у његовом сопственом интересу – да пристане на обимне англо-америчке војне операције на Југоистоку, иначе подручју традиционално од изузетне стратешке важности за Русију. По нашим ратним и поратним сазнањима, на основу Епстајнове *Операције "Казна"*, такав Стаљинов став нам потврђује не само његов страх од побуне доброг дела Црвене армије већ и размере његове зависности од материјалне и новчане помоћи Сједињених Држава.

Јер, по мишљењу многих британских и француских војних стручњака, да није било те подршке у виду читавих фабрика и тона злата, као и огромне помоћи у транспортним средствима, одећи и храни, не само да Стаљину одани делови Црвене армије не би били у стању да окупирају Источну и део Средње Европе при крају рата, већ би и он сам изгубио власт а на целом поменутом простору по завршетку рата не би било комуниста.

Што се тиче позадине Стаљинове ратне политике, ваља разумети да се и пре рата Југоисточна Европа – с Југославијом као средиштем – налазила у жижи совјетских стратешких интересовања колико и у доба Рускога царства. Заправо, радило се пре о питању одбране него о могућем нападу: важно је било спречити да Босфор и доње Подунавље, са својим железничким и путним трасама, не падну у руке неке Русима непријатељске силе. Током појачане дипломатске делатности пред Други светски рат, совјетска политика била је усмерена не толико на тражење активних савезника у Југоисточној Европи, колико на покушаје да се то подручје искористи као заштитни појас неутралних земаља.

У случају великог рата, наиме, тиме би се тај простор Немцима ускратио као полазиште за обимне војне операције у правцу јужне Русије и њених великих налазишта стратешких сировина, као и према Блиском истоку, ослоњеном о још важнију руску сировинску базу. У суштини, совјетска предратна политика признавала је немачку војну надмоћ и настојала да што више одложи улазак у општи рат, бар до постизања неке војне равнотеже.

Због потпунијег разумевање Стаљинове ратне политике, поновио бих извод из једне од мојих студија са Универзитета Мичеген, написане пре Хитлеровог напада на Русију 1941:

"Основна стратегија совјетске Русије постала је јасна: избегавати рат, док друге велике силе ратујући или припремајући се за рат не исцрпу своје ресурсе, и тиме олакшају комунизацију капиталистичке Европе изнутра. Совјетска влада може закључити да јој већа дугорочна опасност прети од великих капиталистичких држава Британије и САД, него од Хитлерове Немачке. Истовремено, совјетском руководству је свакако јасно да демократске државе највероватније неће никада заратити са Русијом. С друге стране, совјетски Генералштаб мора такође знати да Европа западно од Русије не производи довољно хране нити, за разлику од Русије, има довољно сировина за војне потребе. Ако ове године (1941) Хитлер не успе да победи Британију и тако отвори себи пролаз морима ради увоза онога што му треба, совјетским вођама мора бити јасно да ће он, у очајном настојању да задовољи своје стратешке потребе, напасти свог савезника, Русију."

Наиме, већ 1941. Хитлер је отворено кренуо у почетну фазу делимичне и привремене замене Русије Југоисточном Европом као извором стратешких војних сировина. Суочен са Хитлеровом завојевачком политиком на Југоистоку, Стаљин се определио за одржавање мира по сваку цену, што је Хитлера навело да помисли да би се Совјети распали под одлучним војним ударом. И тако се безмало и десило, не толико услед снаге и обима немачког напада колико због распада система у самој Русији и Црвеној армији, где је дошло до отворене и свеобухватне побуне.

Стаљиново прорачунато прибегавање руском патриотизму током рата не би ли спасао свој режим од урушавања одразио се и на његову политику према Југославији. Доказе за то добијали смо и нашим редовним обавештајним каналима у оквиру Команде за Југоисток. Док сам био на месту војног аташеа у Багдаду почетком 1943, то се потврдило и у мојим контактима са командантом и официрима савезничких пољских снага, својевремено фактичких руских заробљеника који су са Русима успоставили пријатељске и корисне односе. Друга и сасвим различита потврда такве совјетске политике налази се у књизи *Јеретик* (*The Heretic*) британског бригадног генерала Фицроја Маклејна (*Fitzroy MacLean*), из које ћу опширно цитирати.

Наиме, наши британски и француски професионални обавештајни извори у оквиру Команде за Југоисток били су убеђени, с правом, да је Генералштаб Црвене армије успео да у Југославији успостави сопствену обавештајну мрежу, потпуно независну од југословенских комуниста и њиховог партијског апарата на терену. Мада заснован на мојим властитим опажањима, један мој извештај 1944. из Каира се умногоме поклапа са тим британским и француским проценама. Наиме, о немачком нападу на Титов штаб и о његовом бекству Британцима у Италију написао сам следеће:

"Став Русије у односу на тренутне Титове невоље могао би бити од ширег значаја. Већ месецима, наиме, из разних обавештајних кругова до нас долазе наговештаји да Руси не подржавају одвише Титова настојања да целу Југославију стави под контролу. Иако Србија према Титу задржава непријатељски став, Совјети своје званичне пропагандне нападе ограничавају на одређене појединце међу Србима. У том погледу, бар, Руси су се показали реалистичнијим од текуће службене британске политике. Совјетска мисија код Тита, састављена углавном од професионалних кадрова Црвене армије, уочила је велике слабости његовог положаја и пре необично успешног немачког десанта. Нема сумње да су Руси изузетно свесни значаја Србије на Балкану и у панслoвенском покрету (...) Прилике у Србији су тренутно веома повољне за Савезнике, а нарочито за поједине наше земље-чланице. Без обзира хоће ли Велика Британија искористити те могућности или не, Стаљин вероватно хоће, и то подржавајући неког српског вођу који би, мада одан монархији и српском противљењу комунизму, Србе повео у пријатељску сарадњу са Русијом као највећом словенском силом... Искључујући генерала Михаиловића, верујем да има бар неколико српских националних првака који би такву улогу прихватили."

Ова моја ратна процена показала се у потпуном складу с предлогом совјетског министра иностраних послова, Молотова, британском колеги, Ентонију Идну (*Anthony Eden*) на Техеранској конференцији, да би било "боље имати савезничку мисију код Михаиловића него код Тита, пошто бисмо тако добијали поузданије информације". (*Спољни односи Сједињених Америчких Држава. Дипломатски документи. Конференција у Каиру и Техерану 1943.* Вашингтон 1961, страна 575, /*Foreign Relations of the United States. Diplomatic papers. The Conference at Cairo and Teheran 1943.* Washington, D. C., 1961, p. 575/) Таква изненађујућа Молотовљева изјава да је Генералштаб генерала Михаиловића поузданији извор обавештајних података од Титовог у погледу општег стања у Југославији, потврђује нашу ратну процену у Команди за Југоисток, да Црвена армија поседује неку своју везу са националним снагама Југоисточне Европе под вођством генерала Михаиловића. Желим да нагласим, због историјског значаја те чињенице, да су совјетски обавештајци располагали меродавнијим подацима него незванични, непознати и непоуздани информанти на које су се ослањали Черчил и Рузвелт — чему пак посвећујем делове ове моје студије који се баве њиховом ратном политиком.

Роберт Макдауел

Судећи по својој стварној ратној политици на терену у Југославији и на целом Југоистоку, Совјети су делали на основу следећих сазнања: пре свега, главнина разних народа у Југославији и већина осталих на Југоистоку не само да нису веровали у комунизам већ су га мрзели. Њему је донекле нагињао само незнатан део становништва. Велика већина сељака имала је своју земљу и веома се поносила својим друштвеним уређењем и историјском баштином. У држави су премоћна већина становништва били Срби, још поноснији са свог заслуженог угледа као вештих, одлучних и истрајних герилаца у борби за очување свога наслеђа. Уз то, Срби су били изузетно верни својој, српској династији која је наставила да влада и Југославијом, по њеном стварању после Првог светског рата.

Узимајући све то у обзир, уз одлучујући војни допринос генерала Михаиловића и његових Срба у заустављању Хитлеровог наступања на Источном фронту 1941. и 1942. и Стаљиново усвајање национал-патриотизма, лако је закључити због чега је он, све време рата, покушавао да се повеже са националним борцима генерала Михаиловића, и да их подржи. Зато ћу и овде и другде навести примере такве политике, користећи се Стаљиновим наређењима Титу нама доступним по завршетку рата, а која и многи данашњи аналитичари занемарују.

За почетак, навео бих радио поруку Москве Титу од 1. јула 1941, непосредно по првом немачком удару на Совјетски Савез, са Стаљиновим инструкцијама које се у суштини нису мењале до пред крај 1944:

„Без оклевања организовати партизанске одреде и започети партизански рат иза непријатељских линија. Палити војне фабрике, складишта запаљивих материјала, аеродроме; разарати пруге, телеграфске и телефонске мреже; спречавати кретање војника и муниције. Организовати сељаке да крију жито и терају стоку у шуму. Користити сва могућа средства застрашивања непријатеља, како би се осећао као у опседнутој тврђави." (Цитат једног југословенског историчара, који је др Милорад Драшковић навео у свом раду *Коминтерна и устаничка делатност Комунистичке партије Југославије током 1941–1942. /The Comintern and the Insurrectional Activity of the Communist Party of Yugoslavia in 1941–1942/*, изнетом на симпозијуму *Коминтерна: Кључни историјски моменти /The Comintern: Historical Highlights*, New York, 1966, p. 193/, одржаном 1966. у Њујорку)

Но, упркос тим подробним упуствима команде у Москви, од јесени 1941. па до јесени 1944 – то јест од самог почетка својих војних акција па до доласка великих совјетских снага на границе Југославије – Тито је главнину своје војске намерно држао на западу земље, на стотине километара удаљену од главних нацистичких снага, битних саобраћајница и војно значајних ресурса. И касније Стаљинове наредбе Титу понављале су – мимо првобитних, детаљних војнооперативних налога – и политичка упутства. Прецизно, чак врло стрпљиво, Стаљин је свом подређеном у Југославији писао да, док рат траје, занемари све своје идеолошке и политичке интересе и искрено сарађује са легитимном југословенском владом у Лондону.

У суштини, Стаљин је настојао да у Југославији успостави што и у СССР-у – удружени патриотски фронт отпора иностраном непријатељу. Цитирам један његов допис Титу:

''Подли немачки напад на СССР (...) јесте и удар на слободу и независност свих народа. Одбрана СССР-а је стога и одбрана свих народа окупираних од Немачке (...) Тиме се пружа прилика и народима Југославије да успоставе један удружени ослободилачки покрет противу немачког окупатора (...) Од виталног је значаја тај покрет водити под паролом уједињеног националног фронта. Ваља имати на уму да је за сада битно ослобођење од фашиста, а не социјалистичка револуција'' (Исто, стр. 192).

Тито не само да је одбио да послуша та сасвим јасна и одређена упутства и ограничења већ се упустио у дуготрајно и истрајно формирање властите политичке организације, директно сучељне легалној југословенској влади и наређењима из Москве. Ово је очито из веродостојних партизанских докумената у поседу Савезника, с Титовим наредбама и објашњењима подређенима:

''Нашим партизанским одредима командује Врховни штаб и Централни комитет Комунистичке партије Југославије, постепено их устројавајући у јединствену ослободилачку армију под нашим непосредним вођством и потпуном контролом''.

Истовремено, на свим подручјима макар под привременом партизанском управом, Тито наређује успостављање ''народноослободилачких одбора'' као ''органа нове власти која би заменила све остатке старе''. По тим инструкцијама, чак и ако су се припадници старих помесних власти ''показали честитим'', њих ''треба заменити новим одборницима (...) са свим овлашћењима за вршење власти осим строго војним'' – која, пак, припадају локалним партизанским јединицама.

Едвард Кардељ, следећи по важности у комунистичком руководству после Тита, у званичном билтену Врховног штаба написао је да су народноослободилачки одбори '' привремени носиоци власти" све док "не буде могуће успоставити званичну државну власт". Већ септембра 1942, међутим, Тито је – отворено се супротстављајући Стаљиновим налозима – издао директиву да "треба престати са помињањем привремене природе власти народноослободилачких одбора и нагласити њихову трајност и постојаност као органа власти".

После рата, уз то, Моша Пијаде – један од водећих теоретичара југословенског комунизма – написао је следеће о тим одборима:

"Њихово име било је усклађено са конкретном ратном ситуацијом на терену и потребама устанка. Заслуга нашега руководства показала се не само у усвајању тог облика управе већ и у томе да је (Титово руководство) било свесно да борба за ослобођење земље не може бити успешна *ако се, упоредо са борбом противу окупатора, не уништава стари државни апарат и не замењује новом, револуционарном влашћу*..." (Слободан Драшковић, стр. 198–200, потцртавање Р. Макдауел)

Укратко, од јесени 1941. и званични документи Комунистичке партије Југославије разоткривају Тита као слободног стрелца, током целога рата суштински супротстављеног Стаљиновим директним наређењима да сарађује са (оним што је остало) од друштвеног и политичког поретка Краљевине Југославије. При том, ваља претпоставити да је Стаљин – у улози руског "националног" ратног вође – Титу највише замерао "левичарење" у виду пропуштања да Русији 1942. у довољној мери војно помогне нападима на главне немачке линије снабдевања, сировинску базу и трупе у време када су Хитлерове офанзиве претиле да пробију и руску и британску одбрану на Истоку.

У вези с тиме, ваља обратити пажњу и на изјаву британског бригадира Маклејна, да се у најкритичнијој фази рата Тито још више удаљио од војно значајних подручја на истоку Југославије, повлачећи се ка црногорској граници где "га више од три месеца нико није узнемиривао". Наводим и јавну изјаву председника Тита из 1953, поводом те исте критичне 1942, када су му његови војни саветници предложили да се главне партизанске снаге врате у Србију (где су немачке линије комуникација биле најбројније и најрањивије):

"Био сам тада одлучно противу тога (...) рекавши да у Србији немамо услова да успешно ратујемо (...) да су прилике неповољне, и да бисмо се тамо само истопили. Наша елита би тамо страдала – пет бригада политички изузетно свесних и зрелих кадрова. Казао сам да треба ићи где можемо наћи масовну подршку (...) у западну Босну" (још удаљенију од истинског рата)".

И, док се судбина Другог светског рата одлучивала на Истоку, партизански документи откривају да се Тито првенствено бавио плановима о послератном доласку на власт у Југославији. Тако је још новембра 1942. Москву обавестио:

"Управо смо у току успостављања нечега налик влади, коју ћемо назвати Народноослободилачким одбором Југославије".

Но, упркос његовом необазирању на изузетно критичне тренутке на руском фронту, Москва је на то одговорила прилично благо:

"Стварање Народноослободилачког одбора за Југославију је веома потребно (...) (али) не смете пропустити да том Одбору дате општенародни југословенски и свепартијски, антифашистички карактер (...) Немојте на њега гледати као на неку владу (...) Немојте га сучељавати са југословенском владом у Лондону (...) (јер ће) питање режима у Југославији, како га ви видите, доћи на ред по слому немачко-италијанске коалиције, када земља буде ослобођена од завојевача". (Моша Пијаде, стр. 20)

Но, насупрот свих таквих изричитих налога, у року од дванаест месеци Тито је завршио формирање своје званичне владе која се – иако без икакве истинске власти осим у забитим и голетним деловима западне Југославије – сучелила и са легитимном владом у Лондону и са важећим наредбама Титових надређених у Москви. Из разумљивих разлога ми још немамо увид у потпуну збирку порука између Москве и Тита. Но, и из онога што је делимично објављивано јасан је јаз између Стаљинове тактичке обазривости и Титовог радикализма. Тако му, у поруци од 5. марта 1942, Москва препоручује не само обазривост, већ и подржава основни аргумент југословенске краљевске владе у избеглиштву:

"Увидом у све доступне информације долазимо до утиска да присталице Велике Британије и југословенске владе имају доста разлога да сумњају да (Титов) партизански покрет поприма комунистички карактер, са циљем совјетизације Југославије (...) У оваквим тренуцима, међутим, основни задатак је уједињење свих антинацистичких струја, уништење непријатеља и национално ослобођење (...) Не можемо се сложити са тврдњом да Лондон и југословенска влада помажу освајаче. Мора да је реч о великом неспоразуму. Искрено вас молимо да озбиљно преиспитате вашу тактику и одређене потезе, и учините све што је до вас на истинском стварању једног широког, општенародног фронта (...) зарад заједничког циља – изгона завојевача (...) У том смислу предузмите хитне мере и обавестите нас о њима".

Роберт Макдауел

Па, још једном:

"Победа над фашистичким бандитима и ослобођење од завојевача су непосредни, основни и најважнији задаци, који надилазе све остале (...) Немојте питања ваше борбе сагледавати искључиво с вашег, националног већ и са интернационалног становишта британско-америчко-совјетске коалиције". (Исто, стр. 9, 11) У другој пак поруци, Стаљин упозорава да извештаји о сарадњи југословенских националних снага са Немцима "могу бити лажни".

Те и сличне поруке између Стаљина и Тита захтевају озбиљно разматрање у светлу њиховог историјског значаја. "Сместа учините што је потребно и одмах нас обавестите" се стално понавља као кључ за разумевање Стаљинове политике у Југославији. То су директна и хитна наређења надређеног подређеном. Њих Титу – дотле релативно нижем совјетском оперативцу у иностранству – упућује тадашњи главнокомандујући светским комунистичким покретом. Суздржавање Стаљина, познатог по немилосрдности према својим и домаћим и страним агентима, у овом случају открива његову дубоку решеност да потпуним одлагањем идеологије у други план за време рата допринесе победи над Хитлером, и његовом уништењу.

Тиме се, усто, може објаснити и његова одлука да Титу не пружи никакву војну помоћ све до јесени 1944. Тиме се објашњава и његово одбијање да пошаље макар и мању совјетску мисију у Титов Врховни штаб све до фебруара 1944, и то тек после дугог британског инсистирања. И тиме се, делимично, може објаснити његово дуготрајно инсистирање на слању високорангиране совјетске мисије код генерала Михаиловића, и на одржавању дипломатских односа, без британског посредовања, с легитимном југословенском владом у избеглиштву – што су и Черчил и Рузвелт упорно игнорисали.

Ваља такође знати да независно од Титовог одбијања да слуша Стаљинове налоге, ни совјетски вођа ни совјетски генералштаб нису имали поверења у снагу и способности главнине партизанске војске. Такву процену Тита Стаљин је изнео не само у Техерану, супротставивши се Черчиловој тврдњи о снази и учинку партизана, већ се то могло закључити и из бројних, нимало ласкавих извештаја и јавних опаски совјетских официра – коначно прикључених партизанским снагама тек при крају рата. Све је то уосталом било познато и обавештајним круговима на Југоистоку, као и бригадиру Маклејну, судећи по изводима из његове поратне студије наведеним у мом поглављу о Титу.

Уз то стално совјетско неповерење према Титу као ратном вођи и према партизанима као војној сили, и наши обавештајни подаци и записници с Техеранске конференције, као и Маклејнова студија, недвосмислено потврђују да је званична совјетска политика током већег дела рата подржавала легитимну југословенску владу и генерала Михаиловића и његове снаге. При том, ваља закључити да је за ограђивање друга два Савезника од такве политике одговоран премијер Черчил лично, због одбијајања да уважи процене својих службених саветника. Нажалост, и поратни аналитичари занемарили су обиље доказа о совјетској подршци генералу Михаиловићу и националним снагама. Ретки изузеци су бригадир Маклејн и Роберт Ли Вулф, професор са Харварда и ратни аналитичар OSS-а, који су иначе били наклоњени Титу још за време рата. Тако Маклејн пише да бар до лета 1942:

"Руси нису ни политички ни војно били од помоћи Титу. Радио Москва (...) партизане готово није ни помињала, а и када јесте, хвалила би четнике (...) Затим је, августа 1942, стигла вест да су Совјети и југословенска краљевска влада своја међусобна посланства унапредили у амбасаде."

Маклејн даље наводи да је септембра те исте године Тито био љут на Совјете због таквог става, шаљући им депешу с питањем зашто не поклањају никакву пажњу партизанској борби, те да су многи веома незадовољни извештавањем Радио Москве и њене редакције за српскохрватски програм. Пишући о сталним совјетским напорима да Британци прихвате размену војних мисија између совјетског Генералштаба и генерала Михаиловића, Бригадир Маклејн после рата и даље греши тврдећи:

"Изгледа да су Руси Михаиловићу приписивали већу политичку и војну важност него што је заслуживао. Могуће је и да су имали сумњи у Тита, и да су гледали себи да обезбеде резервну могућност". (Исто, стр. 155)

Но, у светлу наших поратних, званичних сазнања о доприносу генерала Михаиловића и његових снага поразу немачке офанзиве на Исток 1941. и 1942, овакви совјетски напори да се ближе повежу с њиме током 1942. само потврђују Стаљинову политику подршке национализму као услову да се одржи на власти.

У својој послератној књизи о новијој историји Балкана професор Вулф, који се попут Маклејна не може оптужити да држи страну генералу Михаиловићу, наводи депешу од 5. марта 1942, упућену из Москве Титу:

Роберт Макдауел

''Шта вам је, на пример, требало да оснивате посебну, пролетерске бригаду (...) Зар заиста нема других југословенских родољуба – мимо комуниста и њихових симпатизера – са којима бисте могли да сарађујете у заједничкој борби противу страних завојевача?''

Том приликом професор Вулф даље каже:

''Истовремено, Руси су изразили сумњу у Титове оптужбе да је југословенска влада у избеглиштву стала уз Немце. Москва је наставила да Михаиловића јавно хвали као храброг борца противу њих. Позне 1941, Руси су предложили да пошаљу војну мисију и помоћ четницима (националистима) (...) Амбасадор југословенске краљевске владе у Москви изјавио је: 'Овде у Русији немогуће је прочитати или чути било шта противу Михаиловића. Ако и има оптужби противу њега у страној штампи, оне се не преносе у овдашњој'.''

Такву подршку националним снагама професор Вулф објашњава на следећи начин:

''Сасвим је могуће да је Стаљин, тешко притиснут Немцима и веома зависан од помоћи Савезника – које није добро познавао нити им је одвише веровао – 1941, 1942, и 1943. сматрао веома важним да не изазива њихово подозрење (...) Но, крајем 1943. схватио је да је Запад (Черчил и Рузвелт) прихватио Тита. Тако се почетком 1944, уверен да ће уз помоћ Запада коначно победити Немце и тиме спасти и СССР и сопствени режим, и он откравио спрам Тита.''

Вулф, међутим, ипак примећује да је у пролеће 1944. Стаљин још одржавао везе са југословенском владом и да је чак предложио:

''да се једна југословенска бригада (...) која ће се борити под монархистичким знамењима, оснује у СССР-у...'' (*Балкан нашега доба* /The Balkans in Our Time, Cambridge 1956, pp. 224, 225)

Своје напоре да разумем и правилно оценим све те делове и делиће мозаика у односима између Стаљина, српских националиста у Југославији и југословенске владе у избеглиштву током рата, не могу међутим а да не употпуним позивајући се на моје разговоре, током једног викенда убрзо по окончању рата, са генералом Донованом из *OSS*-а. Наиме, ослањајући се углавном на што смо сазнавали из ''поверљивих извора'', сложили смо се да је Москва – може бити још од 1941, а од 1942. засигурно – успоставила сопствену обавештајну мрежу у

Југославији, преко које је дознала да Тито не слуша њена наређења, можда и под утицајем комуниста-дисидената на терену. Тако је сазнала и за велике и успешне војне подухвате генерала Михаиловића и његове саботаже у земљи и ван ње. При том смо узимали у обзир да су Совјети генерала Михаиловића добро познавали не само као изванредног војника већ и као ''прогресивног конзервативца'' – никаквог шовинисту, него умереног панословена заинтересованог за неку врсту Балканске федерације или конфедерације.

Тада сам, без удела генерала Донована у томе, закључио да би се Стаљин – чак и да је Тито пристао да са својом главнином удари на Немце – определио за одржавање дипломатских односа са југословенском краљевском владом и покушавао да успостави војну сарадњу са генералом Михаиловићем. Јер 1942, када је југословенска влада у избеглиштву Москви предложила ''уговор о пријатељству'', Совјети су одмах понудили значајнији ''уговор о међусобној помоћи'', што је југословенска влада веома радо прихватила – само да би ту иницијативу блокирала Британија. Управо је у вези с тим је совјетски амбасадор при југословенској влади – што значи сâм Стаљин – изјавио да Совјети ''сматрају партизаном свакога ко се бори противу Немаца, што значи и генерала Михаиловића''. (Constantin Fotitch /Константин Фотић/, стр. 172–173)

Стаљиново настојање да што потпуније искористи могућности југословенског отпора Немцима може се, наиме, илустровати и његовом упорношћу да од 1942. до позне 1944. обезбеди британску подршку за успоставу заједничких британско-америчко-совјетских војних мисија при Главном штабу генерала Михаиловића. Јер, Москва је бесумње била добро обавештена о *OSS*-овој мисији Сајца и Мансфилда код генерала током 1943. и 1944, о упоредним покушајима Константина Фотића, југословенског амбасадора у Вашингтону, да се макар силом заустави грађански рат у Југославији, као и о истинској загрејаности председника Рузвелта за ту замисао док га премијер Черчил није од ње одвратио.

Све то, сагледано у целини, пружа нам основ за процену предлога Москве у зиму 1943. на 1944. за заједнички савезнички напор да се заустави грађански рат у Југославији и ускладе дејства два покрета отпора. Посебно наглашавам и безмало опште пренебрегавање званичне ноте коју је совјетски амбасадор уручио британском Форин Офису 21. децембра 1943, а која се помиње у Черчиловим *Мемоарима*. Њен текст гласи:

''Совјетска влада је свесна затегнутих односа између Маршала Тита и Народноослободилачког одбора Југославије с једне стране, и Краља Петра и његове

Владе с друге. Међусобни напади и оштре осуде (...) ометају борбу за ослобођење Југославије. Совјетска влада дели оцену Британске да (...) је нужно изнаћи основ за сарадњу те две стране. Совјетска влада (...) је спремна да учини све што је у њеној моћи да би се постигао компромис између супротстављених страна, зарад уједињења свих југословенских снага отпора у интересу заједничке борбе свих Савезника''. (*Closing the Ring*, p. 468)

И мада овај став многи олако проглашавају празнословљем или тактичком варком, сматрам да такви или недовољно познају чињенице или недовољно логички расуђују. Ваљало би га, заправо, процењивати у складу са свиме што знамо на основу размене порука између Стаљина и Тита, те Стаљиновог става током Техеранске конференције – уз познато совјетско уважавање Михаиловића као војника и напредног човека – и руског много пута поновљеног покушаја да издејствују слање своје мисије у Михаиловићев Главни штаб.

Сматрам при том корисним да укажем на још неке елементе очитог совјетског уважавања генерала Михаиловића. Као што сам већ навео, генерал Донован и ја смо се по завршетку рата сложили да су Совјети успели да оснују сопствену обавештајну службу у Југославији, и то не само међу партизанима већ и међу снагама генерала Михаиловића. Разматрајући неке подухвате националних снага поменуо сам један наш ''посебан извор'', изузетно цењен и од британске и француске обавештајне службе на Југоистоку. Тај професионални обавештајац из једне од држава Југоисточне Европе (не из Југославије) није, наиме, никако веровао Титу, хвалећи генерала Михаиловића и Стаљинов начин вођења рата. Прилично сам сигуран да је тај официр своје извештаје о стању у Југославији редовно слао и у Москву.

Да је Вашингтон одобрио америчке, британске и француске предлоге на нивоу целог подручја крајем 1942, ја бих тада прокрстарио целом Југославијом ослањајући се на контакте које би он препоручио. Толико је било наше поверење у њега. По његовој процени генерал Михаиловић био је:

''јединствен у целој Југоисточној Европи по својој способности да и војним операцијама и мировним иницијативама обједини најбоље демократске снаге'' региона.

Наиме, елементи програма његовог националног покрета, које сам разматрао у одељку посвећеном његовим снагама и њиховим подухватима, те генералови познати напредни ставови из дана његове међуратне службе у својству војног аташеа Југославије у Бугарској и Чехословачкој, његово стратешко вођење рата, као и изостанак било каквог непријатељства према Совјетском Савезу, упркос оружаним сукобима с југословенским партизанима, све то мора да је било добро познато совјетској обавештајној служби, и Стаљину лично.

На основу свега што сам сазнао, стога, сматрам да совјетска оператива у Југославији није могла а да Москву не обавести о растућем разочарењу помесних партизанских вођа Титом и његовим најближим сарадницима, и њихово – током 1943. и 1944 – све веће поверење у мудрост и добре намере генерала Михаиловића. Како сам навео у поглављу о делању националиста под генералом Михаиловићем, ти локални партизански руководиоци су америчким и британским официрима за везу све отвореније говорили да у генералу виде умереног националисту који би, дође ли на власт, Југославију обједнио у слободи и напретку. (Ваља наиме знати да су већ у рану јесен 1942. наши посебни обавештајни извори дојављивали о таквим случајевима.)

Ту процену потврђује и веома битна изјава генерала Михаиловића током нашег последњег разговора крајем октобра 1944, када ме је замолио да Високој команди у Казерти пренесем следеће, што сам укључио и у свој званични извештај:

"Генерал Михаиловић ми је подробно објаснио да би и овако закаснела англо-америчка интервенција у Југославији, са циљем наметања контроле и над националним снагама и над партизанима, била изузетно прихваћена не само од њега лично и осталих националистичких вођа у Србији, Босни, Херцеговини, Црној Гори, Далмацији, Лици, и Словенији, него и од већине партизанских вођа у тим крајевима, изузимајући Црну Гору".

И управо на таквим увидима и својих агената у Југославији је и Стаљин највероватније заснивао своје напоре да Совјети, Британци и Американци заједно раде на заустављању југословенског грађанског рата, и тиме допринесу што скоријем поразу Немаца на Истоку. На сличним оценама је вероватно била заснована и поменута совјетска нота британском Форин Офису, од 21. децембра 1943.

Наиме, тако упорно Стаљиново настојање на "обједињавању свих ефектива југословенских народа зарад заједничких интереса Савезника", ваља објаснити и жељом за постизањем што блискије међусобне сарадње самих Савезника, током завршних фаза рата на Југоистоку. То ми се чини утолико значајнијим ако се посматра у склопу упоредног предлога амбасадора Фотића у Вашингтону и првобитног повољног реаговања председника Рузвелта на ту иницијативу, што је за последицу имало и слање мисије Сајца и Мансфилда код генерала Михаиловића, у оквиру покушаја генерала Донована и Стејт Департмента да постигну споразум којим би се грађански рат у Југославији прекинуо договором националних снага и већинског дела партизанског покрета, зарад ''заједничке борбе свих Савезника''. А то су желели и генерал Михаиловић и локални партизански руководиоци. Радило се, наиме, о подударању интереса Москве, Вашингтона и Југословена, што је обећавало да ће сви Савезници сарађивати на постизању мира. Но, све то је блокирао Лондон, то јест премијер Черчил лично – који је имао највише да добије да је уважио ове Стаљинове ставове – следећи кобне и погрешне налоге анонимних особа.

У својим мемоарима, после навођења поменутог совјетског предлога, Черчил га ни на који начин не коментарише. Ако то повежемо са сличним односом у његовим сећањима према битним совјетским потезима и предлозима, такви пропусти да их макар и формално размотри у светлу сарадње Совјета и Запада се бар мени чине веома необичним, па и знаковитим. Наиме, позор спрам онога што премијер пропушта да помене само ми се увећава читањем следећег пасуса у његовим мемоарима где је реч о личној поруци Титу, од 8. јануара 1944, у којој пише:

''Решио сам да Британска влада више не пружа никакву помоћ Михаиловићу, већ искључиво Вама''. (*Затварање круга*, стр. 471)

При том, ваља имати на уму да је у истом делу Черчил признао да укупна англо-америчка помоћ националним снагама дотле није била већа од оног што је стало у ''неколико авиона'', а да је и она прекинута већ у јесен 1943.

Уместо заједничке савезничке акције у Југославији да би се убрзао пораз Немаца и народима Југославије пружила могућност да слободно одаберу пут у будућност, и у опреци са ставовима и Стаљина и Рузвелта, том поруком Черчил као да своди целу југословенску ситуацију на британски двобој са Совјетима за Титову наклоност. У том духу, он додаје:

''Искрено се надам да ће војна мисија коју вам совјетске власти управо шаљу добро сарађивати са англо-америчком мисијом под бригадиром Маклејном''. (Исто)

Наравно, потпуно је јасно да се Стаљинова подршка генералу Михаиловићу и националним снагама у Југославији не сме посматрати без узимања у обзир опасности од потпуног совјетског војног слома током првих година рата.

Стаљин је, бесумње, све време имао на уму и послератну совјетску доминацију не само над Источном већ и Средњом Европом, што је колико је могао као циљ следио и током рата. Но, убеђен сам – проучавајући његову свест о темељним војним, привредним, друштвеним те, последично, и политичким недостацима совјетског система – да смо ми, Американци, током рата имали памети, воље и одлучност да следимо сопствене циљеве, користећи се нашим преимућствима и снагом како у односу на Совјете тако и на Велику Британију, и Стаљин и Черчил би били принуђени да нам се придруже у изградњи услова за мир и напредак у Југославији – те следствено и у Европи, као и целом свету.

Све ово тврдим имајући на уму све израженију борбу многих младих и образованих људи у самом Совјетском Савезу противу продужавања зала стаљинистичке епохе, с надом да ће доћи време када ћемо с њима моћи да поделимо спознају одговорности и нашег, Слободног света, за стање у свету.

Роберт Макдауел

ТИТО ОДБИЈА СТАЉИНОВА НАРЕЂЕЊА ДА СЕ БОРИ ПРОТИВ НЕМАЦА И ДА САРАЂУЈЕ СА МИХАИЛОВИЋЕМ

На почетку ове анализе ратних активности и мотива Тита, вође комуниста Југославије, цитираћу део из једне моје послератне званичне обавештајне студије под насловом *Тито: Отпор или устанак?*:

„Да би се утврдило да ли су војна дејства Комунистичке партије Југославије за време немачке окупације била у бити усмерена на отпор Немцима или, заправо, на побуну против легалних југословенских власти које су током рата, у начелу, подржавала сва три главна Савезника, ваља их сагледати са становишта времена, простора и циљева. Јасно је да су у некој мери оба та елемента постојала, али мало се послератних посматрача уистину бавило проблемом њиховог упоредног односа и значаја."

У прегледу Титових ратних активности који следи, применио сам комбинацију хронолошког и географског приступа да бих показао где су се и у које време његове главне јединице налазиле током војних операција од јесени 1941. до јесени 1944. Ово чиним зато што су се Титови послератни симпатизери и биографи у својим делима у великој мери служили сличним приступом. Анализа њихових ставова потврдиће мој општи закључак да је Тито, од јесени 1941. до јесени 1944, уз два мања изузетка, своју војску држао подаље од делова Југославије стратешки или тактички битних немачкој Високој команди, то јест подручја где је и била распоређена главнина немачких војних снага. Као што ће такође бити показано, ни Тито ни готово сви његови послератни британски и амерички симпатизери нису учинили ни најмањи напор да прикрију да је Титова основна, и начелно говорећи једина, уочљива брига – до јесени 1944. и доласка совјетских армија – била да осигура опстанак главнине својих снага.

Како би се разумеле и оцениле Титове војне операције, потребно је упознати се са организационим концептом примењиваним током рата на његове главне јединице. У почетку, он је настојао да у циљу субверзије убаци своје људе у већ постојећу војну организацију генерала Драже Михаиловића, врховног команданта свих снага у Југославији лојалних легитимној југословенској влади у избеглиштву. Ове снаге су, како се може видети у поглављу о генералу Михаиловићу а на основу доказа које су прикупили и Немци и савезнички обавештајци, активно и упорно пружале отпор немачкој окупацији и експлоатацији земље.

Наиме, под притиском огромне кризе која је уследила после првобитног, општег немачког напада 1941, и неуспеха југословенске Високе команде да делотворно употреби регуларну војску, почетни противудар био је у складу са српском војном и народном традицијом оружаног отпора завојевачу. У оквиру те традиције, отпор се ослањао на локалне и регионалне снаге, углавном под помесним вођством. Те снаге одазивале су се на општи позив на мобилизацију на одређено време, али се није сматрало да су обавезне на дужу службу исувише далеко од свога краја.

Комунистима није стога било лако да, зарад субверзије, продру у тако замишљену организацију. После потпуног краха његове подривачке тактике – а вероватно и под утицајем својих професионалних војних саветника, ветерана конвенционалног војног деловања комунистичких снага у Шпанском грађанском рату – Тито је убрзо усвојио и током рата користио потпуно супротан концепт: ослањање на стајаћу војску са елитним руководећим кадровима, организовану у такозване „бригаде" или „дивизије." Упркос овим називима, наше обавештајне службе утврдиле су да су такве формације постојале само на папиру док совјетска Висока команда није узела све у своје руке и почела са њиховом реорганизацијом 1945.

Пре тога, ни неке „дивизије" нису имале више од шесто бораца, а њихов начин дејства био је, у ствари, оно што ми називамо „герилским". Тито јесте, међутим, током рата остао привржен својој замисли стајаће професионалне војске, од војника регрутованих за потребе рата, и, у суштини, све више плаћеничке. (Под ''плаћеничком", аутор у овом случају изгледа подразумева војску у потпуности снабдевену свиме потребним за живот и опстанак од своје команде или политичке организације; прим. приређивача)

Поред тога, захваљујући предратној илегалној мрежи Комунистичке партије, Тито је, током већег дела рата, имао малу и тајну структуру која је у основи служила као комуникациона и обавештајна мрежа – мада је она, с времена на време, изводила и мање саботаже против Немаца и националних снага. И немачке и савезничке обавештајне службе су се за време рата и после њега слагале у томе да су поред тих минорних група, Титове операције против Немаца, али пре свега противу снага генерала Михаиловића, изводиле његове ударне јединице под његовом директном командом.

Званично, Комунистичка партија Југославије је тврдила да су њена војна дејства против Немаца отпочела јула 1941. Ова тврдња везана је за два догађаја током тог месеца, по својој природи од прилично малог значаја, која су се одиграла на два различита краја земље, и која се, на основу савезничких сазнања и онога што сам сазнао из немачких и италијанских обавештајних података прикупљених на југоисточном ратишту, не могу приписати никаквој Титовој наредби или акцији његовог руководства.

У Црној Гори је италијанска окупација изазвала спонтани локални устанак у којем су месни комунисти учествовали као мали али битан део, и то на сопствену иницијативу. Отприлике у исто време, у једном сеоцету у Србији, један локални комунистички вођа убио је два жандарма, али је све указивало да је то учинио на своју руку.

Дотада потпуно пасивног Тита и његову Комунистичку партију само неколико сати после општег немачког напада на Русију 22. јуна 1941, совјетска влада позвала је да сместа започну „свеобухватну борбу за ослобађења од немачког окупатора." Друга порука из Москве стигла је 1. јула и опет позивала југословенске комунисте да одмах почну војне акције противу Немаца. (Milorad N. Drachkovitch, *The Comintern and the Insurrectional Activity of the Communist Party of Yugoslavia in 1941–1942*, **The Comintern: Historical Highlights**, New York, 1966, p. 191–94; /Милорад Н. Драшковић, *Коминтерна и устаничка активност Комунистичке партије Југославије од 1941. до 1942*, **Коминтерна: Историја у жижи**, Њујорк 1966, стр. 191–94/).

Но, упркос хитним наредбама које су стизале од надређених му у Москви, Тито и неколицина његових сарадника наставили су да удобно живе у једном стану у окупираном Београду још готово три месеца после немачког напада на Русију, и четири месеца пошто је тадашњи пуковник Михаиловић започео свеобухватну и активну борбу против немачког окупатора Југославије из своје прве базе на Равној Гори, у западној Србији.

Тек средином септембра су се Тито и његов малобројни штаб запутили немачким возом из Београда према околини Ужица, у западну Србију, у близину подручја где су националне снаге у то време изводиле операције против Немаца. Ту је Тито успоставио оно што је назвао својим „врховним штабом" и основао неколико омањих одреда, углавном од чланова Партије из северне и централне Србије. Извео је и неколико мањих напада на немачка транспортна и друга постројења у том крају.

Но, британска обавештајна служба утврдила је да је Титов главни циљ у том периоду био да своје људе инфилтрира међу националне снаге како би их преузео. Када му то није пошло за руком, и после поновних сукоба са националним снагама, пребацио је своје одреде из немачке окупационе зоне у италијанску, на југ и запад Санџака и у Босну. Потом је, уз два кратка изузетка, до доласка комунистичких снага у Србију крајем лета и почетком јесени 1944 – како би успоставиле везу са совјетском окупационом војском – водио рачуна да своје главне снаге држи ако не у самој италијанској окупационој зони у западној Југославији, онда макар у њеној близини, подаље од главних немачких војних ефектива. Његова сопствена документација за новембар и децембар 1941. потврђује да су његови одреди учествовали у мањим сукобима, углавном са локалним квислинзима, али и да је имао тешкоћа са својим првобитним следбеницима из Србије, као и да прикупи и задржи људство у Босни. Док је трајало то веома критично раздобље, Тито се коначно одлучио да примени концепт сталних и професионалних војних формација, спремних да га следе куд год да крене. Тада је основана и такозвана „Прва пролетерска бригада".

Према званичној комунистичкој документацији, до средине јануара 1942, после трајног неуспеха да придобије Босанце за свој покрет, и понајвише под притиском локалних квислинга, Тито је одлучио да се са својим штабом и својим и даље малобројним ударним снагама повуче у тешко приступачне и голетне крајеве између Фоче и црногорске границе – удаљивши се још више од подручја под немачком окупацијом у Србији. Ту, према поратном сведочењу бригадира Фицроја Маклејна, послатог му у својству Черчиловог ратног представника, „Тито није био узнемириван више од три месеца". (*Јеретик /The Heretic/*, стр. 134).

Ова запањујућа изјава односи се управо на време тада успешних, главних немачких офанзива у Русији и у северној Африци – које и британске и америчке и немачке војнообавештајне службе сматрају вероватно најодсуднијим тренуцима целога рата!

Наиме, за време тог критичног периода намерне и потпуне пасивности Титових комунистичких трупа, националне снаге генерала Михаиловића су, упркос тешким губицима, готово непрекидно нападале главне немачке трупе у Југославији и немачке комуникације. Као што сам навео у поглављу о операцијама генерала Михаиловића, и Савезници и Хитлер лично, као и немачка Висока команда, потврдили су да су Михаиловићеве снаге и њихова дејства довели до пропасти Хитлерове најамбициозније офанзиве против Русије и Британије на Истоку.

Маја 1942, немачка Врховна команда за Југоисток, смештена у Београду, покренула је и против националних и против Титових снага у западној Југославији једну од својих рутинских и повремених операција '"чишћења", какве су потом биле уобичајене за немачку окупацију у источној Европи и западној Русији. Као што су стране обавештајне службе на терену откриле и како су потврдили и комунистички извори, Тито је реаговао на њему својствен начин: брзо се са својим главним снагама повукао у Црну Гору где је нападао локалне националисте, да би потом направио круг и вратио се у Херцеговину и југозападну Босну, где се поново чувао од војски Осовине. Што је такође постало карактеристично, ти потези су савезничким официрима и јавности представљани као значајне партизанске војне офанзиве.

Крајем пролећа 1942, комунистичке снаге имале су пет такозваних „пролетерских бригада" од по хиљаду људи, углавном сачињене од Црногораца који су услед Титовог упада у ту област постали бескућници. Према извештајима комунистичке високе команде, у фочанским голетима где су се поново повукли, гладни и болесни, судбину су делили са великим бројем небораца, званично вођених као „војници". (Поспрдан назив за њих, углавном чланове породица „пролетера", престареле или премладе за војна дејства, био је „родољуби"; прим. приређивача)

Према комунистичким изворима, 24. јуна 1942 – када се немачка офанзива у Русији и северној Африци ближила врхунцу и када је постојала озбиљна опасност да ће се руски и британски отпор урушити – опет није било никаквих извештаја о акцијама са Титове стране. Наиме, тих пет „бригада" и пратиоци почели су још дубље да се повлаче у планинске забити западне Босне око Босанског Петровца, недалеко од границе са Далмацијом, делимично у италијанској зони операција. Поред повлачења на југ, у Црну Гору или близу ње, у пролеће 1943, и каснијег улажења у јужну Далмацију да би се добило пуно британско признање у лето и јесен 1943, Тито и већи део његових ударних снага остали су и даље у махом пустим и војно безначајним пределима око Босанског Петровца, све до Титовог бекства и прихвата у британској бази у Италији, у пролеће 1944.

Британске и америчке обавештајне службе у штабу у Каиру су проучавањем комунистичке документације за јесен 1942. и зиму 1942–1943 утврдиле да су главне партизанске снаге биле углавном распоређене у граничном планинском региону између Босне и Далмације код Босанског Петровца, али да су неке мање јединице биле смештене дубоко у западној Босни у појасу између река Врбаса и Босне. У том периоду, локалне црногорске комунистичке снаге биле су активне на југу. Међутим, како показује каирски материјал састављен од немачких, комунистичких и националистичких извора, Титова главна дејства била су уперена против српских националних снага у западној Југославији, далеко од великих концентрација немачких трупа, саобраћајница и других важних циљева.

То раздобље – с краја 1942. и почетком 1943 – обележава почетак редовног прилива обавештајних извештаја о грађанском рату који су комунисти започели у западној Југославији, и спорадичних извештаја о наводној сарадњи комуниста с немачким властима у неколико крајева Југославије.

Да бих, међутим, донекле разјаснио ову последњу ставку у прегледу прилика у Југославији, наглашавам да је до Хитлеровог напада на Совјетски Савез, јуна 1941, званична комунистичка линија у Југославији, као и у совјетској Русији, била да су Британија и Француска – а не нацистичка Немачка – агресори. Британски обавештајни извештаји цитирали су јавне изјаве комунистичких лидера из 1940, да је главни задатак комуниста Југоисточне Европе да „спрече планове Велике Британије и Француске." Још важније, током рата су и британске и француске обавештајне службе прикупиле доказе о повременим контактима помесних комунистичких лидера са нацистима у немачкој војсци или управи. После рата, немачки официри, стручњаци за Југоисточну Европу, су својим британским и француским колегама помињали „фаталну привлачност", пре рата примећену између немачких нациста и руских комуниста, а у рату између нациста и југословенских комуниста. (Др Милораду М. Драшковићу са Хуверовог института Универзитета Станфорд у Калифорнији дугујем следеће доказе о сарадњи између Тита и немачких власти у Југославији. Од пролећа 1943, када је наша обавештајна служба на Југоистоку први пут открила Титову намеру да појача грађански рат с националним снагама, главни немачки дипломатски представник у марионетској Хрватској, Сигфрид Каше /Sigfried Kasche/, обавестио је немачко Министарство спољних послова да Тито жели да постигне споразум са немачким војним снагама. Двојица немачких послератних аутора отишли су и корак даље, и јавили да су у мају 1943. Титови представници преговарали са немачким генералом Глезом фон Хорстенауом /Glaise von Horstenau/ „највишим представником немачке војске у Хрватској", нудећи Немцима пуну сарадњу у случају англо-америчког искрцавања на јадранској обали Југославије. Ови аутори даље указују да је немачко војно и дипломатско особље на Југоистоку било за Титов предлог, али да га је Хитлер одбацио. /Валтер Хаген, *Скривено ратиште*, (Walter Hagen, *Die Geheime Front*, Zurich), 1950, и Рудолф Кислинг, *Хрвати* (Rudolph Kiszling, *Die Kroaten*, Graz-Koln, 1956)

У априлу 1943, део Титових ударних снага поново је ушао у Црну Гору како би покренуо своје помесне присталице да нападну националне снаге. Током маја, и националисти и комунисти у том јужном делу западне Југославије претрпели су тешке нападе трупа које су комунистички извори називали немачким, а наши званични извештаји локалним квислинзима, сарадницима Италијана или Немаца, уз подршку регуларне италијанске војске и неких мањих, такође регуларних немачких јединица, повучених са њихових редовних положаја у северозападној Југославији.

Као и до тада, Тито је под притиском одмах повукао своје главне снаге још даље на југ и исток, што су комунистички кругови у својим дојавама објашњавали као очајнички покушај повезивања са албанским и бугарским комунистичким одредима. У том периоду су такође британски официри за везу први пут послати у Титов штаб и јединице, а главни представник за југословенска и југоисточно-европска питања премијера Черчила, бригадир Фицрој Маклејн, открио да су главне комунистичке снаге биле врло близу пропасти, па и на ивици потпуног уништења. (У својој послератној студији о Титу, бригадир Маклејн цитира Александра Ранковића, једног од Титових најближих ратних сарадника, који му је с тим у вези казао да „никада нисмо били у горој ситуацији /мислећи на јун 1943/ (...) За нас је одувек били најважније да очувамо кадрове које смо по тако огромној цени изградили у последње две и по године. А сада им прети опасност да буду збрисани". /*Јеретик* (*The Heretic*), стр. 188–91/)

У мојим забелешкама о америчкој, британској и немачкој документацији нема никаквих података о локацији, покретима и акцијама комунистичких ударних снага наредне јесени и почетком зиме 1943. године. Но, општу слику тадашњих збивања дали су, у својим поратним написима, бригадир Маклејн и други извори наклоњени Титу. Наиме, по паду Италије у септембру те године, извесни британски официри и представници су делујући незванично успели да организују да десетак италијанских дивизија у западној Југославији преда своје комплетно наоружање, опрему и залихе Титовим комунистима. Истовремено, неки британски званичници задужени за Југоисток тражили су од Италијана да не предају ништа од свог војног материјала снагама легитимне југословенске владе – и даље признате од британских и америчких власти.

Званична британска реакција изостала је чак и када су поједини британски официри или представници подстицали не само италијанско војно особље, већ и официре и припаднике озлоглашеног хрватског фашистичког режима да се прикључе Титу, где су дочекани с добродошлицом. Титова војска је тада великом брзином заузимала многе делове дотадашње италијанске зоне у Далмацији.

Недуго затим, међутим, немачке регуларне трупе су из своје сталне базе у северозападној Југославији веома хитро, заједно са три немачке СС дивизије састављене понајвише од домаћег становништва, и уз садејство једног броја хрватских квислиншких јединица, преузеле највећи део бивших италијанских територија уз мали или никакав отпор Тита или његових представника. Подаци наших обавештајних служби за Југоисток, на основу немачког материјала, утврдили су да је немачка Висока команда у то време пре свега била забринута због могућег великог англо-америчког искрцавања из Италије у западну Југославију, уз продор према северу зарад запречавања немачког повлачења из Италије.

Током зиме 1943-1944, Титов штаб је поново успостављен у области Босанског Петровца, док су му главне снаге биле расуте по околним врлетима у центру западне Југославије. Обавештајни извештаји за Југоисток у том раздобљу сачињени на основу немачких и националистичких извора се углавном слажу с комунистичким да су војне акције на западу биле ограничене поглавито на узнемиравање националистичких насеобина на западу, праћеног снажном реакцијом локалних српских снага. Бригадир Маклејн бележи да се у том периоду „грађански рат водио са обновљеним жаром." (н.д., стр. 203)

Испрва је, међутим, Титов штаб прогласио општи успех против националних снага у Црној Гори, Херцеговини и на подручју Лике и Далмације, али су се те тврдње постепено свеле на помињање дејстава само у Црној Гори. Током јануара и фебруара 1944, немачка команда преустројила је некадашњу италијанску зону операција користећи гарнизоне са локалним хрватским квислиншким трупама, распоређеним по кључним месним центрима, и три немачке СС дивизије састављене од људства с подручја Југославије и држане у резерви за случај националистичких или комунистичких напада или англо-америчког ваздушног десанта из Италије.

При том, неколико најбољих, искључиво немачких јединица задржало је своје сталне гарнизонске позиције на западу и у северозападној Југославији, далеко од зона активног грађанског рата али у приправности за могући англо-амерички покрет ка горњем Јадрану. Поратно сведочење бригадира Маклејна не указује ни на једну Титову операцију противу Немаца у том периоду вредну помена.

Уместо тога, и његови подаци се слажу са нашим обавештајним налазима и наглашавају даљи наставак грађанског рата, у знатној мери вођеног између локалних националних снага и комуниста у Лици, Херцеговини и Црној Гори, током 1944. Зачуђујућа општа неактивност Титових главних снага противу

Немаца у том раздобљу – упркос присуству тада већ поприличног броја британских и америчких изасланика, и нагомилавања англо-америчке логистичке подршке Титу – може се делом објаснити глађу и ниским моралом партизана, о чему су извештавали британски обавештајци из своје мисије при Титовом штабу.

Но, тај дуги период неактивности Титових ударних снага почетком 1944. прекинула су два изненадна и снажна партизанска напада на велике немачке гарнизоне, по свом јединственом карактеру збунивши британске обавештајне кругове у Каиру и у штабу у Алжиру. Та два Титова прилично одлучна удара погодила су прво Бихаћ, у западној Босни, потом Тузлу, у централној Босни, а оба су била усмерена не само на квислинге него и на регуларне немачке трупе. По ономе што сам успео да сазнам, њих нису ни наложили ни предложили британски или амерички саветници код Тита. Мада неуспешни и са немалим губицима ти напади су одражавали растуће Титово ослањање на ''плаћенике'' који су већ бежали из локалних квислиншких јединица блиских Италијанима или Немцима.

Било је, усто, сугестија да је један од циљева тих операција био и да се задиви совјетска војна мисија која се – после дугог одлагања Москве и поновљених молби Британца – коначно придружила Титовом штабу. Мени најбитније, међутим, јесте да су та два напада почетком 1944. током целог рата једини нашој обавештајној служби познати примери неких заиста значајних напада Титових ударних јединица на Немце. Важно је приметити и да је врло професионална совјетска војна мисија код Тита, састављена од високо рангираних официра, показивала отворен презир према партизанским војним подухватима, и претходним и тадашњим.

Но Тито је, у пролеће 1944. и недуго после та два неуспела покушаја, опет на своју иницијативу са својим главним јединицама извео офанзиву против српских националних снага нешто источније, у централној Босни. То је било пропраћено и великом комунистичком пропагандном кампањом да му је циљ да нападне важне здружене снаге Немаца и генерала Михаиловића, што су као истину здушно прихватили они Британци и Американци већ убеђени у комунистичку тврдњу да је Михаиловић сарадник окупатора. Но и тада су многи у то сумњали, после прецизних сазнања наших обавештајаца о размештају Немаца и квислиншких снага. Срећом, оптужба је потпуно поништена извештајем једног британског официра за везу, за кога комунисти нису знали да је сведок целокупне операције. У њој су партизани страховито потучени од искључиво српских националистичких јединица и без присуства икаквих немачких јединица у том делу Босне.

Изузимајући те две авантуре са лошим исходом, Титове снаге остале су углавном пасивне у западној Југославији све до краја лета и почетка јесени 1944 – мимо добро познатог догађаја у мају, када је Тито једва избегао заробљавање приликом напада неколико мањих немачких падобранских група, и потоњег тешког пораза који су невелике немачке трупе нанеле најбољим комунистичким јединицама, те Титовог бекства и пребацивања у једну британску базу на италијанској територији.

Невероватно лош учинак елитних комунистичких снага охладио је, барем на неко време, одушевљење британског и америчког особља које је инсистирало на безусловном прихватању Титових тврдњи. Више пажње је потом посвећено и утемељеним, сталним али пречесто занемариваним оценама високих совјетских официра код Тита, о занемарљивој укупној снази и достигнућима партизана. Тако је у Вашингтону Здружени обавештајни одбор при председниковом Генералштабу – дотле некритичан спрам Титових тврдњи, у документу из августа 1944. признао да је пораз у мају представљао „озбиљан губитак – од ког се он (Тито) није опоравио до 7. августа."

А Тито се, наравно, из Италије вратио у Југославију тек по уласку совјетске армије у Србију крајем 1944. и почетком 1945, пошто је она преузела његове најбоље трупе, за ту прилику доведене из западне Југославије. Придружене Совјетима, југословенске комунистичке снаге углавном су послате на дужности у позадини.

Можда ће се некима подробно бављење војном снагом југословенских комуниста учинити излишним пошто се већ Тито показао невољним да своје ударне снаге искористи за озбиљније или дугорочније акције против немачке окупација и експлоатације Југославије. И мада сам се позивао на обавештајне документе, вреди поменути да се његов потпуно негативни став према војним дејствима може видети и у подацима о положају и кретању његових трупа дат у после рата објављеним радовима његових ратних пријатеља и подржавалаца, какви су југословенски професор Владимир Дедијер, британски бригадир Фицрој Маклејн, и амерички професор Роберт Ли Вулф.

Сви они, наиме, наводе да су се Титове ударне јединице у том одсудном раздобљу рата, од јесени 1941. до јесени 1944, налазиле у западној Југославији, далеко од великих немачких војних формација. Упркос томе, преувеличана и искривљена сведочења о снази југословенских комуниста и њиховом учинку, као и прихватање таквих тврдњи не само од медија већ и на високим, званичним нивоима Британије и САД – о чему говорим у поглављима о Черчилу и Рузвелту – захтевају извесно објашњење.

Резимираћу, стога, доказе обавештајних служби, и британских и америчких, прикупљене за време рата и после њега, у вези са снагом Титових ударних јединица током рата. Наиме, за отприлике две године од почетка Титових операција крајем лета или почетком јесени 1941, до добијања потпуне англо-америчке војне подршке у јесен 1943, готово да нема разлике у проценама између комунистичког руководства, комунистичких симпатизера међу Британцима и Американцима, немачке обавештајне службе, и наше обавештајне службе на Југоисточном ратишту. Током неколико недеља колико су трајале почетна комунистичка дејства у околини Ужица, комунисти су јавно обелоданили да њихове снаге броје свега девет такозваних одреда.

Но како су те јединице биле далеко слабије од потоњих комунистичких батаљона, који су прве године комунистичких операција у просеку имали не више од педесетак официра и војника, Титова укупна ефектива се у почетку, у најбољем случају, састојала од неке две до четири стотине људи, који су сви били чланови Комунистичке партије из централне и северне Србије. С таквим снагама Тито је водио своје прве „битке" с Немцима, после чега се убрзо повукао у сигурнију италијанску зону у Санџаку и у Босну.

У истим тим областима током зиме и почетком пролећа 1942, према подацима југословенских комуниста, Тито је основао и прве своје такозване пролетерске бригаде, које су постале основна јединица његове војске, и које су тада и касније бројале између осам стотина и хиљаду војника и официра. Та цифра је, међутим, укључивала и пратиоце, или такозвану „породицу", што ће дуго остати обележје Титове војне организације. До лета 1942, померене још даље на запад у околину Фоче, недалеко од херцеговачке и црногорске границе, главне комунистичке снаге су према Титу бројале око пет хиљада људи. После повлачења – које је Тито назвао својим „Јенанским маршом" у славу кинеских комуниста – од границе Црне Горе до околине Босанског Петровца у западној Босни, близу међе са Далмацијом и Хрватском, Тито је успео за кратко време да уновачи известан број западних Срба који су преживели страшне покоље усташких фашистичких елемената међу Хрватима.

Према проценама британских извора на Југоистоку за крај 1942. и почетак 1943, главне комунистичке снаге су у том периоду бројале између десет и двадесет хиљада људи, опет укључујући „породицу", то јест пратиоце, док је бригадир Маклејн је у својим поратним написима помињао бројку од „непуних двадесет хиљада", мислећи на укупну снагу партизана. (н.д, стр. 181–82)

Од тог тренутка, такође, за разговор о ударним комунистичким формацијама нужно је користити термин „професионалне" чак „плаћеничке", што је дуго и био циљ Титових главних војних саветника, ветерана Шпанског грађанског рата. (Очито је термин „пролетери" био еуфемизам за борце без дома и имовине или било каквих средстава за живот осим војних следовања, у тим временима вреднијим од новца, што би се уклопило у појам плаћеника у најкласичнијем значењу те речи. Такви, „пролетери" нису имали друге до да се држе својих јединица до победе или смрти, што разјашњава и њихов назив и намере њихових вођа; прим. М.Б.Раденковића)

Но, најбоље текуће процене Титових главних снага које су стизале до мене у пролеће и лето 1943. потицале су од официра задужених за Тита у Каиру или Барију, у Италији, са којима сам успоставио добре неформалне односе током друге половине 1943. и у првој половини 1944. године. Њихови извештаји су редовно пролазили накнадне обавештајне провере, пристижући ми углавном од једног хрватског пуковника, једног италијанског мајора, те тројице херцеговачких муслимана, једног мајора и два капетана, који су, пре него што су прешли код Тита, неко време били припадници једне немачке СС дивизије. Сви су они прошли активну службу у Титовим главним јединицама и кроз штапска задужења пре него што су пребачени на дужност код Британаца.

Они су у лето 1943. процењивали јачину главнине Титових снага на десет до петнаест хиљада људи. Сви извори за које сам знао су се углавном слагали да су због Черчилове и америчке одлуке да се искључиво подржи Тито и напусти генерал Михаиловић, партизанске снаге нарасле до свог максимума у септембру, октобру, а можда и новембру 1943. Главни извор регрута у том периоду били су Хрвати дотле активни у хрватским фашистичким јединицама под Немцима, или странци – махом Италијани – који су се ту нашли привучени ранијим немачким понудама. Ове у суштини плаћеничке елементе Тито је радо прихватио, у њима видевши прилику да ојача своју позицију у Комунистичкој партији Југославије. Но, њихов долазак поткрепио је и раширене тврдње да су се присталице Троцког инфилтрирале у помесне партијске организације и да искоришћавају Тита.

О том повећању Титове укупне војне снаге, међутим, бригадир Маклејн пише да је Тито тада „тврдио" да предводи око 150.000 људи (Исто, стр. 200), да би већи ентузијасти међу Титовим америчким и британским симпатизерима понављали његове најекстремније тврдње да је у томе периоду његова војна организација имала готово триста хиљада људи.

Но, ко год се потруди да провери неке основне елементе југословенске топографије и размештаја привреде и становништва, уочиће да у западној Југославији, око Фоче на југу и Босанског Петровца у њеном средишту – локацији комунистичке главнине током већег дела рата – није било ни мирнодопских могућности, а камоли ратних – када су Немци немилосрдно пленили сва добра – да снаге каквима су се хвалили Титови симпатизери опстану. Ја сам прихватио цифру од 75.000–100.000 као најтачнију процену укупне комунистичке снаге током краткотрајног партизанског узлета 1943; немачка процена 1944. за то ратиште у том периоду била је око 80.000. Но, као и други, и ја сам у почетку грешио сматрајући да се тај максимум одржао и током пролећа и лета 1944. Наиме, као што то бива у рату, аналитичари у штабовима далеко од фронта често губе додир са стварношћу, тиме нимало не помажући својој анализи.

Срећом, Војнообавештајно одељење војске (*Military Intelligence Division*) у Вашингтону проценило је опште капацитете југословенских комуниста, као и њихову снагу у1944, тачније него ми на попришту. На пример, у *MID*-овом извештају из јула 1944 пише:

„Од краја јесени 1943. партизанска (то јест комунистичка) војска доживљава озбиљан и стални пад. За веома кратко време, хиљаде и хиљаде Италијана прикључило се партизанским јединицама, да би их потом веома мало остало у њиховим редовима. (...) Регрутација изгледа није успела да надокнади губитке из борби у грађанском рату. Срби из западне Југославије који су Титу пришли оставши без домова услед масовних злочина хрватских усташа – против којих Немци као да нису имали ништа – напустили су његов покрет. И хрватски сељаци су се у још већем броју окренули против њега због немачких одмазди и партизанских реквизиција."

Материјал за овај *MID*-ов извештај из Вашингтона разрадили су официри *OSS*-а према подацима из саме комунистичке организације, поткрепљеним и ширим истраживањима *MID*-ових вашингтонских досијеа. Већ крајем маја 1944, убрзо по немачком нападу на Титов врховни штаб, један официр *OSS*-а у Каиру сазнао је из британских изузетно тајних, Дневних белешки Одреда 133 при британском штабу, процену једног високог совјетског официра који је био у штабу код Тита, да је укупна, организована снага југословенских комуниста свега 18.000 официра и редовних војника. Но, од краја јуна 1944, по *MID*-овој процени, укупан број партизана спао је на 15.000 официра и редовних војника.

Позивајући се на америчке и британске официре при Титовом штабу, један вашингтонски извештај *MID*-а у јулу 1944. наводи да се главне јединице све више претварају у „недисциплиноване плаћенике". Моји лични, незванични титоистички извори у Каиру и Барију су се још од пролећа 1944. жалили на погоршање такве ситуације и последичног разлаза између војске и цивила – и Хрвата и Срба – на западу. Јављали су и о честим нападима на локалне насеобине без икаквих веза с Немцима или квислинзима, искључиво ради обезбеђења залиха и плена.

У августу 1944, *MID* је по Вашингтону разделило једну *OSS*-ову студију у којој пише следеће:

„Партизанска организација Маршала Тита у Југославији као да је на најнижем ступњу снаге и морала, и војно и политички, од пада Италије (...) Од децембра 1943. до 19. јула 1944. ниједан официр *OSS*-а код партизана није бази доставио податке о снази одреда којима су придодати. Ти официри немају никакве могућности да се слободно крећу по терену..."

У наставку извештаја тадашње Титове снаге процењене су на свега 15.000 људи. На основу мојих контаката са Титу склоним официрима у иностранству, и онога што сам видео и чуо током своје мисије у Југославији крајем лета и почетком јесени 1944. као и од партизанских заробљеника и од националиста, стекао сам утисак да су процене о комунистичкој снази које су се кретале између 15.000–18.000 људи биле превише ниске. Ова грешка изгледа да је настала јер се није узимало у обзир пребацивање главнине Титових снага из западне Југославије у Србију, како би се повезала са надолазећом руском војском. Као што сам по повратку из Југославије обавестио Штаб за Југоисток у Казерти, у Италији, до новембра 1944. укупни расположиви подаци указивали су да је партизана тада било између 30.000 и 50.000. Потом су се под врховним совјетским командом знатно умножили, регрутацијом и унајмљивањем плаћеника.

Но, при разматрању стварне јачине Титових снага – насупрот бројчане у појединим периодима рата – ваља избегавати једну основну а честу грешку својствену посматрачима и за време рата и после њега. Супротно њиховим претпоставкама, ни у једном раздобљу до окупације Југославије од стране Стаљинових армија те снаге нису превазилазиле оно што обично називамо „герилским одредима", а Совјети и њихови сателити „партизанима."

Тако је и у британској Команди за Блиски исток у Каиру, у јуну 1944. кружио тајни документ у коме је, између осталог, писало да су:

„(...) југословенски партизани у суштини герилска војска. Усвојени оперативни оквир служи им поглавито за лакше руковођење бројним герилским одредима."

Овај документ је дошао из британског штабног сектора познатог по снажној наклоности према Титу и његовим следбеницима. А у Вашингтону, августа 1944, један други тајни документ пуштен у оптицај наводи:

„Титове могућности ограничене су на герилско ратовање; он није у стању да се успешно суочи с немачким снагама у отвореној борби (...) док се лакше носи са лако наоружаним (локалним) усташама, домобранима и четницима."

И тај документ је потекао из једног штабног сектора познатог по својим изузетним симпатијама према Титовом покрету у Југославији.

Каквим се онда циљем или осећањем мисије Тито руководио за време рата? Нема чињеница које би подржале тврдњу да су га покретали национализам или патриотизам, а ни он сâм нити они око њега који су га најбоље познавали нису то никада ни наговестили.

Британски бригадир Маклејн верно је подржавао изузетно погрешна настојања премијера Черчила да Тита употреби као средство за очување британског утицаја у Југоисточној Европи и на Средоземљу. Међутим, у својој врло важној послератној књизи о Титу, *Јеретик*, Маклејн коначно износи да је тај човек у бити био револуционар, али усмерен и на стицање личне моћи. Усто се олако претпоставља да је Стаљин управљао Титовом ратном политиком. Но, то побијам у поглављу о Стаљиновој ратној политици где пишем:

„У Југоисточној Европи, а особито у Југославији, Стаљин је био спреман, док траје рат, да жртвује интересе и циљеве помесних комунистичких партија које је дотле подржавао с великом ревношћу. Конкретно, инсистирао је да се Тито – кога је лично поставио за вођу југословенских комуниста – не супротставља југословенској краљевској влади у избеглиштву, и да се помири са генералом Дражом Михаиловићем, министром војним и ратним вођом националног покрета у земљи. (...) Чак је и позно 1944. године Стаљин настојао да убеди западне савезнике да и они учествују у сређивању односа између партизана и националних снага."

СТРЕЉАЊЕ ИСТОРИЈЕ

Радећи после рата у Вашингтону као високи специјалиста за Совјетски Савез у америчкој војсци, имао сам прилике да више пута разговарам о совјетској ратној политици са избеглим совјетским дисидентима, међу којима је било и бивших чланова интернационалног апарата Комунистичке партије у Совјетском Савезу. Ти су успели да избегну Стаљинове чистке, али се претпостављало да су остали верни комунизму. Истовремено, одржавао сам редовне односе са обавештајним службама наших пријатеља у Западној Европи, као и са пребезима из Источне Европе. Овде ћу стога сумирати оно што сам успео да о Титу сазнам из разних формалних и неформалних извора.

За почетак, ваља имати на уму да је Тито годинама пре почетка рата врло вероватно био не само совјетски држављанин и несумњиво члан Комунистичке партије Совјетског Савеза, већ и званичник који је неко време уживао поверење совјетског комунистичког апарата. Иако му је Стаљин донекле веровао, постоје назнаке да је сумњао у његову способност да предводи југословенске комунисте у рату. Наиме, од избијања Другог светског рата, југословенска Партија је више него пре тога патила од унутрашњих неслагања и отворених сукоба. И британски и француски обавештајци добијали су извештаје о отвореном насиљу у хрватским и албанским партијама, при чему су сви учесници тврдили да имају подршку Москве. Од већег значаја, међутим, и вероватно с тим у вези, били су стални извештаји о инфилтрацији троцкиста у југословенску Партију, нарочито у Хрватској.

И мисија у Југославији поверена ми 1942. била је добрим делом обустављена из предострожности због тог сукоба. Иако смо изнова добијали извештаје током рата да сâм Тито управља тим дисидентима – а повремено је и било очито да има користи од комунистичке инфилтрације савезничких служби током рата – не знам за икакву потврду таквих тврдњи. Штавише, из неких поратних контаката с бившим члановима московског интернационалног апарата, чуо сам да је при свом разлазу са Стаљином и потом, Тито бар донекле уважавао ставове ждановске фракције совјетске Партије. Сматрам, међутим, да га најпре ваља посматрати као „слободног стрелца" међу комунистима, уз то изузетно посвећеног личном уздизању.

У ретроспективи, и данас се слажем са закључцима до којих сам званично дошао у Вашингтону по завршетку рата: да је од јесени 1941. до јесени 1944 – када су његове снаге дошле под совјетску команду – Титов непосредни и свесни циљ био да устроји и очува, по сваку цену, снажну војску којом би се докопао власти у Југославији – а можда и шире – не улазећи, при том, у превелику обавезу према Черчилу или Стаљину. И савезничке и немачке обавештајне службе су наиме утврдиле да је његов не само тактички но и стратешки ратни циљ искључиво био да створи и одржи професионалну, лично њему одану војску.

И, једино зарад тога користио је и британске и америчке официре који су били опчињени његовом личношћу, иако су му морали признати бар једну слабост. Наиме, професор Роберт Ли Вулф са Харварда, један од најугледнијих Титових симпатизера, написао је да су његове главне снаге „при сваком нападу морале да се повлаче." (Вулф, *Балкан у наше доба* /Wolff, *The Balkans in Our Time*/ стр. 211; Маклејн, *Јеретик* /*The Heretic*/, стр. 166)

Бригадир Фицрој Маклејн, мада веран одлуци премијера Черчила да англо-америчку војну и политичку подршку у Југославији подари искључиво Титу, написао је:

„Још једанпут, Титов одговор на општи напад (...) био је да пребаци већи део својих трупа што је могуће брже у други део земље."

Још важнија, па и веома необична, јесте следећа изјава председника Тита 1953, у односу на критични период из јуна 1942. и врхунац Хитлерове велике офанзиве на Истоку, када је генерал Михаиловић ангажовао све своје снаге да контраофанзивом помогну Русима на Јужноруском фронту и Савезницима на Источномедитеранском. Високи комунистички официри, део Титовог личног круга и већином ветерани Шпанског грађанског рата, тражили су тада да се и главнина партизанске војске из западне Југославије упути на ратишта у Србији.

Но, коментаришући такав нормалан и примерен предлог својих војних про-фесионалаца, Тито је 1953. казао:

„Тада сам био изричито против тога, и другови су се одмах сложили. Рекао сам да у Србији немамо услова да водимо рат с пет бригада (целокупна партизанска снага у том периоду), да су прилике неповољне, и да бисмо се само истопили. Наша елита била би уништена — пет бригада политички врло свесних и зрелих људи. Рекао сам да би требало да одемо негде где бисмо нашли масовну базу (...) то јест у западну Босну." (Цитирао Милорад М. Драшковић у свом делу *Коминтерна и устаначка активност Комунистичке партије Југославије од 1941. до 1942*)

При том, овде ваља уочити четири брло битне ставке:

Прво, Титово признање укупне војне слабости партизана,

Друго, његово признање недостатка локалне подршке за комунисте у Србији,

Треће, признање да су и његови главни војни саветници схватали да је Србија, а не западна Југославија, критично подручје за борбу противу Немаца, и

Четврто, његово искрено признање – у вези самога рата и послератног доба – да му је основни интерес био да у Југославији изгради масовну базу за остварење својих циљева.

Да не би било забуне око тога да ли је у Србији било других комунистичких војних јединица кадрих да битно допринесу ратном напору, ваља погледати следећи коментар британског бригадира Маклејна о борбеним капацитетима комуниста у Србији:

„Гоњени од Немаца, Недића (немачки марионетски вођа у Србији), четника (српских националиста), Албанаца и Бугара (мањина у јужној Србији, у то време непријатељски настројених према Титу и комунизму), без подршке локалног становништва, без додира са друговима у осталим деловима земље, слабо наоружани и опремљени, стално су се налазили на ивици потпуног уништења." (Исто, стр. 228.)

Важно ми је да закључим ово разматрање Титове улоге у Другом светском рату и анализом невероватног и раширеног ратног и поратног мита да је његов ратни допринос Савезницима – Британцима, Совјетима, и Американцима – био битан. Несумњиво, многи ваљани људи су тај мит прихватили као сушту истину, мада на кратко, будући дезинформисани. На више места овде цитирао сам не само документе војнообавештајне службе за Југоисток, са терена и у Вашингтону, већ и изјаве неких способних и поштених особа које су, привремено заведне, прихватиле Титове пропагандне тврдње. Зарад разматрања мита о Титу зато у целости наводим свој званични извештај са Југоисточног ратишта од 22. јуна 1944, уз изводе из три моје званичне поратне студије из Вашингтона, које додатно расветљавају тај мит:

„Долепотписани је недавно водио дуге разговоре са господином Цојсом (*Joyce*), високорангираним званичником Стејт Департмента при штабу *OSS*-а у Барију, Италији, као и са америчким потпуковником Вејлом (*Weil*), шефом мисије *OSS* код Тита, обојицом на веома одговорним положајима са којих су спроводили америчку политику према Титу. У сусретима са том господом, долепотписани је нагласио своју велику заинтересованост за аутентичне информације о Титовој политичкој и војној снази и делотворности као вође. Оба контакта понашала су се пријатељски и сарађивала су – господин Џојс испољавајући умереност, а потпуковник Вејл отворену наклоност према Титу.

У суштини, међутим, закључак и једног и другог био је да људи који су служили међу партизанским (Титовим) снагама на терену, нису били у могућности да дођу до аутентичних и независних информација у погледу политичке или војне снаге тог покрета, и да је *OSS* био принуђен да се за своје закључке готово у потпуности ослања на тврдње партизанског Врховног штаба.

Посебно је потпуковник Вејл, на основу личног искуства у Југославији, наглашавао да Британци нису били ништа успешнији од Американаца у провери тих тврдњи. У вези са тим, поменуо је бригадира Фицроја Маклејна – наводно најодговорнијег за подршку партизанима с 'највиших нивоа у Британији' (што ће рећи премијера Черчила) – с којим је потпуковник Вејл у пријатељским односима. Долепотписани је усто чуо од високо рангираног и добро обавештеног извора у Каиру да је у приватним разговорима бригадир Маклејн говорио да никада није био у ситуацији да лично види више од 30.000 партизана. Потпуковник Вејл је на то казао да је можда бригадир Маклејн био у прилици да установи толики број, али да толики број сигурно није и видео.

Став господина Џојса био је да је особље *OSS*-а из Југославије подносило извештаје 'импресионирано', да су се емотивно уплели, те да им је недостајало искуства за састављање ваљаних извештаја. Он лично није видео доказе који би подржали партизанске тврдње прихваћене од већине – о војсци од 200–300.000 бораца – лично сумњајући у њихову тачност. Господин Џојс препоручио је потпуковника Вејла долепотписаном као официра најпозванијег да изложи чињенице повољне по партизане. Потпуковник Вејл је изнео своје убеђење да партизанска војска броји око 300.000 сталних, наоружаних војника у сталним јединицама, да они у просеку имају око 20 година, да маршал Тито ужива већинску подршку свих водећих националних група у Југославији, и да партизанске вође дефинитивно намеравају 'да стрпају целу Југославију у свој џеп' чим се Немци повуку, те да ће 'ликвидирати' сваку групу која се томе супротстави.

Он је отворено признао да те изјаве потичу из партизанског Врховног штаба и да ни амерички ни британских официри за везу нису могли да обаве задовољавајућу, независну проверу тих тврдњи. За време нашег разговора, он је истицао и немогућност да се провере партизанске тврдње и инсистирао да, на крају крајева, бројке и статистике немају важност у поређењу са потребом да се 'ти партизани' подрже. Показао је очито нестрпљење и због аналитичара у Вашингтону и оних на попришту који су не само њега непрестано 'давили' тражећи 'независне доказе' за партизанске тврдње и питањима о њиховој будућој политици.

Долепотписани мора да закључи да је политика коју заступа потпуковник Вејл заправо да Америка треба да подржи партизански покрет на реч и да није на америчким официрима у Југославији да проверавају тај покрет и његове тврдње. Његова одбојност према коришћењу америчког особља за посматрање и извештавање о партизанима стално је искрсавала током нашег разговора. То расположење, које је долепотписани приметио код једног броја људи из *OSS*, као и међу британским официрима који су били повезани с партизанима, јесте, изгледа, и био разлог зашто они нису могли доћи до обавештајних података о њима.

Мора се претпоставити да је релативни недостатак 'балканског' искуства и код Британаца и код Американаца при партизанском Врховном штабу један од узрока њиховог неуспеха да сачине независну процену партизанске војне и политичке снаге. Са војног становишта, међутим, чини ми се да би се – ако се то заиста жели – могле направити употребљиве процене њихове укупне снаге личним оцењивањем снаге мањих јединица. Но, када је долепотписани упитао колика је била просечна снага партизанских батаљона и поменуо процене из неколико извора, потпуковник Вејл је инсистирао да ниједан амерички ни британски официр није био у положају да изброји колико је људи у њима или да утврди њихов број у бригади или дивизији. Разговор је открио и то да већи део америчког особља у партизанском Штабу нема могућности да присуствује борбама или саботажама.

Потпуковник Вејл је сâм казао и 'да није било могуће проверити веродостојност партизанских тврдњи о немачким губицима, запленама непријатељског ратног материјала, или о уништавању комуникација'."

И то је човек који је водио нашу мисију при Титовом штабу, за кога сам из добро обавештених извора сазнао да је директно најодговорнији за преокрет у политици председника Рузвелта – од пружања подршке легитимној југословенској влади и признавања огромног доприноса генерала Михаиловића савезничким ратном напору, до безусловне, искључиве и трајне подршке слободном стрелцу и вођи комуниста, Титу, који је отворено одбијао да изврши Стаљиново наређење да се бори против Хитлера и сарађује са генералом Михаиловићем!

Роберт Макдауел

На крају овог поглавља о Титу, навешћу и изводе из три моје поратне званичне студије, написане док сам био на положају високорангираног специјалисте за Совјетски Савез у америчкој војсци, не бисмо ли још боље разумели Тита, једног од најчудноватијих личности Другог светског рата, необично способног да привуче обожаваоце, али мало или нимало кадрог да задржи њихово поштовање.

1. „Партизански покрет у Југославији током Другог светског рата, предвођен Титом, израстао је у значајан политички и војни фактор само у мери у којој су га Англо-американци подржавали и помагали му да се развије. Совјетска војна помоћ Титу – иначе, совјетској творевини – била је занемарљива, а и морална подршка је стигла касно и уз оклевање. Доступни подаци намећу закључак да су Совјети очекивали да ће се југословенски комунисти показати војно бескорисни као и њихови другови у свим балканским државама изузев Грчке. У прво време, постојала је снажна совјетска дипломатска и психолошка подршка генералу Михаиловићу, која је трајала до касно у 1944. (...) Чак и 1944, када су партизани наставили да испољавају веома слабу способност или спремност да нанесу штету Немцима, или буду подршка Савезницима, Совјетска влада настојала је да пошаље војну мисију код генерала Михаиловића – али су је од тога одвратили Британци који су, без одвише размишљања о последицама, подржали Тита."

2. „Погрешно је за Тита мислити да је првенствено био 'комунонационалиста'. Већ на почетку 1943. он је показивао намеру да користи свој положај неког ко ужива подршку трију Савезника, зарад стицања личног утицаја, чак и моћи, у ширим, регионалним размерама. (...) Тито је показивао дубоко интересовање за развијање помесних комунистичких група, или комунистички оријентисаних држава, широм Источне Европе. (...) Познато је да је до 1944. имао агенте у Палестини који су одржавали везе са извесним јеврејским комунистичким елементима, и још даље – у Индији, Бурми и Индонезији. (...) Не треба заборављати да су унутрашња трвења, завере и противзавере, биле ендемске у Комунистичкој партији (бољшевицима) од њеног настанка, а да је Тито производ такве Партије."

3. „Према Титовој замисли и делању од краја 1941, задатак вође партизана у Југославији био је у суштинској супротности са сталним и изричитим наредбама совјетског комунистичког врха. (...) Зато што је тако схватао своју мисију – чему је усмерио и у извесној мери и жртвовао партизански покрет у Југославији – може се укратко и истинито рећи да се деловање пртизанског покрета сводило на следеће: 'да се искористи стање рата, немачка и ита-

лијанска окупација, и настанак југословенског националистичког покрета у земљи да би се оформило војно и политичко језгро моћи које ће омогућити Титу да из рата изађе као пуноправни владар Југославије, и важан чинилац у очекиваној светској комунистичкој структури моћи – која неће нужно бити под управом Москве'."

Роберт Макдауел

ЧЕРЧИЛ ПРЕДАЈЕ ЈУГОСЛАВИЈУ ТИТУ И ШАЉЕ МИХАИЛОВИЋА У СМРТ

Године 1940, првобитна реакција британске владе на ширење нацизма била је да потражи заједнички језик са Совјетским Савезом. Британска влада била је изгледа спремна на трговину са Совјетима, то јест да прихвати да се интереси Совјетског Савеза у питању Босфора и Дарданела морају заштитити, и да се чак сагласи да у постојећим околностима и у циљу очувања статуса кво, Совјетском Савезу треба препустити задатак уједињења балканских земаља и вођство над њима. (*Односи нациста и Совјета 1939–1941*, документи из архива немачког Министарства спољних послова, Вашингтон, Стејт Департмент 1948, стр. 166–67 (*Nazi-Soviet Relations, 1939–1941*. Documents from the Archives of The German Foreign Office. Washington, D.C., Department of State, 1948, pp. 166–67).

Колико сам међутим био у стању да проценим током рата на терену и после рата у Вашингтону, британска војна и дипломатска политика 1941. и 1942. према Југоисточној Европи била је заснована мање на свесној и доследној верности стратешким принципима, па и стратешкој традицији, а више, како се чинило, на непоимању великог значаја тог подручја како током рата тако и потом. У ретроспективи, поставља се и питање је ли такав став у рату значио да господин Черчил само наставља британску политику из 1940 – то јест спремности да Совјетском Савезу препусти одговорност за суочење са нацистичком претњом у Југоисточној Европи?

Но, како сам писао у једној мојој послератној студији у Вашингтону:

''Британско неповерење према Русији још је било дубоко и, пошто се опасност од нацистичке војне победе 1943. смањила, вероватно је постало неизбежно да се британска спољна политика поново окрене послератним проблемима и, нарочито, Москви''.

Гледајући уназад, у искушењу сам да одем и корак даље и припишем драстичну промену британске политике у корист комунистичког дисидента Тита 1943. године паници која је обузела премијера Черчила да ће савезничка победа над Хитлером омогућити ширење руског комунистичкој утицаја не само у Источну и Централну Европу, већ и на Средоземље, као и ка Индијском океану. Јер, само годину дана пре тога Черчил је све британске снаге и сопствену невероватну енергију усмерио против сличне претње – 1941. и 1942 – од Хитлера.

На несрећу, међутим, Черчил је 1943 – као и 1942, такође и у својству министра војног – занемарио препоруке својих професионалних обавештајних саветника и тактичара те, следствено, пропустио да уочи и искористи војничке способности југословенских националиста и националиста других земаља Југоистока, не само Грчке.

За потребе ове студије највише увида у погрешне процене 1943. и 1944, као и 1942, за шта историја мора овог великог човека сматрати макар делимично одговорним, пружили су тако Черчилови после рата објављени мемоари. Верујем наиме да је порекло тих грешака у чињеници на коју су ми указали виши британски официри у Савезничком штабу у Казерти новембра 1944, да ни у једном тренутку рата ниједна владајућа установа Велике Британије није покушала да доследно и свеобухватно утврди какву послератну друштвену организацију вође и народи Југославије и околних земаља Југоистока очекују. У светлу тога, из последичних тешких пропуста и грешака британске и америчке спољне политике и потоње огромне трагедије милиона Југословена и њихових суседа у Југоисточној Европи који су волели и поштовали Британију или САД и желели да их следе, ваља размотрити промену британске политике у корист Тита – на којој је 1943. инсистирао Черчил.

Морам при том нагласити да наши обавештајни подаци као и Черчилови поратни мемоари одбацују широко распрострањено и општеприхваћено уверење да је Стаљинов притисак на премијера Черчила и председника Рузвелта на Техеранској конференцији 1943. навео двојицу западних вођа да напусте легитимну југословенску владу у корист Тита, и тако препусте Стаљину целу Источну и Централну Европу. Сматра се наиме неупитним да је током читавог рата основна совјетска политика била да што је могуће више прошири совјетску контролу над Источном и Централном Европом.

Но – како је већ размотрено у поглављу о Стаљиновој политици – док је претња од нацистичког империјализма трајала, Стаљин је, као врховни руски војни заповедник, оставио по страни сопствене интересе и империјалне амбиције, и огрнуо се плаштом национализма и родољубља док криза не прође. Морамо стога прихватити као стваран одраз совјетске политике из периода рата стално понављане Стаљинове налоге Титу да у потпуности сарађује са легитимном југословенском владом у избеглиштву и њеним представником у земљи, генералом Михаиловићем ''(пошто ће) питање (послератног) режима у Југославији, како га ви разумете, бити решавано када немачко-италијанска коалиција буде скршена, а земља ослобођена од окупатора''. (Ова реченица узета је из телеграма који је Коминтерна послала Титу средином новембра 1942; наведено према: Моша Пијаде, *О причи да је југословенски устанак заслуга совјетске помоћи* /Mosha Piyade, *About the Legend that the Yugoslav Uprising Owed Its Existence to Soviet Assistance*, London 1950, p. 20)

Но, ако није било Стаљиновог притиска, шта је навело господина Черчила, најбриљантнијег државника свог доба, да усвоји и лично усмерава погубну британску политику из 1943. и 1944, која је довела до потпуног напуштања Југоисточне Европе? Делимично се, наравно, мора претпоставити да је огромна силина Черчилове личности умањила могућност праве процене. Томе бих додао и два чиниоца која захтевају подробније разматрање:

Први – неодговарајући проток обавештајних података и њиховог заиста стручног тумачења вишим ешалонима војске и Министарства спољних послова на терену, и премијеру Черчилу и његовом особљу у Лондону, и

Други, увлачење неке врсте комунистичке организације, бар од 1941, у неке британске службе на терену, и, непобитно, у медије у Великој Британији.

Неодговарајући проток обавештајних података и њихово неодговарајуће тумачење настали су најпре у британској команди за Блиски исток у Каиру, углавном административно одговорној за британске операције и планове за Југоисточну Европу, али без стварне контроле над њима. Године 1943. и 1944, такво стање проширило се на англо-америчку Команду за Медитеран, са седиштем испрва у Алжиру а потом у Казерти, на коју је ова одговорност без власти делимично пренета.

Но, проток обавештајних података и њихово тумачење постали су још збрканији и слабији у лето 1943, када се премијер Черчил веома забринуо над ситуацијом у Југоисточној Европи, по њему претњу британским поратним интересима у Средоземљу и када је, сасвим независно од штабова на терену, преузео лично управљање политиком и операцијама према Југославији. То је најпре чинио преко специјалне мисије под бригадиром Фицројем Маклејном – суштински независном од команди на самом ратишту и Министарства спољних послова, и смештеном одвојено – задуженом да прикупља обавештајне податке и даје препоруке за политику према Југославији. До самог краја 1944, међутим, премијер се по свему судећи ослањао на неименоване и непознате особе у Лондону, без икаквог званичног статуса.

Делом су, наравно, британски пропусти у прикупљању и тумачењу обавештајних података били последица ратног прилива хиљада нових, недовољно обучених и неискусних намештеника на свим нивоима – како на терену тако и у Лондону. Захваљујући томе што се организација на терену 1940. и 1941. развила из команде са надлежношћу безмало потпуно ограниченом на чување британских интереса на Блиском истоку, чак и најбољи њени обавештајци и политички саветници били су специјалисти са мало или нимало знања о Југоисточној Европи.

Ако, међутим, и то узмемо у обзир у највећој могућој мери и изоставимо самог премијера, опет је исувише великом броју високих британских официра на терену, и штапских и командних, недостајало професионалног и интелектуалног интересовања за сектор Југоистока, мимо веома површног разумевања традиционалног и животно значајног британског пута кроз Медитеран. Иако су током Првог светског рата на Блиском истоку и Кавказу Британци изузетно успешно развили и користили оно што називамо герилским или неконвенционалним ратовањем а Совјети партизанским, то су углавном постигли британски официри који су служили у Индији.

Неки од њих учествовали су и у Другом светском рату, али не и у сектору Југоистока, где би били од огромног значаја. Најнепосреднија и најочигледнија слабост, међутим, у обавештајним службама на терену била је резултат одлуке Владе у Лондону по избијању рата да створи нову обавештајну организацију која ће прикупљати податке и радити са покретима отпора у окупираним земљама – Управу за посебне задатке (*Special Operations Executive – SOE*).

У надлежност *SOE*, тако су спадале и тајне операције и тајни обавештајни подаци – као и код нашег Уреда за стратешке задатке (*OSS*) – али је она изгледа било много независнија од давно успостављених установа попут Министарства војног или Министарства спољних послова. Уз то, бар у секторима Блиског истока и Средоземља, *SOE* и регуларне службе недовољно су сарађивале а, што је било још горе, највећи број мени познатих припадника *SOE* показивало је слабо познавање и конвенционалне стратегије и тактике, а камоли неконвенционалног ратовања. Још несретније биле су размере инфилтрације *SOE* комунистима и њиховим симпатизерима, о чему ће касније бити више речи. Штагод, међутим, био узрок, одговорни британски официри стално су се огорчени жалили да *SOE* нити тражи нити прихвата воћство Штаба команде, да не обавља обавештајне мисије предлагане на нивоу Команде, и да Штабу команде не прослеђује важне податке које њени агенти прикупе на терену у окупираним подручјима.

Но, зарад праведног односа према многим оданим људима у *SOE* морам и да истакнем да такво неприхватљиво понашање и пропусти углавном нису били карактеристични за британске официре за везу на окупираним територијама, већ за особље у Каиру, Алжиру и Барију. Мада су многи били недовољно обучени а неки своје задатке доживљавали као личну пустоловину, већина припадника *SOE* на терену спремно су стављали живот на коцку из оданости не само својој земљи него и ''балканским'' народима међу које су послати. Због значаја *SOE* у сваком покушају разјашњавања британске политике, наводим овде део мог извештаја Вашингтону из јуна 1944:

''Опште је уверење, који је доскора и долепотписани делио, да су операције *SOE* важан извор политичког и војног обавештајног материјала о Балкану. Но, то уверење је погрешно. Као организација за такозване ''специјалне операције'', њено интересовање за обавештајне податке је ограничено, а мали број официра има обуку и искуство какво се тражи у британским обавештајним службама. Нема уз то доказа да су виши ешалони ове агенције настојали да на уравнотежен начин и свеобухватно проуче војне и политичке услове на Балкану. Мало је доказа такође о упућености појединих официра (послатих иза непријатељских линија) у проблеме с којима ће се сретати, нити о некаквом подстицању да те могуће проблеме проуче. Веома мало их је имало је икаквог претходног додира с балканским питањима. (...) Извештаји британских официра за везу дају крајње непотпуну слику основних политичких, економских и психолошких чинилаца у областима која покривају, а и ти подаци се у великој мери занемарују. Војна дејства којима су присуствовали описана су као таква, али недостају подаци о саставу и распореду пријатељских и непријатељских снага (...) Пречесто онај који чита извештај не може да закључи је ли аутор заиста присуствовао акцији или ситуацији коју описује, је ли извор о њој поуздан или је реч о непотврђеним гласинама. Официри за везу са којима је долепотписани разговарао имају доста магловиту представу о међусобној повезаности и значају политичких и војних збивања у подручјима где су боравили. Укратко, рад *SOE* не пружа потребан обавештајни увид у Балкан''.

Нагласак на неуспешности *SOE* да обезбеди обавештајне податке о Југоистоку надлежном штапском и командном кадру може навести неке читаоце да примете да је мисија *SOE* била да се бори против Немаца и да на то подстиче локалне вође. Наравно, много шта написано и речено после рата оправдава такав утисак, али је он противан чињеницама. Јер, стриктна политика британске владе, коју су наглашавали и командни ешалони *SOE*, у погледу целе окупиране Европе па и њеног југоисточног сектора, била је да активан отпор треба свести на минимум до тренутка када се најбоље може помоћи искрцавању главнине савезничких конвенционалних снага у Европи.

Што се пак Југославије тиче, званична публикација Британске команде за Средњи исток, (позната као *PICME – Political Intelligence Center Middle East*), је јуна 1944. објавила:

''До јесени 1943. бацани су леци којима се од становништва тражило да чека на знак (Британаца) када да се дигне на оружани устанак''.

Другим речима, тек после одлуке премијера Черчила да напусти југословенске националисте и англо-америчку подршку преусмери на Тита емитоване су поруке југословенским народима и њиховим суседима изван Грчке и Албаније да се дигну на устанак против Немаца и Италијана. После рата се исувише често заборављало и пренебрегавало да велики и спонтани српски устанци 1941, и велики организовани војни напори генерала Михаиловића 1942 – за које су и Немци и Савезници тврдили да су били изузетно важни за Хитлеров пораз – нису били ни наложени, ни предложени, ни подржани од Савезника, већ у потпуности самородни, подстакнути, настали и одржавани изнутра. То се односи и на конвенционална и илегална дејства генерала Михаиловића 1943. и 1944.

За разлику од професионалних саботажа изведених од српских националних снага под командом генерала Михаиловића, прилагођених локалној ситуацији, оне које су самоиницијативно изводили или предлагали припадници *SOE* биле су често не само рутинске већ и непрофесионалне, а повремено и без икакве везе са британским стратешким или тактичким потребама. Кад год би *SOE* то тражила, Команда за Средњи исток давала би авион за избацивање неке мале групе па и појединаца, углавном скромно опремљених за сасвим кратак боравак код неког помесног команданта о чијим су постигнућима, најчешће сасвим случајно, вести допрле у спољни свет.

Бројни националистички и партизански официри са којима сам 1944. разговарао у Каиру и Барију, у Србији и Босни, стога су ми се готово без изузетка жалили да су официри за везу с којима су се сретали, мада храбри и спремни на акцију, дошли немајући никакве озбиљне или пригодне предлоге за организоване и дуготрајније операције, или прикупљање обавештајних података. Уз неколико изузетака, нису знали ништа ни о техници герилског ратовања или саботажа.

Оно неколико британских професионалаца у секторима Средњег истока и Средоземља свесних какве би операције биле најсврсисходније у Грчкој и Југославији, као и много оних који су на Средњем истоку успешно радили са локалним нерегуларним трупама и ценили њихове способности, били су посебно узнемирени што је неколицини изузетних вођа југословенских, албанских и грчких нерегуларних група – и комунистичких и националних – који су се сами дуго и вешто борили против непријатеља с малим средствима и у мањим размерама и били спремни да успоставе неку сарадњу с Британцима, SOE ускратио сваки контакт са надлежним британским официрима. Нема сумње да ниједан виши официр на терену не би пропустио прилику да из прве руке сазна шта се тражи као подршка локалним операцијама, а уверен сам и да би премијер Черчил, да је био обавештен о ситуацији, први тако поступио.

Нешто од проблема са којима се суочавао генерал Хенри Вилсон, касније сер Хенри и фелдмаршал лорд Вилсон од Либије, те британски командант у Персијском заливу и виши британски и савезнички командант за Средњи исток и Средоземље, забележено је у његовој важној и занимљивој књизи о рату. Пишући о периоду 1940–41. он инсистира на следећем:

''Пошто смо направили савез са Грчком требало је да обавимо припреме и за његово спровођење, а први корак требало је да буде стварање ефикасне обавештајне службе на Балкану.''

Па додаје:

''*SOE* (...) је била одговорна Лондону и одатле добијала инструкције, а да Службе у то нису биле у потпуности укључене; са *SOE* је било и политичких невоља (...) Тешкоће су се јавиле око контроле и политике (...) Крајем августа (1943) Фицрој Маклејн се појавио у Каиру, пошто је послат као шеф мисије код Тита и политички представник нашег премијера''.

Но, то именовање ''огорчило је'' *SOE*, и она ''није била кооперативна'', док је сâм Маклејн саопштио генералу Вилсону да ни он ''нема поверења'' у *SOE*. Таква неслагања, и потоњи обавештајни промашаји, уверили су генерала Вилсона да је:

''једино решење да на Балкану наш ратни напор буде успешан (...) стављање *SOE* под војну контролу''. (*Осам прекоморских година /Eight Years Overseas. 1939–1947,* London 1950/, стр. 74, 164–65, 169)

Забринутост због британских пропуста у извођењу операција у југоисточном сектору Европе, слична овој код високог војног заповедника, може се наћи и у поратним коментарима господина Харолда Макмилана, касније британског министра спољних послова и премијера, а током рата веома способног вишег представника Министарства спољних послова на терену:

"Министарство спољних послова је, наравно, било забринуто због деликатности ситуације (у 1943). Ми смо званично признали југословенску (краљевску) владу у Лондону, код које смо акредитовали амбасадора, док је сав фактички рад (са Југославијом) обављан у Барију у мисији под командом Фицроја Маклејна, с подршком Била Дикина и Рандолфа Черчила (премијеровог сина)". (*Удар рата /The Blast of War, 1939–1945,* New York 1967/, стр. 437)

Али, и та независна мисија бригадира Маклејна била је типична черчиловска реакција на неуспех *SOE* и у Лондону и на терену да прибави одговарајуће податке о Југославији када се, 1943, премијер одједном лично заинтересовао за прилике у Југоисточној Европи. На несрећу, изгледа да је за њега уобичајено било и да уместо да надлежност за Југославију поново повери професионалцима из војске и Министарства спољних послова на терену – одговорним и најбоље упознатим са ситуацијом, формацијски надлежним за обавештајне податке и планирање, чак и за операције – тај задатак уступи малој групи личних пријатеља. А они не само да нису имали одговарајућег искуства ни обуке, него су и у *SOE* били огорчени због њиховог посебног статуса код премијера, као што је донекле био и редовни штапски и командни кадар.

Међутим, пре него што пређем на черчиловску фазу британске ратне политике према Југославији од средине 1943, морам се осврнути на још један, врло непријатан иако веома важан фактор – мимо слабог протока и тумачења обавештајних података – који је прилично допринео да премијер према Југославији не води политику у складу са британским интересима па ни са својим сопственим пореклом. Под тим, наиме, подразумевам доказе да је Премијер, не знајући, од пролећа 1943. био наведен да прихвата као стварне извештаје о ситуацији у Југославији који су заправо само репродуковали оно што су објављивали симпатизери југословенског партизанског, од комуниста вођеног покрета. Наиме, већина припадника британске и америчке контраобавештајне службе као и професионалног обавештајног особља била је за време рата уверена да је још на његовом почетку – у време регрутовања додатног особља – дошло до прилично комунистичке инфилтрације тих осетљивих сектора у Лондону као и са друге стране океана.

Основне чињенице о томе прилично су поткрепљене – неке од њих и јавно – у послератном периоду. Међу онима на које се свесно утицало да подрже неки облик комунистичке власти после рата били су и неки професионални војници, и Британци и Американци, који су, по свему судећи не из идеолошких разлога, прихватили искривљене приказе о хероичности и карактерној чврстини совјетских и југословенских комуниста. На сличан начин је и неке друге професионалце привукао фашизам. Али, главно настојање комунистичких симпатизера убачених у Службе било је да се створи херојски мит о Титу, предратном генералном секретару Комунистичке партије Југославије.

Од краја 1942. неки од наших најбољих ''посебних извора'' за обавештајне податке тврдили су да се иза таквог плана налазе троцкисти, у нади да ће после рата успети да створе оно што нису успели у Шпанији: јаку комунистичку власт независну од Москве и способну да замени Москву. Тако су ми и неки познати европски комунисти, избегли од Стаљинових чистки Комунистичке партије, тврдили после Другог светског рата да је Титова независност била плод замисли Ждановљеве фракције у бољшевичкој партији. Упркос већ познатој чињеници да су совјетски агенти током рата продрли у британске службе, немам разлога да верујем да се стварање херојског мита око Тита у британским и америчким службама и новинама током рата одвијало под покровитељством совјетске владе. Напротив, склон сам да прихватим да је то био плод рада неке дисидентске комунистичке групе – можда и без претходног Титовог или Стаљиновог знања.

Окретање британске спољне политике у корист Тита током рата одвијало се пре свега путем комунистичке инфилтрације британске штампе и радија. Много шта је и даље непознаница – пре свега, готово екстреман став иначе полузваничног *Бибисија* у Титову корист. На почетку рата званични медији Комунистичке партије и у Британији и у САД не само да су одушевљено подржавали генерала Михаиловића и његов национални покрет, већ су били и извор већине вести о његовим постигнућима. Тито и партизански покрет тада нису ни помињани.

Но, то званично комунистичко одобравање није обухватало и југословенску краљевску владу, чији је највиши представник у земљи био генерал Михаиловић. У лето 1942, званична линија америчке Комунистичке партије, а неких три месеца потом и британске, нагло се изметнула у све јаче, готово хистеричне нападе на генерала Михаиловића као фашисту, издајника и тлачитеља народа. Целокупан отпор од почетка рата тада је приписан дотад готово непознатом Титу. Гледајући уназад, међутим, иза те изненадне навале пропаганде приметна је и несигурност око тога ко је заправо Тито, и каква је његова веза са комунистичком партијом.

У том периоду је и совјетска влада, иако то није јавно обзнањено, допустила Комунистичкој партији Југославије под Титом да емитује партизанску пропаганду из ''тајне'' станице на совјетској територији. Сви совјетски медији намењени унутрашњој употреби, међутим, наставили су бар до краја 1943. да извештавају о југословенском отпору повољно по генерала Михаиловића, националисте у земљи, и легитимну владу у избеглиштву.

Но крајем 1942, када је Хитлерова претња Британији и Совјетском Савезу прошла врхунац – а много израженије током 1943. и 1944 – многи утицајни британски медији укључујући и *Бибиси*, све су се пристрасније и доследније држали политике сузбијања вести повољних по националисте у Југославији и приписивали све њихове успехе против Немаца Титу и његовим партизанима – чак и оне које су званична британска саопштења приписивала националистима.

Нажалост, и ми у Команди за Средњи исток и Средоземље који смо били свесни комунистичке инфилтрације служби и медија, пропустили смо тада да схватимо њено пуно значење и последице. Свестан сам да сам заједно са многим другима у почетку грешио умањујући утицај и постигнућа националиста у Југославији под упливом наших медија – у мом случају, и упркос знању стеченом захваљујући ''посебним изворима'', о великим тајним дејствима генерала Михаиловића у Југославији околним подручјима Мађарске, Румуније и Бугарске. Но, највише штете нашој објективности нанео је фактор који је постао очигледан при крају 1944: британским и америчким официрима који беху боравили међу националистима ускраћивана је могућност да говоре о свом искуству, док су они из партизанског штаба или међу партизанима не само охрабривани да кажу што желе, већ и да разговарају са савезничким војним особљем и новинарима. Ред на мене дошао је новембра 1944, по повратку из Југославије, када сам – после неколико дана слободних, искрених и веома пријатељских разговора са највишим британским и америчким припадницима Савезничке команде – нагло одсечен од свих контаката, а мој извештај о ситуацији у Југославији ограничен на два примерка, без пропуштања кроз уобичајене канале. У Вашингтону ми је, накратко, било забрањено да говорим без допуштења.

За разлику од чак и данашењег веома ограниченог разумевања успеха комунистичког продора у британске медије за време рата, верујем да је јасно да је на терену током рата комунистичка инфилтрација добила на значају само због тога што је британски војни и цивилни обавештајни и политички кадар био до те мере замењен импровизованим ратним службама попут *SOE*, и што су на терен слати на брзину одабрани аматери. Но, да су од почетка професионални војни кадрови и они у Министарству спољних послова задржани као саветници командантима на терену и премијеру и министру војном у Лондону, системски би било немогуће доношење војних и политичких одлука какве су доношене, мимо прихваћених обавештајних података или у потпуној супротности са њима, па чак и са утврђеном војном политиком.

Да се, наиме, од почетка рата уместо насумце или лоше одабраних официра за везу британска влада сагласила са тадашњом жељом Сједињених Држава и Совјетског Савеза да савезничке мисије у штабу генерала Михаиловића буду састављене од квалификованих професионалних војника, и дипломатског особља предвођеног вишим официрима, то би чинило још једну препреку Черчиловом ослањању на незваничне контакте у Лондону, о чему ћу касније рећи више. То би усто послужило као припрема терена за сарадњу три велика савезника, и претворило неуспеле конференције у Москви и Техерану у чврсту основу за послератну сарадњу савезника.

У почетку, ми на терену смо споро схватали у ком правцу иду размишљања премијера Черчила у погледу Југославије, а нисмо успели да у потпуности схватимо ни колико је он лично умешан у то питање. Али током првих шест месеци 1944, у различитим штабовима – у Каиру, Алжиру и Барију – осетио сам растућу стрепњу међу британским професионалцима и мањим групама Американаца и Француза да су савезници у опасности да добију рат само да би изгубили мир. Навешћу овде зато подужи и детаљан извод из мог извештаја Вашингтону и Америчком одсеку при Савезничком штабу у Алжиру, који сам саставио током боравка у три поменута штаба током маја и јуна 1944:

''Тренутна британска политика у Грчкој настоји да ускрати савезничку подршку Грчком народноослободилачком фронту ЕАМ (*Ethnikon apeleuterotikon metopon*), организованом и предвођеном од комуниста – досад и тренутно главном покрету отпора у Грчкој против сила Осовине (...) Тренутна британска политика у Југославији настоји да пресече све савезничке контакте са националним покретом генерала Михаиловића који се активно супротстављао Немцима (...) и да снажно помогне партизане које су организовали и које воде комунисти, и који помажу ЕАМ у Грчкој, али се не боре против Немаца. Ова очита политичка противречност изазива доста коментара међу британским и америчким официрима и званичницима заокупљеним проблемима Балкана.

(...) Током 1942. (после пропасти великих немачких офанзива на Истоку) британско Министарство спољних послова заузело је став да је у британском интересу да се у послератној Грчкој успостави влада од које се може очекивати да подржава водећу британску улогу у поратној спољној политици и стратегији (...) Пошто је почело немачко повлачење из Северне Африке, даља подршка ЕАМ више није била, у војном смислу, толико важна. Међутим, још неко време непосредно надлежне британске власти сматрале су да је и за грчко јединство и за британске интересе најбоље да се подршка ЕАМ-у настави, а да се у њега убаце одговорне и кооперативне вође грчког јавног мњења. Другим речима, још у пролеће 1943. британска политика настојала је да се створи нека врста владе Народног фронта у Грчкој која би укључивала и комунисте, али са превлашћу конзервативних елемената на које се могло рачунати да ће тесно сарађивати са Британцима.

Покушај да се ЕАМ прошири је пропао, делимично због сумњичавости комуниста, али највише због тога што остале грчке групе нису желеле да се удруже са ЕАМ (...) Непријатељски став Грка и Британаца према ЕАМ-у произлазио је из његових комунистичких веза, прибегавања тероризму (...) и његове неосетљивости на страшне немачке репресалије (...)

(...) Званична британска политика (према Југославији) сада (у јуну 1944) изгледа да се састоји у нападању генерала Михаиловића као сарадника окупатора, пуној војној помоћи и признању партизанског покрета под вођством комуниста и очитој вољности да на неки начин призна тај покрет као фактичку владу у Југославији. Раније је то била линија какву су заступали лондонски *Бибиси*, разне либералне и радикалне групе у Британији и Америци, и поједини британски и амерички официри у сектору Медитерана. Претходна пак (никад примењена) британска политика, које се још држи амерички Стејт Департмент, била је да се војна помоћ пружа свакој групи на Балкану спрам тога колико се она бори противу Немаца.

С тим у вези, треба имати на уму два питања. Најпре, нема никаквих доказа да су виши војни кругови у Лондону, Вашингтону или Алжиру придавали икакав значај војним операцијама на Балкану, нити да су вршили било какав притисак на политичка тела задужена за Балкан (то јест Министарство спољних послова или Стејт Департмент) у циљу повећања војног доприноса разних локалних патриотских група. Напротив, има доказа да је недавно усвојена британска политика према Грчкој више у складу са високом савезничком војном стратегијом него што је то случај са политиком према Југославији. Друго, тврдње југословенских партизана о њиховој снази и доприносу борби против Немаца и немачких комуникација – што је основа за садашње предлоге да им се пружи већа војна, чак и политичка подршка – по свему судећи нису биле подвргнуте никаквој анализи од виших савезничких војних власти, нити су од њих одобрене пре него су их прихватиле особе одговорне за садашњу британску политику. И партизанске тврдње да имају политичку подршку југословенских народа узете су, по свему судећи, здраво за готово, без критичке анализе и одобрења од бар неких британских специјалиста, најкомпетентнијих за њихову процену, или узимања у обзир противних тврдњи југословенских група супротстављених партизанском покрету.

Долепотписани се уверио да су бројни компетентни виши британски официри и званичници у Каиру, Алжиру и Барију потпуно запрепашћени и огорчени садашњом британском политиком према Југославији. Као стручњаци задужени за прикупљање података о том подручју они не налазе основа за прихватање тврдњи партизанског комунистичког вођства. Има их који кажу да је једини могући закључак да садашња политика нема везе са вођењем рата, него да је усмерена на јачање британског положаја на Балкану после њега, посебно у светлу будуће руске политике у том подручју.

Сви ти извори, међутим, сматрају да постојећи подаци не потврђују партизанске тврдње да они представљају већину Срба, Хрвата и Словенаца, већ да указују да партизанско руководство намерава да употреби опрему и оружје које очекује – нарочито тенкове и артиљерију – пре свега да би успоставило контролу над Југославијом после немачког повлачења (...) На крају, они су уверени да се не може рачунати да ће влада створена у случају да партизани освоје Југославију подржавати британску политику на Балкану.

Колико је долепотписани успео да сазна из контаката са британским и америчким званичним изворима, британски заговорници садашње политике нису они који доиста представљају британску војску или Министарство спољних послова. Колико је долепотписани уочио и сазнао, сви они који подржавају овакву политику, и у Британији и у Америци, су људи са мало војничког искуства и неупућени су у политичке проблеме на Балкану пре овог рата. Већина припадника ове групе коју је долепотписани лично срео у Барију, Алжиру и Каиру, су емотивно везани за партизански покрет и, свесно или несвесно, пре свега заинтересовани за његов успех зарад њега самог.

Они не само што прихватају партизанске тврдње као чињенице, већ као да сматрају сваку проверу тих тврдњи ставом недостојним савезничког официра – као што што би се сматрало неисправним да британски или амерички официр одговарајућег ранга доводи у питање америчка или британска званична саопштења о јачини и борбеној спремности војске.

На бази расположивих података и увек имајући на уму курс британске политике према Грчкој, долепотписани верује да је садашња британска политика према Југославији заснована на нетачном увиду у војне и политичке прилике на том подручју, и да ће вероватно довести до последица неповољних по Британију и Сједињене Државе (...) Као и у случају Грчке, британска политика према Југославији успостављена је из војних разлога, али је касније вођена не толико потребама високе савезничке стратегије колико оданошћу неких официра нижих ешалона погрешним идеалима (...) У случају Грчке, подаци указују на намеру да се поратна влада у потпуности контролише, док је Југославији изгледа намењено да послератна влада буде прихватљива и Британији и Совјетском Савезу, али и довољно под британским утицајем да се очувају суштински британски интереси у Средоземљу.

Оваква политика се очито води да би будућа влада Југославије била нека врста народног фронта који ће укључивати комунисте, али не и бити под њиховим доминантним утицајем (...) Подаци такође указују да у случају да се уједињена Југославија под таквим условима не успостави, Британци могу одбацити Србију (препустити је руској контроли) и усредсредити се на пријатељски режим у римокатоличком областима Хрватске, Далмације и Словеније."

Оно што сам напоменуо у овом извештају из јуна 1944 – да Британци могу одлучити да задрже западну Југославију после рата у зони потпуног британског утицаја чувајући прилазе Јадранском мору, а Србију препустити совјетској доминацији – слушао сам непрекидно крајем 1943. и током највећег дела 1944. Гласине су то решење приписивале јаком католичком утицају у британском Министарству спољних послова – као и одређене групе, војне и цивилне, крајем 1944. решене да и после рата очува британске позиције у Средоземљу.

Наиме, та наводна католичка струја у Министарству спољних послова сматрала је да ће се Срби, дође ли генерал Михаиловић после рата на власт, страшно осветити за ужасне покоље православног становништва које су католички екстремисти у усташкој организацији, инспирисани нацистима, извршили почетком рата у западној Југославији. Наводно зарад таквог циља ти, иначе конзервативни елементи у британском Министарству спољних послова, били су наведени да прихвате популарну партизанску пропаганду да је Тито и идеолошки и у својим амбицијама умерен, и да ће прихватити британско вођство у поратном периоду.

Роберт Макдауел

И друга цивилна и војна група такође је 1944. невољно прихватила замисао поделе Југославије на источну зону под превлашћу Совјетског Савеза и западну, или Јадранску зону, под утицајем Британије, као једину могућност за очување британске безбедности на Медитерану и извесног утицаја у Југоисточној Европи. Готово без изузетка ту се радило о људима политички и по савести склоних генералу Михаиловићу и југословенском националном програму, који су нажалост прекасно схватили генералову војну и политичку снагу у земљи. Тако су ми тек новембра 1944. у Казерти ти Британци из Англо-америчког штаба признали да током целог рата њихова Влада није ни покушала да процени кога подржавају и чему се надају југословенски народи. Али, управо су они сматрали да би ваљало да се вратим у Југославију са бригадиром Фицројем Маклејном и направим такву процену, што је спречено наређењима из Лондона и Вашингтона.

Нажалост, они су били и ти који су наставили да сматрају да концепт западне Југославије под контролом Британије не само даје прилику Титу да одбаци своје совјетске и комунистичке везе зарад свога хрватског порекла, већ и да пружа могућност Британцима да одбаце Тита.

У ретроспективи, било да је реч о јединственој или подељеној Југославији, међу највишим британским професионалцима у Савезничком штабу, чак и крајем 1944. била је очита снажна лична подршка ''Јадранском концепту'' као наставку слагања са Черчиловом стратегијом, 1943. одбаченом на Техеранској конференцији. Та замисао, наиме, садржала је план англо-америчке копнене и ваздушне офанзиве са горњег Јадрана ка долини Дунава и одатле до Беча, и поморску и ваздушну офанзиву којом би се Немци потиснули са Егејског мора и из Бугарске, а Црно море отворило за повећање англо-америчке логистичке подршке совјетском напредовању у Источној Европи. При накнадном сагледавању, постаје такође јасно да су стратегија генерала Михаиловића и првобитна Черчилова из 1943. сличне, али да се њихово тактичко извршење по замисли генерала Михаиловића суштински подудара са предлозима планера у Савезничком штабу у Казерти, које је премијер Черчил одбацио крајем 1943. и почетком 1944.

Када се првобитни основни стратешки концепт премијера Черчила подробно проучи разјашњава се и очита противуречност изложена у мом горенаведеном извештају из јуна 1944 – између британске политике према Грчкој и оне према Југославији. Да су англо-америчке операције на Јадрану и Егеју изведене по првобитној замисли премијера Черчила, Немци би се одмах повукли из Грчке да би избегли опкољавање и ојачали одбрану комуникација у Дунавској долини

Југоисточне Европе. У таквим условима, војне могућности комуниста у ЕАМ постале би претња а не предност.

С друге стране, у Југославији би Савезницима били потребни сви припадници помесних покрета отпора, водили их националисти или комунисти, да им штите позадину током напредовања с Јадрана и Егеја.

Уз то, на Техеранској конференцији у почетку подржавајући Черчилову стратегију, Стаљин је с правом истакао да се не слаже са његовим претераним проценама снаге немачких дивизија на Балкану и војног значаја Титових трупа. На несрећу и упркос Стаљиновим опаскама, Черчил је тада већ био потпуно али и погрешно убеђен од својих незваничних саветника у Лондону у многоструке слабости југословенских националиста и велику снагу Титових партизана, каква је представљана у партизанским саопштењима, и потврђивана од комунистичких симпатизера у британским медијима.

Наиме, првобитни исправан основни стратешки концепт премијера Черчила јасно се уочава пажљивим читањем његових ратних мемоара, нарочито тома *Затварање круга* (*Closing the Ring*), који прецизно покрива нама тренутно најважнији период од јуна 1943. до јуна 1944. Наглашавам, међутим, да моји наводи из тог извора додатно проширују и потврђују информације које су ми дали одговорни британски и амерички официри на терену у другој половини 1944, те у Вашингтону непосредно после рата. Укратко, тај првобитни и историјски изузетно важан стратешки концепт премијера Черчила, док га је уобличавао током 1942. и 1943, по свему судећи садржавао је следеће главне тачке, засноване на следећим проценама:

1. Да немачка снага ни у једном погледу није више на врхунцу, и да је немачки пораз неминован уколико три велика Савезника наставе да што више сарађују. Но, при том ваља узети у обзир да би, услед постојећег и углавном неизбежног тактичког распореда снага три савезника, као и немудрог планирања на дужи рок заснованог на дотадашњим договорима, сваки престанак непријатељстава омогућио совјетској војсци да окупира целу Источну, а вероватно и добар део Средње Европе. Премијер Черчил је потпуно оправдано највише страховао од могуће поратне претње Стаљина Југоисточној Европи и њеном стратешки најзначајнијем делу, Југославији.

Јер, та је претња угрожавала не само централну Европу, већ и по Британију изузетно важан пут кроз Медитеран према Средњем истоку и Индији. Черчилу је тај пут био од једнаког животног значаја у завршној фази Другог светског рата као и у почетним фазама Првог светског рата, када је био члан Ратне владе Велике Британије.

2. Ради супротстављања тој Стаљиновој претњи, почетком 1943. премијер Черчил се усредсредио на два циља, оба за њега од изузетног значаја али, бар на први поглед, међусобно неподударна, чак и супротстављена.

Један је био да неутралише непосредну послератну претњу Стаљина Источној и Централној Европи англо-америчком окупацијом макар западне Југославије до долине Дунава, пре него што дотле стигну веће совјетске снаге.

Други циљ, с којим се сагласио и председник Рузвелт, био је да стекне и очува поштовање совјетског руководства чиме би омогућио постепену нормализацију односа између три силе на конструктивној основи, и смањио претњу избијања великог рата у будућности. Овде наглашавам да су професионални војници и из Британије и из других крајева Европе, с којима сам разговарао о првотном његовом концепту, били прилично уверени да би сâма смелост правовременог и глатко изведеног англо-америчког напредовања до Дунава – уз успешну дипломатску подршку – могла осигурати постизање другог Черчиловог циља.

Данас, на основу поратних информација, још сам сигурнији у исправност такве процене. Ево шта сам премијер о томе каже у писму јужноафричком фелдмаршалу Сматсу (*Smuts*), од 5. септембра 1943:

''Мислим да ће Русија после рата неизбежно постати највећа копнена сила на свету (...) Надам се, међутим, да ''братски савез'' британског Комонвелта и Сједињених Држава, и њихових поморских и ваздушних снага, могу допринети добрим односима и пријатељској равнотежи са Русијом, макар у периоду обнове''. (*Затварање круга*, Бостон 1951, стр. 128–129)

3. Уз то, најважнији и најхитнији циљ је, по премијеру Черчилу, захтевао приличну сагласност између три савезничка лидера о три неопходна тактичка потеза англо-америчких снага:

а) Што хитније англо-америчке окупације и коришћења јужне Италије са Напуљом и комплексом аеродрома у Фођи; уздржавање од сваког разматрања даљих офанзивних операција у Италији и стварање јаке одбрамбене линије преко њеног најужег дела; отварање лука и аеродрома јужно од те линије као база за копнена и ваздушна дејства од општег стратешког и локалног тактичког значаја кроз северозападну Југославију у правцу долине Дунава, ради уништења војних индустријских постројења које је Хитлер подигао у средњој Европи;

б) Англо-америчке тактичке операције да би се од Немаца преузела контрола над Егејским морем и тамошњим грчким острвима и успоставиле ваздушне базе

(1) да би се обезбедио и подржао улазак Турске у рат против Бугарске и

(2) отворили Босфор и Дарданели, како би се на совјетске, бугарске и румунске црноморске луке, као и на ушће Дунава, пребацила англо-америчка логистичка подршка главним совјетским дејствима против Немаца из све непогоднијих лука на Арктику и у Персијском заливу;

в) Убрзано повећање делатне англо-америчке помоћи југословенском покрету отпора против Немаца, пре свега преузимањем контроле над Јадранским морем и његовим коришћењем и стварањем копнених и ваздушних база у северним областима Југославије

(1) у циљу стратешког бомбардовања немачких ратних индустријских постројења до којих се не може допрети из Британије или Италије;

(2) ради напредовања, или претње напредовањем ка Бечу;

(3) ради брзог напредовања англо-америчких копнених трупа до Дунава и следственог пресецања главних немачких речних и железничких саобраћајница према Мађарској, Румунији, Бугарској и Југославији, као и кроз те земље.

Из мемоара премијера Черчила јасно је да такве планове заснивао на очекивању сарадње Стаљина и руске армије, и њиховог прихватања овог концепта током Техеранске конференције. И његови мемоари и британски учесници на Конференцији непобитно потврђују да је Рузвелт био први који је говорио у прилог британског концепта, и да се чинило да га Стаљин одобрава под условом да он не успори англо-америчко искрцавање у Француској.

Осим што је довео у питање Черчилове претеране процене о броју немачких дивизија на Балкану и казао да давање помоћи Титовим партизанима није од великог значаја, Стаљин је позитивно говорио о отварању Егејског мора, увођењу Турске у рат, па и о евентуалном премештању три англо-америчке дивизије из Италије у ту сврху.

Но, председник Рузвелт је затим изразио сумњу у постојање довољно бродова за подршку свим предложеним операцијама у предвиђеном времену. Али, како су ми пренели амерички официри који су учествовали на Каирској конференцији одржаној убрзо потом, он је истовремено инсистирао на не одвише важној операцији у Бенгалском заливу, у сектору Пацифика, којом приликом није уопште довођен у питање број расположивих бродова.

Што је још важније, како сам сазнао од компетентних британских, америчких и француских планера за Средоземље, бродови потребни за десант на Француску и за офанзиве на Јадрану и у Егеју могли су се обезбедити на време уз сасвим мало одлагање одређених подухвата на Пацифику од знатно мањег стратешког значаја. Тврдње неких да снаге на располагању за Медитеран и Средњи исток нису биле довољно добре, ни довољно бројне, порекнуте су током рата и после њега званичним документима.

На несрећу, међутим, изненадни заокрет у Техерану у ставу председника Рузвелта је, по свему судећи, навео Стаљина да инсистира да се у области Средоземља не предузима ништа што би успорило или ослабило англо-америчко искрцавање у северној Француској.

Сматрам и да треба рећи да је промена у ставу и акценту Рузвелта у Техерану изменила, а можда и поништила, почетни дух узајамног излажења у сусрет који је обележио састанак три највећа лидера. О томе ће бити више речи о поглављу о Рузвелтовој политици.

Претходна разматрања поткрепићу и наводима из самих Черчилових мемоара о првом састанку на Техеранској конференцији, уз британске, америчке и совјетске погледе на то какве треба да буду следеће акције против Хитлерове Немачке. Што се британске позиције тиче, господин Черчил вели следеће:

''Објаснио сам (пошто су говорили Рузвелт и Стаљин) да нисмо размишљали да зађемо у шири део Италије (то јест да покренемо већу офанзиву у Италији), а још мање да извршимо инвазију Немачке преко Алпа''.

(Постоји) ''могућност да се отвори трећи фронт као допуна операцији преко Ламанша, али не као замена за њу (...) Једна од могућности је улазак у јужну Француску, а друга, коју је предложио председник Рузвелт (у уводним напоменама на првом састанку) да се са севера Јадрана крене североисточно према Дунаву (...) Сигурно би било корисно да се Титу помогне залихама и герилским деловањем, али то не би ангажовало велики број непријатељских трупа. (Ово невероватно и важно послератно признање Черчила стално се превиђа. Наиме, оно поништава његову сопствену изјаву на другој пленарној седници Техеранске конференције да ''партизани задржавају барем двадесет једну немачку дивизију'' /Closing the Ring, стр. 367/)

''То нас доводи до највећег проблема (...) наиме, како да наведемо Турску да уђе у рат и отворимо комуникације кроз Егејско море ка Дарданелима и потом ка Црном мору (...) Када бисмо имали приступ црноморским лукама, конвоји (за помоћ Русима) би могли стизати стално. Сада се морамо ограничити на четири конвоја (годишње) северним (то јест арктичким) путем (...) али, када Дарданели буду отворени, пратећи бродови који су већ на Медитерану обезбеђиваће константан прилив залиха у совјетске луке на Црном мору''.

На овом месту, међутим, и управо када је Черчил заустио да пита Стаљина како гледа на његов стратешки концепт ''Председник ме је подсетио на даљи пројекат (осим оног у Егејском подсектору) о кретању ка северном Јадрану а потом у правцу североистока ка Дунаву. Сагласио сам се и рекао (...) да бисмо онда могли да фронт у Италији одржавамо минималним снагама а да осталим снагама ударимо или у јужној Француској – или , како је Председник предложио, од горњег Јадрана ка североистоку''. (Closing the Ring, стр. 352–53)

Ово троструко помињање Рузвелтове заинтересованости за пројекат Јадран-Дунав треба наиме посматрати заједно са Рузвелтовим ширим опаскама које је, пре свих осталих, изнео на првом пленарном састанку Техеранске конференције 28. новембра. Том приликом, пише Черчил, председник Рузвелт је:

''објаснио да су десантни бродови ограничавајући фактор у свим искрцавањима и да бисмо морали, ако се одлучимо на велики подухват на Медитерану, сасвим напустити операцију преко Ламанша. Одлучимо ли се, међутим, за операцију мањих размера на Средоземљу, искрцавање у Француској би се одложило за један или два, а највише три месеца''. (Исто, стр. 349)

Ова изјава појачала је Стаљинове првобитне сумње у погледу англо-америчке спремности да се уништи Хитлерова база унутар Немачке, и сумње Британаца да постоји неки приватни договор између Стаљина и Рузвелта. Стаљин је потом инсистирао само на англо-америчкој операцији *Оверлорд* (то јест искрцавању у западној Европи), уз мања дејства у јужној Француској. Председник Рузвелт је тада одустао од својих ранијих предлога о главним англо-америчким војним подухватима у сектору Медитерана и Јадрана.

Мемоари премијера Черчила, као и друге послератне британске публикације, откривају дубоко огорчење на растућу неспремност Американаца да после Техеранске конференције подрже британски стратешки концепт за Југоисточну Европу. У одељку о америчкој политици показаћу да се одговорност за то мора приписати Рузвелту, неким његовим блиским војним и личним саветницима и делу америчке штампе.

Упркос томе, међутим, на основу тврдњи врло одговорних британских официра у ратном периоду и развоја догађаја после рата, уверен сам да ће историја бити врло критична према господину Черчилу и да ће га сматрати непосредно виним због инсистирања на тактичкој примени његовог иначе одличног стратешког концепта, нажалост незаснованој на обавештајним подацима и препорукама његових команданата на терену.

Сада бих размотрио те тактичке чиниоце и информације на којима се заснивају, а које су очито утицале на премијера Черчила да одабере погрешну тактику према Југославији.

Пре свега, један фактор је апсолутно несумњив: Премијер је своје тактичке закључке и њихову примену засновао на подацима који не само да су били неодговарајући него и потпуно погрешни. Али, тај се посебни чинилац, када се мало боље загледа, открива као врло сложен. Што је за мене при том најважније нису, међутим, погрешне информације и погрешни савети на основу којих је делао, већ то да због незаинтересованости, неразумевања, прекида у протоку обавештајних података или њиховог намерног прикривања, права слика о догађајима у Југославији није ни стигла до Премијера.

Ток догађаја у Југославији био би наиме готово извесно сасвим другачији да је он на време сазнао за само три скупа чврсто доказаних чињеница:

Прво, да совјетско руководство није имало поверења у Тита и да није хтело да га подржи због његовог флагрантног одбијања, још од самог почетка рата, да слуша стална и категоричка наређења Москве да за време рата остави по страни сва идеолошка питања, и да се искључиво посвети поразу Немачке, те да у том циљу у потпуности сарађује са легитимном југословенском владом;

Друго, да је совјетско руководство знало да је генерал Михаиловић најбоље квалификован да предводи борбу против Немаца, да ужива заслужен углед напредног човека, да је велики заговорник уједињења Југоисточне Европе у неком облику, и изузетан војник у потпуности свестан важности герилског ратовања, и

Треће, да је совјетско вођство притискало Британце да се сагласе са слањем совјетске војне мисије у штаб генерала Михаиловића. Из ратних контаката са вишим британским официрима на Средњем истоку и Средоземљу добио сам прецизна сазнања да је то било познато Команди на терену када је премијер Черчил још могао своје замисли тактички формулисати тако да их подрже и САД и Совјетски Савез.

Како је онда било могуће да се премијер Черчил толико изолује од својих званичних саветника и пропусти да уважи чињенице и своју тактику прилагоди њима? Због њиховог значаја, понављам кључне елементе из мог већ наведеног извештаја из јуна 1944:

''Нема никаквих доказа да су виши војни кругови (...) придали икакав значај војним операцијама на Балкану (...) Партизанске тврдње (...) нису подвргаване критичкој анализи виших савезничких војних власти (...) пре него што би их одговорни за садашњу британску политику (чест еуфемизам за премијера Черчила) прихватали''.

Ваља размотрити и остале чиниоце:

– стварну обавештајну основу и тактичка разматрања на које се премијер Черчил по свему судећи ослањао у својој погрешној одлуци да напусти генерала Михаиловића и пружи потпуну подршку Титу – и везу, ако постоји, између тих одлука и његовог првобитног и исправног стратешког концепта.

Прво, стога – што је од највећег значаја – морам нагласити да нисам нашао ништа у изворном материјалу што би указивало да је премијер Черчил делао на основу званичних обавештајних података или савета својих одговорних команданата у секторима Медитерана и Средњег истока при примени погрешне тактике и доношењу погрешних политичких одлука везаних за његов стратешки концепт. То се, наиме, догодило упркос томе што је са тим својим командантима у том периоду био у незваничној преписци и слао им делиће погрешних информација до којих је у Лондону долазио из непознатих извора. Ту се, наравно, ради и о специјалној мисији бригадира Фицроја Маклејна у Барију која је – независно од штабова на терену – била надлежна да премијера обавештава о југословенским питањима и саветује га шта треба предузети.

Мемоари, по мом мишљењу, у потпуности откривају улогу те мисије у његовом саветовању. Но, он је сâм ту мисију одвојио од штабова на терену, тако да ниједна од две групе саветника на терену није на вишем нивоу била упозната са закључцима и коментарима друге стране, још мање с намерама премијера Черчила.

Такође морам истаћи да, по оцени надлежног вишег британског особља, после Черчилове одлуке да подржи Титове партизане шеф те мисије, бригадир Фицрој Маклејн, иако премијеров близак пријатељ, није имао готово никаквог утицаја на његову будућу политику. Уместо тога, у утврђивању и примени политике према Југославији господин Черчил, како се може видети и из његових мемоара, све више се ослањао на неке друге непознате – и, наравно, незваничне – саветнике у Лондону.

При том, Черчилове речи из саме књиге добро илуструју ово што сам рекао. Свака његова послератна изјава треба да послужи као доказ који поткрепљује његове погледе, али ни на једном месту извор његових доказа није нити именован нити одређен. Закључци које премијер доноси, као и одређене изјаве о наводним чињеницама, не само да су у супротности с британским и америчким обавештајним подацима о партизанским операцијама из времена рата, већ и са немачким обавештајним подацима, као и са сведочењима из поратних написа Владимира Дедијера, званичног Титовог биографа из ратног периода, и Фицроја Маклејна, кога је премијер лично одабрао за извршиоца своје политике сарадње са Титом.

Пишући о почетним годинама рата Черчил каже:

''Број Титових партизана (...) брзо је растао (...) Ускоро су почели да задају велике губитке Немцима и освојили велика подручја'':

Пишући о 1943. години, даље каже:

''Југословенски покрет против сила Осовине (партизани) (...) ангажовао је око тридесет три непријатељске дивизије'' (...) ''Они који су задржавали непријатељске снаге нису били четници (националне снаге), већ добро организовани партизани".

У два приватна писма генералу Александеру (*Alexander*), вишем британском команданту за Медитеран, од 7. и 22. јула 1943. Черчил каже:

"Претпостављам да сте читали о недавним тешким борбама у Југославији (...) Уколико бисмо могли да стекнемо контролу над улазом у Јадран (...) читав западни Балкан би планyo, с далекосежним последицама (...) Шаљем вам преко једног официра потпун извештај о задивљујућем отпору Титових партизанских следбеника (...) Велики успеси леже у правцу Балкана".

У изводу из приватног писма пензионисаном генералу Сматсу од 3. септембра 1943. године Черчил наводи:

"Увек сам жарко желео да уђемо на Балкан, где се већ одиграва много тога значајног (...) Цео Балкан је у пламену (...) Лако је могуће да ће Немци бити принуђени да се повуку на Саву и Дунав".

Черчил овако пише о ситуацији у септембру 1943, после италијанске капитулације:

"Југословенска партизанска војска, која сада броји око две стотине хиљада људи, (...) води велике борбе са Немцима".

Пишући о јесени 1943. године, каже:

"Партизани су несумњиво постали водећи елемент отпора у Југославији".

У меморандуму упућеном Генералштабу у Лондону, у новембру 1943, овако пише о комунистичким снагама у Југославији и Албанији:

"Те герилске снаге задржавају онолико (немачких) дивизија колико британске и америчке заједно (на Медитерану)".

Децембра 1943, Премијер са одобравањем наводи изјаву господина Стивенсона из Министарства спољних послова:

''Партизани ће доћи на власт у Југославији. За нас су они од таквог војног значаја да их морамо у потпуности подржати, подређујући политичка питања војним''.

У писму министру спољних послова Идну, децембра 1943, Черчил наводи:

''Убедили су ме аргументи људи које познајем и којима верујем, да је Михаиловић омча око врата малога (југословенског) Краља''.

У фебруару 1944, Премијер пише:

''Веома вешто вођени (...) партизани су истовремено неухватљиви и смртоносни (...) Не само Хрвати и Словенци, већ и велики број Срба, придружили су се маршалу Титу, и он у овом тренутку има више од четврт милиона људи... организованих у приличан број дивизија и корпуса''. (Исто, стр. 462, 464, 128–29, 466, 330, 468,470, 475)

Ти погледи премијера Черчила – које износи у својим мемоарима да би оправдао политику одбацивања легитимног националног отпора у корист огромне војне и политичке подршке Титу – могу се упоредити са званичним доказима укратко изложеним у поглављу о операцијама Титових партизана о њиховим могућностима и дејствима током рата. У вези с тим, такође би било корисно прочитати и шта је о Титу написао бригадир Фицрој Маклејн у својој књизи *Јеретик*. Важно је при том имати на уму да је током рата Черчил био не само премијер већ и министар војни. Осим тога, он је у Првом светском рату у Ратном кабинету био надлежан за поморска војна питања, а између два рата одржавао је веома блиске односе са важним професионалним и политичким званичницима у Војсци и Министарству спољних послова. Зато је изузетно добро, можда као нико други, познавао не само њихове ставове већ и њихов уобичајени начин изражавања, нарочито у званичним документима.

Да је у својим мемоарима у циљу оправдавања веома контроверзне промене своје политике описивао партизанске ратне операције на основу званичних докумената, свакако би цитирао и своје изворе или би своја сећања макар делимично изложио званичним речником. У мемоарима он често по имену помиње бригадира Маклејна или капетана, касније пуковника, Дикина, своје блиске пријатеље и саветнике за Југославију. Да су сазнања која помиње потекла од њих, логично би било да то и напомене. Током и непосредно после рата у круговима британске војске и Министарства спољних послова шириле су се зато непоткрепљене приче да је Премијер – и у Лондону и на терену током рата – нехотице потпао под утицај комуниста и појединих њихових симпатизера, који су га навели да подржи Тита и његов партизански покрет.

Принуђен сам, с великим жаљењем, да прихватим те претпоставке као истину.

У мемоарима, Премијер у почетку као да приписује своју процену ситуације у Југославији 1943. године двојици горепоменутих британских официра. Фицрој Маклејн, Черчилов колега у Доњем дому, постао је бригадир и шеф британске мисије при Титовом Главном штабу, а Ф.Е. Дикин био је млади дипломац универзитета Оксфорд који је пет година пре рата био Черчилов књижевни секретар, а после рата један од уредника *Мемоара*. Током рата, као млади штапски официр у Каиру и касније, као члан прве британске мисије код Тита, напредовао је изузетно брзо и од капетана постао пуковник, добивши главно британско војно одликовање, Орден за изузетну службу. У свом првом личном писму Титу 8. јануара 1944, премијер пише:

''Од мајора Дикина, мога пријатеља, сазнао сам за ваше херојске успехе (...) Бригадир Маклејн је такође мој пријатељ и колега из Доњег дома''.

Негде у то исто време премијер је у Доњем дому изјавио:

''Из извештаја пуковника Дикина добили смо живу слику целокупне борбе (у Југославији) и њеним протагонистима''. (Исто, стр. 470–1, 476)

У својој поратној студији о Титу бригадир Маклејн пише о тада капетану Дикину:

''Тек у пролеће 1943. прве сумње увукле су се у главе одговорних за британску политику (уобичајени еуфемизам за премијера у ратно време) – сумње у погледу поузданости информација о Југославији које су добијали (...) Те сумње јавиле су се најпре у глави капетана Ф.В. Дикина (...) Он је закључио да су постигнућа четника (неодређени термин за југословенске националне снаге, укључујући и неке сасвим независне од генерала Михаиловића) вероватно у великој мери претерана, и да војни значај партизана заслужује да бар буде испитан. Његове идеје нису биле добро примљене ни у Лондону ни у Каиру. Дикин је, међутим, био упоран''. (*The Heretic*, стр. 192–93)

Черчил у *Мемоарима* овако пише о првим контактима британске владе са Титом:

''Маја 1943 (...) одлучено је да се пошаљу мале групе британских официра и подофицира које ће успоставити везу са југословенским партизанима (...) Крајем тог месеца (маја) капетан Дикин (...) спуштен је падобраном да би успоставио мисију код Тита (...) До јуна је прикупљено довољно чињеница (...) Крајем тог месеца (то је још јун) своју пажњу сам усмерио на остваривање најбољег учинка при пружању отпора силама Осовине у Југославији. Затраживши све податке председавао сам састанку Генералштаба у Даунинг стриту 23. јуна. У току расправе истакао сам велики значај пружања сваке могуће помоћи југословенском покрету отпора против сила Осовине (партизанима) који је у том подручју ангажовао око тридесет три непријатељске дивизије." (*Closing the Ring*, стр. 463–64)

На основу ових података које је сам Черчил изнео не могу а да не закључим следеће:

1) С обзиром да је прва мала британска мисија код Тита стигла тек ''на крају'' маја, физички је било немогуће прикупити ''довољно чињеница'' из тог извора ''до јуна''.

Из ког извора је онда премијер Черчил добио информације које је изнео 23. јуна, да партизани ''ангажују око тридесет три непријатељске дивизије'' у неком делу Југославије? Од кога је затражио ''све податке'' које очито није било проблема добити? Како се они слажу са нашим званичним обавештајним подацима са терена, о размештају партизанских и немачких снага, и са поратном изјавом бригадира Маклејна да су у лето 1943. Тито и његов штаб ''на рубу уништења'' бежали кроз Црну Гору, размишљајући да се повуку још јужније или источније, према Албанији или Бугарској? (''Његова /Титова/ намера била је да иде даље на југоисток, у област Косова, на граници Србије и Македоније'', Фицрој Маклејн, исто, стр. 179)

Нико упућен у већ постојећа сазнања о локацији главнине партизанских снага у односу на концентрацију немачке војске у том периоду рата не може да поверује да је иједан британски официр код партизана у то време могао да шаље такве извештаје. Такође је очито да би било физички немогуће неколицини млађих официра – недовољно обучених добровољаца с мало знања о Југославији – да прикупе све потребне податке, а још мање да процене свеукупне могућности партизана бежећи са партизанским Врховним штабом кроз кршевите планине Црне Горе, стотинама километара удаљене од свих познатих локација главнине немачких снага и важних немачких циљева.

2) И садржај и формулације података предочених какви су, наводно, стигли у Генералштаб или Ратну канцеларију у Лондону искључују могућност

да су ти подаци потекли од Високе команде на терену или њених обавештајаца. Напротив, наши обавештајни подаци из тог извора у то време показују да је главнина партизанских снага, и пре и после бекства кроз Црну Гору, нападала искључиво националне снаге западних Срба, потом се опорављајући док се скривала по планинама западне Босне.

3) Мора се стога закључити да су информације за које премијер Черчил наводи да су добијене јуна и јула 1943 – на основу којих је одлучио, макар емотивно, да подржи Тита а не генерала Михаиловића и његове снаге – стигле од непознатих и незваничних извора у Лондону или са терена, а које господин Черчил не открива.

У светлу ових доказа не могу а да не закључим да су у пролеће и лето 1943, прикривени комунистички или прокомунистички елементи, највероватније у Лондону, задобили његово поверење и обмањивали га искривљеним или нетачним информацијама. Такав развој догађаја додатно је потврђен извештајима неколико неискусних британских официра послатих у Титов штаб. Неки послератни британски извори сугерисали су ми да се господин Черчил, током писања *Мемоара*, збунио око различитих извора који су утицали на његове тешке и одговорне одлуке током рата.

Желим, такође, јасно да кажем да ни у једном тренутку нисам добио никакве наговештаје о евентуалним комунистичким наклоностима бригадира Маклејна или пуковника Дикина. Одговорни британски официри у које имам потпуно поверење описали су ми Дикина као младог идеалисту, а Маклејна као конзервативца и оданог Черчиловог пријатеља. Обојица су се очито дивили Титовој несумњиво снажној личности какву је предочавао странцима. Осим тога, оба ова британских војника су веровала – као што сам и ја, а изнад свега генерал Михаиловић – да народи Југославије заслужују далекосежне друштвене, економске и политичке реформе после рата, каквих у међуратном периоду није било одвише.

Склон сам, усто, и да верујем да би ова два официра – да су била послата на дуже у штаб генерала Михаиловића, Черчилу послала извештаје који би били у складу са оним што сам написао у извештају Савезничком главном штабу, у новембру 1944.

С том мишљу на уму предложио сам да се бригадир Маклејн и ја вратимо у Југославију и да заједно и непосредно истражимо ситуацију у целој Југославији што, међутим, није прихваћено.

Роберт Макдауел

Бригадир Маклејн, наиме, стигао је први пут у Титов штаб септембра 1943, а вратио се у Каиро почетком новембра исте године. Током тог кратког периода – углавном у октобру – припремио је званичан извештај којим је препоручио напуштање генерала Михаиловића и усмеравање све помоћи Титу. Упућени британски официри на терену, с којима сам разговарао о том извештају, описали су га као накнадни покушај одређених кругова – у Војсци или Министарству спољних послова – да искористе ту мисију за образлагање и озваничење Черчилових, већ донетих, личних закључака у погледу Југославије.

Представљање партизанских способности у Маклејновом извештају, као и њихових достигнућа и циљева, засновано је углавном на оном што су аутору говориле партизанске вође у Титовом штабу крајем септембра и током октобра. То је, наиме, онај кратки период у време или непосредно после италијанске капитулације, и тада безмало ничим ометаног партизанског ширења по западној Југославији – пре свега Далмацији – и пре него што су, убрзо потом немачке снаге и њихови локални сарадници, окупирали то подручје.

Наиме, пред њиховим напредовањем Тито је током зиме 1943–44 повукао своју главнину у релативно безбедне, голетне и стратешки неважне планине између Босанског Петровца у цетралној Босни и Фоче, у правцу југа и црногорске границе. Како сам истакао у поглављу о Титовим дејствима, то је била област у којој се главнина партизанских снага налазила још од Титовог повлачења из Србије, крајем 1941.

Пошто је крајем новембра припремио свој извештај у Каиру, бригадир Маклејн је накратко опет послат у партизански Врховни штаб, а потом се са капетаном Дикином поново вратио у Каиро децембра 1943, да би се срео са Черчилом по његовом повратку из Техерана. Маклејн се још једном обрео у Титовом штабу као шеф англо-америчке мисије тек крајем јануара или почетком фебруара 1944, непосредно пред долазак прве совјетске мисије код Тита. Што је овде, међутим, важно имати на уму јесте да је овај његов званични извештај о партизанским способностима био припремљен током кратког и изузетног периода непосредно после италијанске предаје, када би сваки страни официр ограничен боравком у партизанском Штабу готово неизбежно стекао утисак о великој партизанској снази.

Године 1944, проценио сам тако да су у том кратком периоду партизани имали ''до сто хиљада људи'', našta су ми неки – и амерички и британски официри – замерили да претерујем. Но, сви смо били сагласни да је до повећања њиховог броја, без обзира на цифре, делом настало због прихватања хрватских елемената у партизански покрет а делом што су Југословени и домаће становништво страног порекла – до тада на страни Немаца или Италијана – настојали да склоне или прикрију код Тита, у покрету прихваћеном као савезнички.

Уз то, Маклејнов извештај из октобра 1943. унеколико понавља нападе на Михаиловића и подршку Титу уобичајене у тадашњој британској штампи, мада је суздржанији и више се бави основним чиниоцима. Његов главни закључак је да Тито сада располаже делотворном војном силом каква је потребна Британији и која ће га свакако довести на власт у Југославији после рата. Маклејн је навео да је у интересу Британије да му пружи потпуну подршку и напусти генерала Михаиловића, иако је Тито несумњиво комуниста а његов партизански покрет под комунистичком контролом. Бригадир идентификује суштински интерес Премијера изјављујући да ће британска подршка Титу ''у приличној мери допринети нашој позицији на Балкану после рата''.

У том октобарском извештају сачињеном после кратког боравка у партизанском Врховном штабу, бригадир Маклејн овако процењује прилике:

''Партизански покрет (...) сада доминира у већем делу Југославије и има војску од око двадесет шест дивизија и ефикасан политички и административни систем''.

Он усто процењује да покрет броји око 220.000 људи – то, претпостављам, чинећи на основу онога што су му рекли домаћини. Његова процена немачких снага на ''око четрнаест дивизија'' прилично је тачна, али само ако се узме у обзир цела Југославија.

Извештај такође открива да он, или његови домаћини, не разуме основне немачке циљеве у Југославији. Он каже:

''Немајући довољно трупа да у потпуности окупирају земљу, они (Немци) су морали да се ограниче на поседање већих градова и очувања комуникација између њих''.

Но, то је важило само за мање немачке снаге у западној Југославији, где су партизани једино и били концентрисани, и где је једини циљ Немаца био да успоре могуће англо-америчко искрцавање из Италије. Те немачке трупе биле су стациониране по већим градовима пошто је тако било безбедније и згодније за њихово снабдевање, своја дејства ограничавајући на заштиту саобраћајница, уз уобичајене и рутинске акције ''чишћења'' подручја изван градова, не би ли се спречило стварање отпора већих размера.

Од својих партизанских контаката бригадир Маклејн међутим очито ништа није чуо о сталним борбама у источној Југославији, између националиста и главних немачких снага дуж најважнијих немачких линија комуникација – што смо ми на терену знали из извештаја националиста и на основу немачких саопштења.

Ипак, Маклејн је у својој процени партизанског војног потенцијала у извештају суздржан:

''Када би били снабдевени довољном количином оружја и остале опреме, непријатности које би нанели Немцима биле би знатно веће, и сасвим је могуће да би их временом партизани принудили да се у потпуности повуку из земље''.

Али, тај нагласак на довољној количини оружја и опреме коју је захтевао Тито јесте управо оно што је он безуспешно и упорно захтевао од Москве, а што је умногоме превазилазило потребе герилског ратовања. Општи тон Маклејновог извештаја из октобра 1943, међутим, по умерености, чак суздржаности а можда и скептицизму – не само кад је реч о Титовим могућностима већ и његовим намерама, а нарочито када се упореди са тоном који Черчил користи у својим *Мемоарима* – у великој мери се подудара са разним извештајима из рата и непосредно после њега.

Овде бих при том истакао и закључак бригадира Маклејна да ће:

''догађаји показати совјетске намере према Југославији. Много шта ће зависити и од Тита и од тога да ли он себе и даље види у својој некадашњој улози агента Коминтерне, или као могућег владара независне југословенске државе''.

С обзиром на меру и разноврсност неподударности између тона и размишљања премијера, и суздржаности његовог главног саветника за Југославију када је реч о Титу и његовом покрету, принуђен сам да прихватим извесне непотврђене извештаје као највероватније тачне: наиме, да је током 1943, а нарочито преко контаката у Лондону, господин Черчил потпао под утицај непознатих и сасвим незваничних личних саветника који су га на неки начин обманули, навевши га да напусти легитимну југословенску владу и национални покрет генерала Михаиловића, и пружи широку и одлучујућу англо-америчку подршку комунистичком ''слободном стрелцу'' Титу.

Ваља, усто, имати на уму, да је послератна књига бригадира Маклејна о Титу под насловом *Јеретик: живот и доба Јосипа Броза-Тита* (*The Heretic: The Life and Times of Josip Broz – Tito*) објављена 1957. Мада закључцима заснована углавном на југословенским комунистичким и поратним прокомунистичким приватним изворима и прожета отвореним дивљењем за Тита као личност, ту књигу видим као поштено и промишљено, иако некад погрешно просуђивање на основу целокупности података с којима се аутор сусрео током и после рата. Стога сам се у овој студији толико и ослањао на Маклејново дело.

Своје закључке, међутим, о партизанском доприносу у рату ја пре свега заснивам на чињеничном материјалу и проценама британских војних и цивилних обавештајаца с којима сам имао част да радим између 1942. и 1944. То сам комбиновао са сопственим увидима о Југославији крајем лета и почетком јесени 1944, што је у великој мери било потврђено током једног послератног викенда – углавном посвећеног разговорима о Југославији и Југоисточној Европи – који сам провео с генералом Вилијемом Донованом, шефом наше тајне обавештајне службе, Уреда за стратешке задатке (*OSS*).

На много начина увиди бригадира Маклејна поклапају се са тим другим изворима, а знатне разлике очитују се само када је реч о партизанској снази и војној ефикасности, те суштинском питању њиховог размештаја у Југославији, у шта бригадир није имао ни прилике ни времена да се лично увери.

У својој књизи, бригадир Маклејн овако понавља суштину свог извештаја из новембра 1943:

"Већ (то јест до октобра 1943) било је јасно да ће Тито и његови следбеници на крају загосподарити Југославијом (...) Није било сумње да ће, по завршетку рата, они играти одлучујућу улогу у југословенским пословима. С друге стране, они су били крајње ефикасна војна снага (...) То је била суштина извештаја које је слала британска војна мисија, на основу чега је и одлучено да се сва могућа помоћ пружи партизанима".

Нигде, наиме, у овој књизи нисам наишао ни наговештај да бригадир Маклејн сматра Тита у успону на власт идеалистом или родољубом, подстакнутим "пламтећом љубављу према отаџбини", како га погрешно описује премијер Черчил – а што је вероватно сазнао од својих приватних извора у Лондону. С друге стране, дуго су ме интригирале речи Лоренса од Арабије, које је Маклејн навео и у свом првом извештају и у књизи: "Провинцију смо освојили када смо научили њене цивиле да гину за *наш* идеал слободе. ***Присуство или одсуство непријатеља било је од другоразредне важности***'' (подвлачење аутора). Да ли је Маклејн хтео рећи да су партизанске офанзиве – ''освајања провинције'' – биле управљене не на немачке окупационе снаге већ на преобраћање становништва Југославије у Титову идеологију? Јер, сви наши обавештајни подаци потврђују да је Титу ''присуство или одсуство непријатеља било од другоразредне важности'', у поређењу са очувањем његових комунистичких кадрова.

Овај закључак потврђује често и изненађујуће директно сâм Маклејн у својој књизи. Цитирајући Тита и Ранковића, главног Титовог помоћника, он признаје да су при нападу непријатеља партизани увек настојали да ''главнину снага што је брже могуће пребаце у други део земље'', сматрајући да је у свим условима за њих најважније да очувају политичке кадрове својих јединица. (*Јеретик*, стр. 166, 188. Погледати део књиге који се бави партизанским деловањем.)

Бригадир Маклејн отворено признаје да су у пролеће и лето 1943. партизани били толико слаби да је мало недостајало да буду и потпуно уништени. А то је управо период за који господин Черчил тврди да је време њиховог огромног успеха. Пишући, наиме, о првом доласку капетана Дикина у Титов штаб крајем маја 1943, Маклејн каже:

''Провео је следећи месец-два (јун и јул) пешачећи кроз црногорске планине са прогоњеним партизанима''. (Исто, стр. 193)

Ту су најбољи партизански кадрови и сâм Тито били географски и тактички онолико удаљени од свих снажнијих немачких трупа у оквиру Југославије колико им је то физички било могуће.

''Током Четврте и Пете (непријатељске) офанзиве (фебруар-јун 1943) главнина партизанских снага је много пута једва избегла уништење'' (Исто, стр. 193), пише бригадир Маклејн, додајући да је потом Тито утврдио да неће више груписати јаче снаге против Немаца, те да оне треба да буду разбијене у мање формације. То је период (пролеће и лето 1943) који и Маклејн и Дедијер помињу као време када се Тито осетио тако слабим да је био спреман да напусти своја прибежишта у западној Југославији и склони се у правцу југа, ближе групама албанских и бугарских комуниста. Тог септембра међутим, с доласком Маклејна и после британских обећања о слању велике помоћи, како Маклејн пише:

''после свега кроз шта су прошли и пропатили, партизани и њихов вођа су тог бурног лета 1943. могли с новом надом очекивати боља времена''.

Очито пишући о периоду после италијанске капитулације у септембру, бригадир Маклејн бележи:

''Да су постигли много, било је несумњиво. Тито је имао, *како је тврдио* (подвукао Макдауел), ефикасну герилску силу од око 150.000 људи''.

Насупрот тој процени из септембра, на једном другом месту Маклејн аутор каже да је у рано пролеће 1943:

''главна ударна снага'' партизана била ''мање од двадесет хиљада'' људи.

Повећање у септембру, наравно, било је резултат италијанске предаје англо-америчким снагама, када је Тито добио прилику да преузме сву опрему Италијана у њиховој окупационој зони. Према Маклејну:

''они су запленили залихе, оружје и опрему десет италијанских дивизија. Не само да су наоружали постојеће снаге, већ су могли наоружати и велики број придошлица (...) (Партизанске) снаге одједном су добиле на војној снази, што је не само увећало могућност њиховог отпора Немцима, већ по свему судећи и на дужу стазу имало одлучујуће утицати на исход борбе за власт унутар Југославије''. (Исто, стр. 181–82, 200)

За ову студију, међутим, од највеће важности је ово признање најближег званичног саветника премијера Черчила за питања Југославије: да је унутрашња борба између партизана и националиста одлучена у корист првих тек после, и највероватније као последица, британске интервенције у корист Тита у време италијанске капитулације, крајем лета и почетком јесени 1943. Иако је то тада званично порицано, виши британски официри су ме 1944. уверавали да су извесни званични британски кругови у штабу у Каиру радили на томе да осигурају италијанску предају партизанима без отпора, док су друге италијанске јединице охрабриване да пруже отпор, уколико националистичке снаге покушају да преузму њихово оружје и залихе.

Горњи навод бригадира Маклејна о ономе што је одлучујуће утицало на исход грађанског рата између националиста и партизана све је више појачавало утисак који сам имао припремајући ову студију: могуће је да је за Премијера, када је

1943. наведен да прихвати пропаганду о војној снази партизана, та снага била од значаја не због доприноса немачком поразу – како је јавно тврђено – него што је могла да послужи заштити британских интереса у Источном Медитерану после рата. Уосталом, на такву могућност указују и два фактора која су 1943. постала очигледна бар неким припадницима британског Министарства спољних послова и обавештајних служби.

Први је био да је Тито потпао под утицај дисидентских комунистичких елемената, и сâм тако поставши могући дисидент кога после рата Британци могу искористити (што са ЕАМ у Грчкој није било могуће).

Други је био документована, растућа решеност југословенских националиста у земљи и ван ње – као последица чињенице да главни Савезници нису подржали, ни како треба признали велики национални устанак 1941, ни њихове отворене или диверзантске офанзиве против Немаца 1942 – да после рата створе неку врсту федерације или конфедерације у Југоисточној Европи, која би била у пријатељским односима са свим великим силама, одбијајући да служи појединачним интересима било које од њих.

Програм националних снага, очито, не би користио ономе што је Черчил сматрао британским послератним интересима.

У вези са проценама партизанске војне снаге у Черчиловим *Мемоарима* и Маклејновом *Јеретику* желео бих зато да истакнем – ради поштеног односа према њима двојици као и другим коментаторима – да су партизанска саопштења са описима њихових ''битака'' против ''јаких'' немачких снага могла лако завести сваког осим професионалних обавештајних аналитичара. Јер, у рутинским акцијама ''чишћења'' изван градова које су немачке окупационе снаге изводиле по Источној Европи и западном делу совјетске Русије, обично су учествовали поједини немачки батаљони из састава неколико дивизија, расути по великом простору, уз знатно јаче локалне квислиншке снаге под немачком командом.

Описујући те акције, уобичајена партизанска пракса била је да саопштења формулишу тако да неупућен читалац стекне утисак да су у сукобу учествовале читаве немачке дивизије. Но, немачки батаљони који су изводили те акције углавном су имали задатак ''блокирања'', мада би у одређеним случајевима планинске или скијашке трупе обављале и непосреднију улогу. У вези с тим, ваља погледати и овај немачки опис (цитиран у *Јеретику*, према Дедијеровом *Дневнику*) битке између партизана и немачких јединица за ''чишћење'' у западној Југославији:

"Борбе су биле изузетно тешке (...) Силовит партизански напад усмерен на Други батаљон 369. дивизије омогућио је продор (...) Све непријатељске снаге (то јест главнина партизанских трупа) успеле су да се пробију кроз створени процеп". (Исто, стр. 190)

У суштини, партизанске снаге биле су тако мале да су током оног што се на основу немачког искуства са њима дало назвати "изузетно тешким борбама" могле направити пробој кроз сектор који је држао само један батаљон за "блокирање". Али и ту се, као и другде, из партизанског саопштења добија утисак да је у догађају учествовала цела немачка дивизија.

Бригадир Маклејн даље ставља у праву перспективу своју причу о партизанској ефикасности после италијанске капитулације описујући брзу и успешну немачку реакцију на повећање партизанских снага под покровитељством Британаца, у септембру 1943. Пошто је о томе већ било речи у поглављу о партизанским дејствима, довољно је напоменути да је током зиме 1943–44, главнина партизанских снага опет била сабијена на мало и голо планинско подручје југозападне Босне, и подручја Хрватске, Словеније и Далмације у околини Босанског Петровца. Описујући немачке акције "чишћења" у зиму 1943–44, бригадир Маклејн поново цитира Дедијера:

"Они (партизани) морали су да обуставе даље операције и неколико месеци проведу реорганизујући своје снаге",

а, после даљих повлачења:

"Тито и његов штаб били су принуђени да се брзо повуку ка западу, у релативну сигурност шумовитих брда изнад Босанског Петровца".

И ту се, *крајем јануара или почетком фебруара 1944* (подвлачење Макдауела), бригадир Маклејн опет придружио Титу, пошто је у Каиру боравио од почетка децембра 1943. Он описује партизане у то време као:

"исцрпене борбама и изгладнеле, поново жељне да нађу безбедно место где могу починути".

Овде, и зарад поређења са Маклејном, ваља поново навести изјаву премијера Черчила из *фебруара 1944* (подвлачење Макдауела), засновану на његовим анонимним изворима:

''Веома вешто вођени (...), партизани су истовремено неухватљиви и убиствени (...) Не само Хрвати и Словенци, већ и велики број Срба, придружили су се маршалу Титу, и он у овом тренутку има више од четврт милиона људи (...) организованих у приличан број дивизија и корпуса''!

Историчари, наиме, много дугују бригадиру Фицроју Маклејну што је у својој поратној студији на тај начин разјаснио размере до којих је премијер Черчил био заведен својим анонимним, личним изворима.

Посветио сам оволико простора изводима из Маклејнове студије не зато што су они потребни као доказ неуспеха партизана да се ефикасно супротставе Немцима – то је потврђено званичним и британским и немачким обавештајним документима – већ зато што бригадир Маклејн, уз сву своју оданост господину Черчилу и све своје дивљење према Титу као личности, као поштен човек није био у стању да после рата дода нове и убедљивије доказе да би поткрепио информације партизанског Врховног штаба на која се ослањао. (Подвлачење Макдауела)

У светлу свих расположивих података дужан сам зато да одбацим званичан став британске владе током рата, да је одлука да се подржи Тито заснована на војној ефикасности његових снага у активном отпору немачкој окупацији и експлоатацији Југославије и Југоисточне Европе. Не видим ниједан честит нити логичан начин да избегнем закључак да су наводне војне способности партизана употребљене као изговор и покушај да се оправда напуштање националиста и генерала Михаиловића.

Уз то, ово последње заснивало се на веома погрешној поставци да ће преко Тита – а не уставне владе Југославије, и националног покрета под командом генерала Михаиловића у самој земљи – Британија успети да задржи известан утицај у Југоисточној Европи после рата, с обзиром да англо-америчких трупа у доба примирја неће бити на Дунаву.

Јер, како истичем и у поглављу о америчкој политици у време рата, америчка влада и председник Рузвелт лично сносе велику одговорност што нисмо подржали првобитни и исправан стратешки концепт премијера Черчила за Југоисток. Но, поштеног односа према господину Черчилу ради, ваља подсетити да он – чак 17. маја 1944, у писму Титу репродукованом у *Мемоарима* – повлачи неке од својих најекстремнијих ставова усвојених под утицајем анонимних извора, пишући:

"Не знамо шта ће се догодити у српском делу Југославије. Михаиловић ту свакако има снажан положај као врховни командант, и није известно да ће његов одлазак са положаја министра војног иоле умањити његов утицај. Не можемо предвидети шта ће он учинити. Такође је веома много, можда чак и две стотине хиљада српских сељака који су против Немаца али су пре свега Срби, и који природно размишљају као сељаци који поседују земљу, противно теорији Карла Маркса". (*Closing the Ring*, стр. 477–78)

Има их, наравно, који ће казати да премијер тако пише Титу само да би га навео да одустане од целе Југославије и задовољи се западним, католичким делом и савезом са Британијом. Али, ово писмо непогрешиво указује да је од маја 1944. године, бар у извесној мери, он схватио да су га његови анонимни извори завели.

На крају, докази су јасни и несумњиви да је британска политика према Југославији и Југоисточној Европи током Другог светског рата била лична Черчилова политика, и они откривају и најбоље и најгоре стране овог великог светског државника. Черчил се најбоље показао својом првотном стратешком замишљу англо-америчке офанзиве кроз Југоисточну Европу до долине Дунава, одсудне и у Хитлеровим и у Стаљиновим плановима за офанзивни рат, а најгоре безмало осионим занемаривањем савета својих одговорних и оданих званичних саветника и окретањем онима које не жели чак ни да именује.

Та бахатост, међутим, могла би се објаснити његовом менталном и физичком исцрпљеношћу под теретом који је углавном настојао да носи сâм. Дубока и дуготрајна трагедија која је стога задесила народе Југоисточне Европе могла је бити избегнута да се послужио могућношћу коју је му је била доступна и коју је могао применити, а која би послужила најбољим интересима Британије, САД и читаве Европе:

привременим пружањем заједничке савезничке подршке генералу Михаиловићу до немачке капитулације, установљавања примирја, и одржавања слободних избора под покровитељством три највећа Савезника.

Роберт Макдауел

И РУЗВЕЛТ ИСПОРУЧУЈЕ ЦЕЛУ ИСТОЧНУ ЕВРОПУ СТАЉИНУ

Радећи на овој студији открио сам да је процењивање америчке политике у Другом светском рату теже од процењивања британске или совјетске, или немачке стратегије. Закључио сам да је у случају све четири силе политику у време рата – стратегију, а до извесне мере и тактику – одређивао или лично шеф државе или председник владе, по свему судећи најчешће без одвише освртања на савете професионалног војног и дипломатског особља или надлежних установа.

Но, на основу чега су деловали, па чак и размишљали Хитлер, Стаљин и Черчил, било је ипак могуће донекле утврдити па и проценити, док је код председника Рузвелта као врховног команданта то прилично тешко. То, изгледа, проистиче и делом из тога што су три европске силе имале много дуже искуство ратовања са другим великим силама, и утврђене стратешке принципе и доктрине на које ни идеолошке мене нису битно утицале. Наиме, сваки образовани Европљанин или Британац школовањем, праћењем штампе, и разговорима са једнацима прихвата па предаје даље заједничке, макар и погрешно схваћене основе спољне политике и стратегије своје земље. То међутим важи за веома мали број Американаца, а још мање за оне који су постали амерички председници. Без обзира на несумњиво велико образовање председника Вилсона, то се посебно односи на његову владу јер су у његово време слабости америчке спољне политике први пут постале чинилац од највећег међународног значаја. Као председник, и Франклин Д. Рузвелт је повремено показивао живо интересовање за спољне послове, али у томе је тешко разлучити ширину, дубину, доследност и упорност, од пуке тврдоглавости.

Да би било од користи, испитивање америчке политике према Југославији и Југоисточној Европи током Другог светског рата мора се зато најпре позабавити дуготрајним и основним слабостима устројства, или недостатка одговарајућег устројства, председничког кабинета. Под тим мислим на врло карактеристично одсуство обезбеђења да појединци блиски Председнику могу имати непосредну или посредну моћ и утицај на важне одлуке владе једино уз једнаку меру њихове одговорности. Јер, такви пропусти су у великој мери и изазвали озбиљне грешке у ратној политици председника Рузвелта, као и у кључним одлукама председника Вилсона током и непосредно после Првог светског рата.

Наиме, тако непосредан утицај америчког председника на спољну политику, посебно у време рата, није постојао ни у једној другој великој држави. Попут средњевековних монарха или арапских шеика из 19. века, наши председници су своје одлуке углавном доносили окружени личним саветницима: одлучивало се у кругу неколико званичника Беле куће, или пријатеља у приватном својству, са мало или нимало службених овлашћења, и још мање одговорности која би оправдала њихов често пресудан утицај на америчку политику.

Конкретније, изузетно важна и оправдана критика америчке спољне политике дуго се бавила релативним неуспехом америчког народа и владе да између два рата узму у обзир, па и схвате, значај чињенице да су САД од завршетка Првог светског рата – захваљујући свом војном и привредном потенцијалу – постале најјача земља на свету. Светски лидери и обавештенији делови становништва планете очекивали су од нас да прихватимо из тога произлазећу одговорност, и деламо у складу са њом.

Има, наиме, разлога да верујемо да би – да смо на завршетку Првог светског рата преузели ту одговорност, и делали уз разумну меру мудрости и у право време – одлучујући део народа света и њихових влада, у тадашњем непостојању било које друге алтернативе, прихватили да их предводимо. Али, неразумно је и бацати кривицу за то на погрешну одлуку Сената да не одобри наше чланство у Лиги народа, или на погрешно, изолационистичко расположење највећег дела америчке јавности. С обзиром на нашу непобитну, иако углавном потенцијалну војну и економску снагу између два рата, сама одлука да очувамо независност избора и делања, неограничену политиком других великих сила, већ би по себи олакшала наше пресудно деловање и његово опште прихватање. А то је могло спречити Други светски рат.

Током мојих истраживања и стицања искуства на Блиском истоку и у Европи у међуратном периоду, као и с њима повезаним радом на универзитету Мичиген, дуго ме је, такође, заокупљала наша склоност – највероватније несвесна али понекад и више него свесна – да своју спољну политику радије заснивамо на идеализму, и њиме је тумачимо, него на сопственим интересима. У ретроспективи ми се чини да је он био слабија мотивација од отвореног интереса, који и иначе покреће и народе и појединце.

Тиме се може објаснити и добар део наших промашаја у спољној политици, посебно у случају Југославије и Југоисточне Европе, Американцима познатије као Балкан. Јер, дуже од једног века наше занимање за то подручје било је мање званично и дипломатско а више филантропско и, до извесне мере, и трговачко. То подручје је потом добило на значају пошто је током прошлог века дошло до великог усељавања из Југоисточне Европе. Будући солидан свет, иначе сасвим добро уклопљен у нашу средину, ти усељеници су се и даље, што је и природно, интересовали за проблеме и стремљења својих бивших сународника. Но, проучавајући изнова наше односе и политику према Југоисточној Европи, с узнемирењем сам уочио да су ставови и Вилсонове и Рузвелтове владе често одражавали неодређен и површан сентимент – повољан или неповољан – а не зналачко испитивање и схватање регионалних, и с њима повезаних, светских проблема и могућности за њихово решавање.

У суштини површан, а повремено и емоцијама обојен став какав је председник Рузвелт заузимао у спољним пословима током Другог светског рата, учинио га је изгледа подложним утицају појединаца изван круга његових званичних контаката, и наметнуо му интересовања и циљеве не нужно подударне са једном здравом америчком политиком. То је дало повода и оптужбама да је комуниста, или под комунистичким утицајем. Непобитно је међутим да је, као и премијер Черчил, имао везе са људима у које је веровао а који су током рата симпатисали комунисте. Уверен сам да је то утицало на њихове политичке одлуке и довело до англо-америчког препуштања не само Југославије, него и целе Источне и Средње Европе комунистима.

Међутим, не само зарад праведног односа према председнику Рузвелту и премијеру Черчилу, већ и као упозорење за садашње и будуће време, морам истаћи да су штету починили не толико комунистички агенти својим непосредним деловањем колико заведени идеалисти, обманути од свесних заговорника револуције науштрб постепеног напретка. Ратна и поратна обавештајна сазнања то сасвим јасно потврђују. Председник Рузвелт је и више него премијер Черчил био под утицајем неприхватљиве претпоставке – усвојене чак од конзервативаца попут Државног секретара Хала (*Hull*) – да ће послератна комунистичка Русија, или комунистичка Југославија, водити спољну политику умерености и сарадње са Западом.

Сматрам, међутим, да је током рата комунистички и прокомунистички утицај на председника Рузвелта или његове најближе сараднике био мање одговоран за наше највеће грешке у вођењу рата и успостављању мира него што је био његов пропуст да у потпуности искористи знање и способности најкомпетентнијих припадника војске и дипломатских служби који су му били на располагању. Такву врсту пропуста сматрам најодговорнијом за Председниково препуштање узбудљивој игри руковођења светом – уз нешто искусније Черчила и Стаљина – а на рачун живота и права милиона људи. То је било оно што је председника Рузвелта привело политици миротворства која је омогућила комунизацију Источне и Средње Европе и посејала семе оног из чега се лако може родити трећи светски рат.

Да би се, стога, улога Југославије и Југоисточне Европе ставила у праву перспективу у Другом светском рату са становишта америчке политике, мора се разумети позадина америчких интереса и улоге у Првом светском рату. У том периоду председник Вилсон је своју политику углавном заснивао на нејасном идеалу ''самоопредељења народа'', и у погрешној тежњи томе инсистирао при крају рата на уништењу Хабсбуршке и Турске империје, дотле доминантних сила у Југоисточној Европи и на Блиском истоку. Председник се, изгледа, определио за то несвестан чињенице добро познате образованим Европљанима, да су та два центра моћи, упркос својим очитим слабостима и назадњаштву, дуго омогућавала врло корисну, локалну равнотежу моћи између четири веће и агресивније силе – Русије, Немачке, Француске и Велике Британије.

Та равнотежа могла је послужити да спречи или умањи опасност од општег европског рата кроз бројне кризе истих потенцијала које су на крају и изазвале рат 1914. У та два регионална царства дуго су постојала и два политичка набоја у народима Југоисточне Европе и Блиског истока, нарочито међу појединцима у њиховим администрацијама или скупштинама, ма како слабог учинка оне биле.

Већа – или бар гласнија – била је сила национализма која је, у оквиру друштвених система са бројним поданичким народима, наглашавала традиционалне разлике у оквиру сваке империје.

Друга, знатно конструктивнија, била је тежња федерацији или конфедерацији која је, прихватајући циљеве умереног национализма, снагу и напредак тражила кроз већи степен уједињености, или делотворнију сарадњу између бројних националности и група Југоисточне Европе и Блиског истока.

За све те чињенице и изгледе за будућност председник Вилсон очито једва да је и знао. Тежећи напретку, он је и нехотице читавом једном нараштају у Југоисточној Европи уништио прилику за друштвени и политички напредак. Без одговарајућих консултација са вођама у тим подручјима, и ослањајући се превасходно на савете неколицине приватних особа у Америци, инсистирао је на стварању нове националне државе Југославије – којом су наглашене националне суревњивости не само унутар њених граница, већ у целој Југоисточној Европи.

Наиме, уместо да допринесе политичкој стабилности и миру Европе у целини, политика председника Вилсона је – у начелу, упркос свом његовом идеализму – посејала семе Другог светског рата. У својој оданости идеалу Лиге народа, он је усто још једном показао трагичан недостатак разумевања основних чинилаца на којима је америчка политика требало да се заснива.

Под тиме, пре свега, подразумевам чињеницу да су од 1919. САД – и једино оне, чак да су делале саме – поседовале привредну и војну снагу да обезбеде сарадњу других великих сила – можда уз изузетак тек створене комунистичке Русије – на уређеном и постепеном стварању темеља за делотворну међународну сарадњу у интересу свих народа, уместо на овековечењу империјализма и колонијализма. Своје тврдње заснивам на изјавама британских и француских професионалаца које сам годинама познавао, заслужних за много шта добро у империјализму и колонијализму – а тога је ипак било – и спремних на крају Првог светског рата да своје способности искрено ставе у службу стварања ефикасне међународне сарадње, у интересу свих народа о чијој се судбини радило.

Чињенице таквог значаја, о којима Американци не знају ништа, навеле су бројне политичке и културне прваке Европе, Азије, па и Африке, да САД окривљују за највеће међуратне погрешне политичке и привредне процене, због којих су се успешно и без прибегавања отвореном насиљу учврстили и проширили руски комунизам, и медитерански фашизам, и нордијски нацизам, што је све неизбежно водило светском рату.

Што се Југославије и Југоисточне Европе тиче, озбиљне грешке у америчкој политици јавиле су се још средином тридесетих година двадесетог века. Колико ми је познато, тада је то прошло готово непримећено у САД, а потом је мало узимано у обзир. Посебно наглашавам да су тада, под руководством Хјалмара Шахта, главног Хитлеровог економског саветника, сачињени и делимично у Југоисточној Европи и на Блиском истоку примењени свеобухватни нацистички планови са циљем стицања најпре политичке а потом и војне превласти над тим стратешки необично важним подручјима – и то без рата али у очекивању могућег општег сукоба. (Видети: Robert H. McDowell, *German Penetration in the Balkans* /Немачки продор на Балкан/, часопис *Michigan Alumnus Quarterly Review*, лето 1940)

Схвативши да ови планови прете не само њиховим земљама већ и целој Европи, турски председник Ататурк и југословенски краљ Александар – по мени једини истински европски државници тог критичног раздобља – сваки посебно али у сагласју, обратили су се америчким званичницима за помоћ у добијању кредита на светском тржишту, не би ли се њихове земље – али и остале у Југоисточној Европи – ослободиле претеране трговинске зависности од Немачке. Ти захтеви су у Вашингтону игнорисани, мада нису и одбијени, а да су били постављени уверавали су ме не само турски и југословенски меродавни извори, него и с тиме упознати званичници британског Министарства спољних послова.

У одсуству делотворне сарадње унутар саме Југоисточне Европе и лишене помоћи других великих сила, Мађарска, Румунија и Бугарска постале су зато Хитлерови пиони, а да он није прибегао никаквој отвореној агресији. Хитлер је готово успео са таквим планом и у Југославији, у периоду пре оружаног устанка. По процени врло способних европских официра – укључујући и Немце после рата – Хитлер се не би усудио да нападне Совјетски Савез 1941. да претходно није успоставио немачку контролу над овим изузетно важним стратешким подручјем и почео да експлоатише његова богатства. И тада су Сједињене Државе поново пропустиле прилику да делају конструктивно на спречавању рата.

Разматрање политике председника Рузвелта током Другог светског рата нужно је стога почети од периода америчке неутралности. Када је реч о Југоисточној Европи – коју је он тада, иако прилично неодређено, сагледавао као целовиту стратешку јединицу – Председник је био јасно неутралан у корист Савезника. Но, најбољи и најпотпунији мени познат објављени извор за истраживање америчке политике према Југославији у току рата је књига Константина Фотића, министра и амбасадора југословенске краљевске владе у Вашингтону од 1935. до 1946, објављена 1948. под насловом *Рат који смо изгубили* (Constantin Fotitch, *The War We Lost*).

Наиме, и код нас и у комунистичкој Југославији покојни амбасадор Фотић нападан је као крајњи конзервативац и шовиниста. Иако је био конзервативнији од мене и мада га је дуготрајна каријера професионалног дипломате научила да своја осећања не исказује у пуној мери, у времену између децембра 1944. па бар до 1947, приликом честих личних као и службених сусрета, стекао сам велико поштовање према његовој интелектуалној честитости и професионалним способностима. Што је још важније, међутим, Самнер Велс (*Sumner Welles*), државни подсекретар током већег дела овог периода, у уводу Фотићевој књизи пише:

"Показао се као један од најдалековидијих и најспособнијих европских државника садашње генерације. Колико ми је познато, он је један од највећих ауторитета за европска питања у Сједињеним Државама".

На основу оног што сам чуо о господину Велсу, сматрам да оваква оцена господина Фотића, заснована на њиховим дуготрајним и непосредним контактима, одражава искрено уверење. Због тога ћу се у погледу политике председника

Роберт Макдауел

Рузвелта према Југославији, а повремено и при разматрању размишљања самог Председника у кључним периодима рата, с поверењем ослањати на Фотићеву детаљну студију.

О ситуацији 1941. амбасадор Фотић каже:

''Председник и Стејт Департмент почели су још непосредније да се интересују за југословенску политику (...) Од почетка 1941. државни подсекретар, господин Самнер Велс, господин Реј Атертон (*Ray Atherton*), шеф Одсека за Европу, и господин Џејмс Дан (*James C. Dunn*), саветник за политичке односе, све чешће су ме позивали да са мном размотре ситуацију на Балкану и могући став моје владе''.

Затим, мало даље, Фотић пише:

''У јануару 1941, председник Рузвелт је показао непосредну заинтересованост за ситуацију на Балкану пославши пуковника (касније генерал-мајора и шефа Уреда за стратешке задатке *OSS* током рата) Вилијема Џ. Донована као свог личног изасланика у Грчку, Турску, Бугарску и Југославију. Пуковнику Доновану је, како сам обавештен, председник наложио да испита ситуацију у тим земљама, а нарочито да процени њихове могућности супротстављања нацистичким претњама и офанзивама, те да их увери у то да ће Американци пружити помоћ онима који се одлуче на отпор''.

То је, морам приметити, ипак један од бројних позитивних потеза Председника упркос не само наше тадашње неутралности већ и очите неспремности америчке јавности да преузме икакву одговорност у рату. Амбасадор Фотић о томе пише да је у Београду пуковник Донован, у пратњи америчког посланика, прилично дуго разговарао са Намесником, Председником владе, Министром спољних послова, др Мачеком – главним вођом Хрвата – и с вишим војним званичницима. Пуковник Донован им је објаснио да:

''политика председника Рузвелта почива на пружању сваке помоћи, изузев уласка у рат, оним земљама које одлуче да се боре за независност''. (*The War We Lost* /The War We Lost/, стр. 38, 41, 43)

Упркос тим, и многим каснијим уверавањима током рата, легитимна и призната југословенска влада у избеглиштву, и њен високи представник у Југославији, генерал Михаиловић, нису од америчке владе добили ништа на основу Закона о зајму и најму, готово никакву војну опрему, па ни преко потребну конзервирану храну за избегле цивиле. (Закон о зајму и најму /Lend-Lease Act/ донео је 11. марта 1941. амерички Конгрес. На основу њега САД су пружале помоћ у храни, оружју, муницији и другом материјалу свим земљама које су биле у рату са Немачком и Италијом; прим. прев.)

У међувремену, преко Британије, Тито, вођа комунистичке побуне против легитимне владе, не само да је добио извесну помоћ за цивиле него и велику помоћ у војној опреми и залихама као и директну војну помоћ америчког порекла. Током рата Председник никако није успевао, или можда није хтео, да убеди премијера Черчила да допусти америчким авионима да доставе макар хуманитарну помоћ југословенским националним снагама.

Извештаји с почетка 1941. о нацистичким плановима за овладавање Југоисточном Европом изазвали су, по речима амбасадора Фотића, ''озбиљну забринутост'' председника Рузвелта. Он пише:

''Да би се сузбила немачка претња, амерички представници у Турској, Бугарској и Југославији добили су 9. фебруара 1941. инструкције да обавесте владе тих земаља о решености председника да настави да шаље залихе Великој Британији, и тако омогући њену победу (...) Влада Сједињених Држава такође је желела да обавести те народе о свом дубоком уверењу да ће Велика Британија на крају победити у рату. Стога се од њих (влада тих земаља) тражи да то имају на уму пре него што донесу коначну одлуку о захтевима сила Осовине''.

Амбасадор Фотић овако тумачи касније поруке председника Рузвелта југословенским вођама:

''На несрећу, то су биле само флоскуле, наспрам Хитлерових дивизија које су се налазиле у непосредној близини''.

Како се Хилтерова кампања овладавања Југоисточном Европом без рата успешно настављала, амбасадор Фотић приписао је председнику Рузвелту да је:

''схватао кључну позицију и стратешки значај Југославије за контролу источног Средоземља и продор ка Блиском истоку (...) Он (Хитлер) је могао одлучити да удари или на Совјете или на најслабију тачку Британске империје, Суецки канал, отварајући тако пут ка нафтоносним пољима Блиског истока, а потом ка Персијском заливу и Индији...'' (Исто, стр. 72–73. О овим Хитлеровим плановима писао сам шире у поглављу о Југоисточној Европи и Хитлеровој стратегији; прим. аутора)

Амбасадор Фотић пише као државни званичник и образовани Европљанин и његов кратки преглед Хитлерове стратегије је у потпуности тачан. Но, нисам нашао никакву потврду за његову претпоставку да је председник Рузвелт – или било који амерички званичник у то време – био свестан Хилтерових дугорочних намера спрам Источног сектора, а још мање стратешког значаја који је он придавао Југоисточној Европи и, нарочито, Југославији.

Наиме, после пробританског државног удара у Београду марта 1941. када се земља нашла изложена огромној опасности од немачког напада, вршилац дужности државног секретара Самнер Велс обавестио је амбасадора да ће:

''када дође време да поново буде успостављен мир, Југославија добити од Сједињених Држава исту моралну и материјалну подршку какву ће САД пружити Великој Британији''.

Претпостављам, да је такво изједначавање мале Југославије са Великом Британијом од стране професионалног дипломате Велсовог искуства морало потећи од председника Рузвелта лично. Но, упркос несумњивој доброј намери у којој је обећање у то време дато, потоњи догађаји довели су до америчког напуштања Југославије услед недовољно осмишљеног и погрешног настојања председника Рузвелта да задовољи истовремено и Британију и Совјетски Савез, зарад постизања поратне стабилности и јединства.

Немајући представе о томе, трећег априла 1941, три дана пре немачког напада на Југославију, амбасадор Фотић пише о приватним разговорима са председником Рузвелтом, каквих ће током рата бити много:

''Председников став је на мене оставио снажан утисак (...) Сједињене Државе су и даље биле неутралне али председник ми је говорио о успостављању мира после победе, о 'заједничким циљевима, заједничким напорима и заједничком непријатељу' – укратко, као да су Сједињене Државе већ у рату са силама Осовине (...) Али на мене је најјачи утисак оставила његова недвосмислена решеност да Хитлеру не дозволи да добије рат''.

Силина те одлучности да се Хитлер порази по сваку цену ипак донекле обајшњава повремену спремност председника Рузвелта да после нашег уласка у рат подреди, па и жртвује, политику која му је била ближа оној коју су водили Черчил и Стаљин.

Тако, и после немачке окупације Југославије, државни секретар Хал дао је 25. априла 1941. године изјаву да:

"влада Сједињених Држава наставља да признаје владу краља Петра II као владу Југославије"

као и да:

"положај господина Константина Фотића као југословенског посланика није промењен због одласка његове владе у изгнанство". (Исто,стр. 83, 86, 108)

За разлику, међутим, од заокрета у ставу председника Рузвелта, Стејт Департмент је задржао такав став према Југословенској влади током целог рата.

О периоду 1941–42 Фотић пише:

"Званични (амерички) кругови (...) показивали су велико занимање за Михаиловића и његове герилце, као и жељу да им помогну (...) Коначно сам схватио да жељу Американаца да помогну Михаиловићу настоји да осујети британска Врховна команда за Блиски исток (...) Британска Врховна команда заправо није била вољна да допусти непосредну везу Михаиловића са Американцима, сматрајући да би то ослабило њену контролу над њим".

На основу, међутим, мојих непосредних веза са надлежним британским официрима из Команде за Средњи исток исправио бих амбасадора Фотића у једном детаљу: није се радило о Врховној команди већ о релативно безначајним официрима и званичницима на битним местима, и неким другим појединцима у Лондону, који су – током 1941, 1942, и првом половином 1943 – саботирали не само америчке већ и британске потезе усмерене на јачање и подршку важним акцијама генерала Михаиловића и националиста у Југославији.

Та саботажа била је плод инфилтрације и утицаја комуниста и њихових симпатизера о чему сам писао у поглављу о Черчиловој политици и о чему говорим и у овом поглављу о америчкој политици. У другој половини 1943, наиме, када је Черчил већ донео одлуку да прекине све англо-америчке везе са лидером националиста генералом Михаиловићем и да сву подршку усмери ка Титу, британска је заслуга што је од почетка рата мање од десет лаких авионских товара са оружјем и не баш најнужнијом опремом из англо-америчких извора доспело до српских националних снага. Јер, од друге половине 1943. лично је премијер

Черчил настојао да пресече све везе националиста не само с Американцима, него и са Совјетима.

Истини за вољу ваља рећи и да – упркос томе што је на инсистирање Черчила напустио генерала Михаиловића и националисте, и што су пред крај рата Британци користили америчке авионе да бомбардују српске националне цивилне и војне центре, убијајући хиљаде невиних цивила – постоје снажни докази у мемоарима амбасадора Фотића да је током читавог рата председник Рузвелт гајио дубока осећања и дивљење према Југословенима, посебно Србима. Амбасадор тако наводи:

''Генерал Донован ме је, 16. маја 1942, известио како је председник одлучио да пошаље 400 тона конзервисане хране као поклон генералу Михаиловићу, у знак признања за услуге које чини Савезницима (...) Председник је дао личне инструкције да се ова храна без одлагања пошаље на Блиски исток, како би се одатле што је могуће брже авионом отпремила у Србију и падобраном спустила у планине. Храна је стигла у Египат (...) али готово годину дана касније открили смо да, упркос личним и званичним наређењима председника Сједињених Држава, она никада није стигла на одредиште''. (Исто, стр. 166, 167)

Заправо, како су ме касније обавестили неки британски пријатељи, целокупна пошиљка била је преусмерена по налогу неког непознатог одсека британског Штаба на терену, као британска помоћ цивилима негде у Медитерану, иако су налози председника Рузвелта о томе куда она треба да буде упућена били сасвим изричити и недвосмислени.

Прича амбасадора Фотића јасно показује да је у октобру 1943. председник Рузвелт био и даље лично заинтересован за легитимну Југословенску владу и генерала Михаиловића као њеног војног команданта у земљи. То се тада врло упечатљиво очитовало – нажалост, напоредо са Председниковом спремношћу да превиди склоност премијера Черчила да игнорише његове жеље – и званичним и свечаним поклањањем америчких бомбардера Југословенској краљевској авијацији, да би били употребљени сходно наредбама генерала Михаиловића. Од почетка тог пројекта Председник је био изузетно лично заинтересован чак и за програм обуке југословенских авијатичара зарад тога пребачених у САД, и од почетка је одлучио да учествује у свечаности у Болинг Филду код Вашингтона. То Председниково учешће представљено је и јавности по налогу Беле куће.

Уводни говор амбасадора Фотића био је тада одобрен не само од Стејт Департмента већ и председника Рузвелта лично, са нагласком на томе да ће авиони имати задатак да помажу генералу Михаиловићу и његовим снагама. У том свом говору, Председник је казао и следеће:

"Они (авиони) су направљени са два велика циља: први је да бацају бомбе на нашег заједничког непријатеља... а затим да вашим земљацима (земљацима авијатичара) у Југославији донесу преко потребан материјал на који тако дуго чекају – храну, лекове – и да, и оружје и муницију (...) Упамтите, заувек смо другови по оружју".

Упркос, међутим, званичном нагласку на интересовању председника САД лично за тај симболични чин, авиони су по наређењу Британаца преузети искључиво за њихове потребе, и ни на који начин нису помогли снагама генерала Михаиловића.

Амбасадор Фотић баца додатно светло и на лични однос председника Рузвелта према Југославији. Тако је 5. октобра 1942. године Председник рекао Фотићу да жели да избегне "наметање решења" током послератне обнове Југославије и њене унутрашње структуре, јер о таквим питањима:

"треба после рата слободно да одлуче народи Југославије а не декларације савезничких државника".

Па ипак, Председник се придружио Черчилу у наметању решења које је мрзела велика већина становника Југославије и које америчко и британско обавештајно особље на терену, надлежно за такву процену, ничим није подржало. О том периоду на почетку 1943. године амбасадор Фотић пише:

"Надлежне америчке службе нису много веровале оптужбама којима је комунистичка пропаганда свакодневно засипала Михаиловића. Али, очито су веровале да вођење рата у Источном Средоземљу, и решавање тамошњих политичких проблема припада првенствено Британцима. То мишљење постало је још наглашеније после Конференције у Казабланки, јануара 1943, где је једна од одлука била да надлежност за спровођење ратних дејстава у разним деловима света треба поделити између Велике Британије и Сједињених Држава". (Исто, стр. 190, 214)

У погледу ове претпоставке, међутим, морам истаћи да ми ни у једном тренутку за време рата, док сам служио као амерички официр надлежан и за обавештајне податке о Југоисточној Европи и Блиском истоку, ниједан амерички нити британски официр или званичник није ни наговестио да Британија према том подручју – у одлучивању о политици на нивоу влада – има већу одговорност од Сједињених Држава.

Председник Рузвелт поново је усто нагласио континуитет америчке политике према Југославији на највишем нивоу, када је 5. маја 1943. примио амбасадора Фотића:

''Председник је приметио да кампања против Михаиловића није утицала на политику америчке владе, те да он лично има поверења у генерала Михаиловића и намерава да настави да му шаље оружје и други материјал. Био је запањен када сам га обавестио да ни оних 400 тона конзервисане хране, послатих претходне јесени као његов поклон, није било испоручено Михаиловићу''.

Но, Председник није учинио ништа да исправи претходно занемаривање његових налога или да обезбеди британску сарадњу у будућности. Још 1943. Фотић стога пише:

''Политика владе Сједињених Држава према оба герилска покрета у Југославији увек је званично описивана као одређена искључиво војним разлозима. Влада никада није поклањала веру оптужбама да Михаиловић сарађује са непријатељем, али је на њу ипак утицао све већи британски отпор према Михаиловићу. Одустајање Сједињених Држава од спровођења плана за директну подршку Михаиловићу, који председник беше одобрио, сигурно је проузроковала промена у британском односу према генералу''. (Исто, стр. 205, 206)

Иако је господин Фотић био исувише професионални дипломата да би говорио сасвим директно, на основу свог дружења с њим знам да је делио опште прихваћен поглед својих колега у Вашингтону – америчких, савезничких и неутралних – да је у том периоду рата председник Рузвелт снажно саосећао са националистима у Југославији и био уверен у исправност њихових циљева, али да из недовољно јасних разлога никада није био у стању да се одупре шарму и самоуверености с којима је премијер Черчил заступао сваки свој аргумент о ратној политици.

У том периоду председник Рузвелт је свакако био изложен аргументима и тактици убеђивања комунистичких симпатизера, а можда и самих комуниста међу Американцима са којима се виђао, каквих је било и у владиним службама. Но по мојој процени, као и процени људи блиских Председнику, пажљиво и логичко разматрање свих расположивих доказа указује да се одговорност за овакав његов став у ратној политици у том периоду мора пре свега приписати харизми премијера Черчила.

За таква сазнања, као и за готово сва током целокупног рата, заслуга се мора приписати професионалцима из Стејт Департмента који су, кудикамо више од припадника Војске, схватали суштину стратешких и политичких чинилаца у политици према Југоисточној Европи и подржавали широку војну стратегију премијера Черчила, истовремено се противећи његовој политичкој тактици према грађанском рату у Југославији.

Јер, када је у јесен 1943. британска влада и формално прихватила одлуку премијера Черчила да напусти генерала Михаиловића и национални покрет у Југославији и да сву англо-америчку подршку пружи Титу и комунистичком покрету, званичан амерички став био је смушен и збуњујући. Тако, када су почетком децембра те године новинари упитали државног секретара Хала о промени британског става он је, према амбасадору Фотићу, изјавио је да је:

''јасно да се став америчке владе у погледу помоћи разним снагама у Југославији заснива првенствено на практичном питању отпора који оне пружају Немцима, те да се сматра како унутрашња политичка питања у Југославији могу бити решавана касније''.

Затим је Хал рекао и следеће:

''Помоћићемо у тој земљи све који настоје да истерају Немце''.

Наиме, фактички и суштински државни секретар овде говори сасвим супротно Черчиловом ставу према Југославији. Амбасадор Фотић посетио је господина Хала 16. децембра 1943, и он му је тада поновио:

''да је проблем помагања герилских покрета у Југославији чисто војно питање и да ће сви герилци који се боре противу Немаца добити помоћ. Далеко од тога да подржи политику коју је четири дана пре тога изложио британски министар спољних послова, државни секретар ме је уверавао да неће учествовати ни у каквом евентуалном притиску на југословенску владу да напусти Михаиловића, а подржи Тита''.

Но, све те храбре речи председник је у потпуности поништио.

''У међувремену'', пише зато Фотић, ''ја сам неуморно настојао да се испуни обећање које је 16. октобра председник дао југословенским авијатичарима (...) али у томе нисам успео. Из Уреда за стратешке задатке (OSS), из Министарства рата, и одељења за Закон о зајму и најму, добијао сам обећања која, на жалост, никад нису испуњена. Кад сам покушао да убрзам ствар у Министарству рата, помоћник секретара за рат, господин Џон Меклој (*John McCloy*) коначно ми је ми је, 28. јануара (1944), рекао да је 'председник дао инструкције да се сва помоћ упути Титу' ''. (Исто, стр. 260, 261, 262)

Упркос томе, Стејт Департмент је наставио са напорима да политику према Југославији води независно од господина Черчила. Седамнаестог марта 1944. господин Дан из Стејт Департмента казао је амбасадору Фотићу да Стејт Департмент разматра да јавно разјасни амерички став према Југославији и да жели јасно да покаже да се влада Сједињених Држава не придружује политици премијера Черчила. Крајем марта господин Х. Фримен Метјуз (*H. Freeman Matthews*) из Стејт Департмента разговарао је зато о америчком ставу према Југославији са особљем британског Министарства спољних послова у Лондону. О томе, Фотић каже:

''Г. Метјуз је објаснио својим британским колегама да је америчку политику према југословенским герилцима државни секретар јасно изложио у изјави од 10. децембра 1943. године, када је нагласио да ће Сједињене Државе подржати сваког ко се бори са Немцима, и да се неће мешати у унутрашњу политику у Југославији (...) Влада Сједињених Држава, рекао је г. Метјуз, признаће сваку владу коју именује краљ Петар као владу Југославије''.

Амбасадор Фотић додаје да је државни секретар и њему саопштио нешто слично априла 1944, тврдећи да се:

''влада Сједињених Држава ни на који начин не придружује британској политици''.

Убеђен сам да се најважнији али мало признат допринос амбасадора Фотића разумевању америчке политике и њене касније промене заправо односи на изузетне напоре, с краја 1943. и почетка 1944, генерала Вилијема Донована, ратног шефа *OSS* непосредно одговорног председнику Рузвелту, који је од њега и примао наређења. Видимо, наиме, да је Председник у почетку одушевљено подржавао независну и утемељену америчку политику која би, да је у њој истрајао, могла довести до англо-америчке и совјетске сарадње не само при остварењу војних циљева већ и постављању основа за одржив мир у Источној Европи, те тако и Европи као целини. Амбасадор Фотић при том нашироко разматра непосредне циљеве генерала Донована у погледу Југославије:

– *најпре*, прављење истините и свеобухватне обавештајне процене оба покрета отпора и грађанског рата у целој Југославији и,

– *потом*, изоловање свих оних елемената у њој који не желе да сарађују и пруже свеобухватну подршку другима спремним да се уједине у делотворној акцији против Немаца, остављајући по страни политичку делатност док рат траје.

У међувремену, међутим, сукоб Михаиловића и Тита је добијао на снази, и то је амбасадор Фотић размотрио са председником Рузвелтом када су се срели, 5. маја 1943:

''Председник ме је упитао шта се по мом мишљењу може учинити да се обуставе борбе између партизана и четника (националних снага), које су већ тада попримиле размере грађанског рата. Одговорио сам да би слање америчких официра обема групама и, евентуално, додељивање свакој групи одређеног оперативног подручја, могло умањити раскол. Амерички официри за везу омогућили би председнику да целу југословенску војну и политичку ситуацију процени на основу непосредних и поузданих америчких извештаја (...) С обзиром на значај који ће Југославија за Савезнике имати после очекиваног италијанског слома (о чему му је председник управо говорио), одважио сам се да одлучније захтевам да председник пошаље америчке посматраче у Југославију. Такође сам му указао на то да се при слању посматрача треба нарочито постарати да се одаберу они који ни на какав начин нису учествовали у спору око југословенских герилских група.

Председник је благонаклоно примио мој захтев и обећао да ће ме ускоро известити о својој одлуци. Заиста, неколико дана касније, 12. маја, државни подсекретар ме је обавестио да је председник одлучио да двојицу америчких официра пошаље код Михаиловића, а двојицу код Тита. Пуковник Алберт Сајц и капетан (касније мајор) Волтер Менсфилд додељени су Михаиловићевом штабу и спуштени падобранима у Југославију крајем августа 1943. Остали су на територији под Михаиловићевом контролом до почетка фебруара 1944''. (Исто, стр. 207, 263, 264. Опаске и закључци пуковника Сајца разматрани су у одељку о националистичким операцијама; прим. Макдауела)

Предлог амбасадора Фотића и снажна подршка генерала Донована његовом предлогу да Сједињене Државе пошаљу способне и објективне посматраче и код југословенских националиста и код партизана, и да се потрудимо да свакој групи буде одређено оперативно подручје деловања, била је сасвим реалистична и – да је у потпуности примењена 1943. и почетком 1944 – могла је спречити озбиљне Черчилове и Рузвелтове грешке при процени прилика у Југославији и Југоисточној Европи.

С обзиром, наиме, на већ постојећу концентрацију партизанских снага у западној Југославији и националистичких у источној, додељивање оперативних подручја странама у грађанском рату – што је и био суштински део тог предлога – могло се, уз британску сарадњу, извести без већих тешкоћа или уплитања савезничких снага, што би већ по себи свело њихове сукобе на минимум. Још битније, то би омогућило великој већини припадника Титових партизанских снага – који нису били комунисти – да се боре против Немаца, што је и био њихов првобитни, лични циљ.

Уверен сам, такође, да би то пружило здраву основу за заједничку британску, совјетску и америчку политику у Југоисточној Европи, која би се применила преко генерала Михаиловића. Присуство већих и озбиљних мисија сва три главна савезника у штабу генерала Михаиловића – како је предлагао Стаљин – не само да би послужило окончању грађанског рата и унапредило војна дејства Савезника, већ би допринело и расту узајамног поштовања и поверења унутар савезничког вођства – што је било од суштинског значаја за успостављање здравих темеља будућег мира.

Но, и премијер Черчил и председник Рузвелт су – сваки на свој начин, мудро или не – баш у том периоду рата почели своје планове све више да усредсређују на питања и прилике везане понајвише за успостављање мира.

И овде као и на другим местима скрећем пажњу на важност процењивања ситуације у Југославији на шта ми је указао генерал Михаиловић пошто је то у великој мери утицало да три савезника пропусте прилику да сарађују на прави начин. У нашем последњем разговору крајем октобра 1944, Михаиловић је од мене затражио да англо-америчком штабу пренесем његов предлог за заједничко коришћење постојећих прилика. Врло подробно ми је објаснио да би чак и овако позно, англо-америчку интервенцију у Југославији, зарад стављања под контролу и партизана и националиста, с добродошлицом дочекали не само он и друге националне вође у Србији, Босни и Херцеговини, Црној Гори, Далмацији

Лици и Словенији, већ и већина партизанских руководилаца у тим крајевима, осим можда у Црној Гори.

Таква интервенција Савезника, инсистирао је Михаиловић, захтевала би малобројно особље и невелике падобранске одреде какве су наш *OSS* и његов британски пандан већ имали у Италији. Господин Штеркер, заступник Хермана Нојбахера, Хитлеровог главног представника у Југоисточној Европи, већ ме је био уверавао да би таква симболична интервенција англо-америчких савезника била сигнал за предају свих немачких трупа у Југославији нама, под једним условом да не буду предати Совјетима.

Наши специјални обавештајни извори су ми усто дојавили, и пре него што сам пошао за Југославију августа 1944, оно што сам већ сазнао независно од њих од пријатељски расположених партизанских официра на дужности у Каиру: да се у свим крајевима које су држали партизани локално, умерено партизанско вођство све више разочаравало Титом и његовим ''Шпанцима'' (ветеранима Шпанског грађанског рата који су се борили на страни комуниста). Наиме, ти партизански извори су се умногоме слагали са нашим сопственим проценама да би, уколико би Савезници заједнички подржали Михаиловића, он био у стању да уједини земљу око циљева слободе и прогреса.

Та обавештења била су пренета генералу Родерику, високом америчком обавештајном официру у Штабу на терену, који их је, наравно, одмах поделио са Британцима. У мојим разговорима новембра 1944. с високим британским и америчким официрима и дипломатским представницима у Савезничком штабу утврдио сам да су та процена и с њом повезани предлози били веома повољно примљени.

На несрећу, међутим, премијер Черчил је тада инсистирао на мом опозиву из Југославије и повратку, под забраном јавног говора, у Вашингтон, где је потом председник Рузвелт поново подлегао његовом утицају.

Но, у одвојеним извештајима о свом готово шестомесечном боравку и запажањима у подручјима која су контролисали националисти, пуковник Сајц и капетан Менсфилд потврдили су оно што је већ дуго било познато и прихваћено у британским и америчким обавештајним круговима на терену, али што је тек тада почело да допире до званичног Вашингтона. Укратко, њихови извештаји и запажања потврдили су да су главнина Титових јединица и комунистички утицај ограничени на области у западној Југославији – углавном неплодном и ретко насељеном подручју од малог или никаквог значаја за Немце у погледу комуникација или експлоатације богатстава. Они су такође утврдили да се главнина националних снага под заповедништвом Михаиловића углавном налази у источној Југославији, у близини и дуж немачких саобраћајница и других објеката и ресурса од највећег војног значаја.

У извесној мери, они су успели да стекну и сазнања о саботажама под надзором генерала Михаиловића, што је потврдило извештаје наших специјалних извора који су стизали још од краја 1942. У својој књизи, амбасадор Фотић посебно наглашава недвосмислене докаве Сајца и Менсфилда о томе да су комунистичке оптужбе о сарадњи генерала Михаиловића са Немцима у потпуности лажне. Укратко, обојица су стекла општи утисак да се ради о јакој националној организацији,

''која обухвата читаву земљу, са добровољно прихваћеном дисциплином, организацији чији ће припадници послушати сваку наредбу свог команданта. Та организација (...) била би од непроцењиве користи за савезнике уколико би се одлучили на велику војну операцију у Источној Европи''.

Амбасадор Фотић даље пише:

''Извештаји пуковника Сајца и капетана Менсфилда (из марта и априла 1944) оставили су снажан утисак на америчке званичнике задужене за југословенска питања (...) Како је америчка политика била да се помогне свим групама које се боре против непријатеља, убрзо по Сајцовом и Менсфилдовом повратку донета је одлука да се Михаиловићу и његовим четницима хитно упути помоћ у наоружању и другом ратном материјалу. Ову одлуку потврдио је и сам председник. Почетком априла 1944 (...) имао сам неколико састанака са двојицом високих официра *OSS*, генералом Милером (*Miller*) и пуковником Престоном Гудфелоуом (*Preston Goodfellow*), како бисмо утврдили редослед слања неопходног материјала Михаиловићу (...) Један мој пријатељ у Стејт Департменту, задужен за југословенска питања, рекао ми је да је сад, захваљујући извештајима Сајца и Менсфилда, отворен пут за слање помоћи Михаиловићу, сасвим у складу са политиком коју је државни секретар изложио 10. децембра 1943. Но, после неколико дана грозничавих активности разговори су прекинути, а један други познаник, на високом положају у влади, рекао ми је како је председниково наређење повучено на лични захтев премијера Черчила''. (Исто, стр. 266, 267–278)

Током марта 1944, председника су поново подсетили на мој захтев да будем послат у штаб генерала Михаиловића. Фактички, то је представљало обнављање мог, неодобреног, захтева из јесени 1942. Но, априла 1944. обавештен сам да се председник сада не само сагласио с мојом мисијом већ је за њу показао и изузетно интересовање. Убрзо потом, међутим, наредба о мом одласку опет је повучена без објашњења. Незванично сам сазнао да је и до тога дошло на лични захтев премијера Черчила.

Убеђен сам, међутим, да је и у пролеће 1944. председник Рузвелт и даље имао приличне симпатије и веру у национални покрет у Југославији, јаче од утицаја неких људи око њега који су, под упливом комунистичке пропаганде, тражили од њега да пружи подршку Титу. Председникова наклоност према југословенским националистима па и подршка њима, упркос Черчиловој одлуци да их напусти, поново је постала чинилац америчке ратне политике јула 1944. То се очитовало и повећаним обимом америчког бомбардовања немачких постројења широм Југоисточне Европе, што је довело и до обарања великог броја америчких пилота.

Иако су га у то време Савезници већ сасвим били напустили, генерал Михаиловић и његови команданти брзо су реаговали и организовали велике акције да спрече Немце у заробљавању пилота, спасавајући их и пребацујући на сигурно. У вези с тим, поново цитирам амбасадора Фотића:

''До почетка јула (1944) у Михаиловићевом штабу било је више од стотину тих авијатичара, а генерал је о њиховом присуству обавестио Савезничку врховну команду у Казерти. Како његове поруке нису уродиле плодом (Британци будући ти који су надзирали везе), он ми је 12. јула 1944. послао директан телеграм''. (Исто, стр. 268. Књига Корија Форда, *Донован из OSS* /Corey Ford, *Donovan of OSS*/ садржи жив опис спасавања посада америчких бомбардера које су Немци оборили над територијом Југославије, и њихово скривање у планинама под заштитом националних снага. Стр. 204–213)

Упркос британском противљењу, председник Рузвелт је одлучио да самостално организује операције њиховог извлачења из Југославије. У то време поручници, Џорџ Мусулин и Мајк Рајачић спуштени су падобраном безмало наслепо. Касније су им се придружили капетан Николас Лалић и медицинско особље неопходно за старање о бројним рањеницима међу авијатичарима. Већину послатих одабрао је генерал Донован из *OSS*, док су пребацивање и пратња били у надлежности америчке авијације. Две стотине двадесет пет авијатичара евакуисано је првог дана, а до краја године број авијатичара које су националисти спасили и чијој су безбедној евакуацији допринели попео се на готово пет стотина.

Морам, при том, истаћи извесне чиниоце у овој акцији због којих је ова епизода једна од најсрамнијих у нашој историји. Спасавајући авијатичаре националисти су сви одреда – од обичног сељака до генерала Михаиловића – много стављали на коцку, трпећи приличне губитке не само у људству већ и у иначе оскудној муницији. Није се радило само о окршајима већ и о немачким репресалијама против цивила, који су сви преко Радио Лондона већ могли сазнати не само да су их Британија и Америка потпуно напустиле, већ и да их нападају као ''фашисте'' и ''колаборационисте''. Но наша срамота још већа срамота била је у томе да националисти готово да нису имали ни лекова ни санитетског материјала и да су, на запрепашћење америчког медицинског особља, операције обављане без анестетика, али да су за лечење америчких авијатичара давали најбоље што су имали, а да је наш једини гест захвалности био да се санитетски материјал и лекови утрошени за њихово лечење надокнаде строго према утрошку приликом њиховог укрцавања у спасилачке авионе.

Истовремено, што је нашем медицинском особљу било познато из непосредног искуства, у болницама успостављеним на Јадрану за југословенске партизане било је на располагању сваког могућег санитетског материјала који је трошен немилице, без вођења рачуна о стварним потребама. Но, све наше напоре да те чињенице предочимо вишим инстанцама у Вашингтону блокирале су релативно мале групе људи на кључним средњим положајима у Вашингтону, који су, без обзира на мотиве, подржавали и прихватали комунизацију Источне Европе.

И пре ове епизоде спасавања америчких авијатичара истинска благонаклоност председника Рузвелта према Југословенима – укључујући националисте и генерала Михаиловића лично – била је осујећена директним утицајем премијера Черчила на председника. У овом случају, међутим, не знам ни за шта што би указивало да је Премијер интервенисао код Председника не би ли осујетио и то привремено и готово безначајно оживљавање занимања за национални покрет у Југославији. Напротив, мени доступни докази први пут указују на непосредан и велики утицај прокомунистичких елемената у нашој влади у спречавању наших виших ешалона да делају – па чак да и сами изврше процену сваке појединачне ситуације.

Насупрот прилика на нивоу Вашингтона, па и пре спасавања авијатичара у јулу, почео сам, у Каиру и на другим местима на терену, да уочавам знаке обновљеног америчког интересовања не само за Југославију већ и Источну Европу у целини које, бар са историографског становишта, сматрам вредним пажње. Од касног пролећа 1944, наиме, у Здруженој обавештајној агенцији за скупљање података за Блиски исток (*Joint Intelligence Collecting Agency, Middle East /ЈIСАМЕ/*) у Каиру – америчком штапском одсеку којем сам тада припадао – знало се да је у Вашингтону донета одлука о директном учешћу у савезничкој припреми и одржавању надзираних слободних избора у Југоисточној Европи, одмах по склапању примирја, и савезничке окупације тог подручја.

Било је наиме предвиђено стварање здружене совјетске, британске и америчке мисије надлежне за спровођење тог плана. Био сам обавештен да ћу бити саветник једног америчког генерала који ће стићи у Каиро а да, у међувремену, треба да организујем одговарајућу обуку наших врсних младих подофицира, дипломаца са разних универзитета, за такву мисију. Но убрзо потом дошло је наређење да треба да предводим специјалну истраживачку мисију у Југославији. Последњим упутствима пред ту нову мисију при штабу на терену речено ми је да јавности у Југославији саопштим да Сједињене Државе неће учествовати ни у каквим војним операцијама на подручју Југоистока, али да ће надгледати слободне изборе које треба одржати чим примирје у том подручју буде склопљено. Нисам, међутим, био у прилици да сазнам ништа више о том занимљивом питању одржавања слободних извора у области Југоистока.

Друга група материјала која је указивала на тадашње обновљено америчко интересовање за Југославију и Југоисточну Европу потиче из неких мојих извештаја са терена из јуна 1944. Као и раније, тог пролећа наши специјални обавештајни извори у Југоисточној Европи јављали су о размерама и успеху националистичких саботажа на немачким саобраћајницама и постројењима не само у Србији, него – што је још важније – у Мађарској, Румунији и Бугарској. Током пролећа 1944. извештаји су све јасније откривали и један нови фактор – да Немци стационирани у тим земљама све очитије схватају неминовност свог војног пораза, и пропасти нацистичког режима у самој Немачкој.

Уз то, извештаји су показивали и све већа настојања локалних пронацистичких елемената да успоставе везе са дотад сузбијаним антинацистима, нарочито са представницима земљорадничких покрета и другим организацијама напредно-демократског карактера. Ти извештаји стизали су и до америчког генерала Томаса Родерика, високог обавештајног официра у англо-америчком штабу на терену, и генерала Вилијема Донована, шефа *OSS* у Вашингтону. У мају сам зато с америчким и британским особљем подробније размотрио проширивање обавештајног сектора и у Главном штабу у Алжиру и у седишту специјалних операција у Барију.

На основу својих обавештајних података, Британци су, наиме, већ почели ширити штаб у Барију, преиначујући га у базу за конвенционално и неконвенционално ратовање против Немаца не само у Југославији, већ и у суседним подручјима на северу и истоку, укључујући и Словачку – укратко, да тактички и парцијално примењују широку стратегију премијера Черчила. Оно, међутим, што је маја и јуна 1944, и у Каиру и у Алжиру и Барију на мене оставило највећи утисак било је расположење новог и растућег интересовања званичне Америке за Југославију и Југоисточну Европу међу вишим америчким официрима. Многи од њих су први пут, можда и подсвесно, почели да о том подручју размишљају као о ''нашој представи''. То је важило не само за особље *OSS*, тада већ две године у извесној мери непосредно уплетено у догађаје у том региону, већ и за особље из Војске и Стејт Департмента.

После мојих разговора припремио сам процену ситуације у свим подручјима под немачком окупацијом у том сектору и препоруке за деловање у Југославији. Наводим стога делове мог извештаја из јуна под насловом *Предлог за успостављање америчке обавештајне мисије при југословенским снагама у Србији*. Уз мишљење да мисију треба послати у штаб генерала Михаиловића, додао сам:

''Долепотписани је од компетентних власти сазнао да ће амерички Стејт Департмент подржати слање такве војне мисије у Србију, и да се више британске власти (на терену) неће нужно супротставити таквом потезу''.

Наиме, британски део ''компетентних власти'' суштински је одражавао погледе истог елемента с којим сам разговарао о ситуацији у Југославији одмах по мом повратку из мисије у новембру. Амерички елемент, пак, био је убеђен да је одавно дошло време да се код генерала Михаиловића у склопу регуларне мисије шаљу не само припадници *OSS*, већ и америчке војске и Стејт Департмента. Сврху те предложене мисије образлагао сам следећом проценом из трећег пасуса мог извештаја:

''Географски положај Србије је такав да олакшава контакте копном са Грчком, Бугарском, Румунијом и Мађарском (...) Ако такви још нису успостављени, има разлога да се верује да (америчке службе) преко српског националног покрета могу успоставити везу са мађарским и румунским групама које су против Немаца''.

Израз ''има разлога да се верује'' био је наиме нужна ограда у извештају за који се дало очекивати да ће допрети до бројних намештеника у Вашингтону, а због тада још строго поверљивог податка да смо ми већ од раније, преко наших специјалних обавештајних извора, знали да генерал Михаиловић већ дуго врши саботаже против Немаца у Мађарској и Румунији, као и у Бугарској. Нешто шире извештај наводи:

"С положаја у Србији могуће је пратити кретање немачких трупа и опреме Дунавом и железницом у Грчкој, Бугарској и деловима Румуније и Мађарске. Из база у Србији могуће је пратити даље кретање немачких трупа према северу и истоку. Из база у Србији могуће је организовати осматрање циљева за ваздушне нападе и проверу резултата бомбардовања, те успоставити канале за спавање авијатичара принуђених на приземљење у околним подручјима".

Закључни део извештаја пак гласи:

"Потребно је што пре организовати прелиминарне разговоре са српским вођама у Југославији. С обзиром на контакте које је долепотписани већ успоставио, он се добровољно јавља за тај задатак".

У једном другом свом извештају од 16. јуна 1944 написао сам:

"Извор на високом положају у *OSS* је долепотписаном доставио овакав вероватни оквир одлука наводно донетих у погледу надлежности штаба *OSS* у Барију. Тај штаб ће контролисати све операције *OSS* на Балкану (...) и у Мађарској, Аустрији (...) и могуће у неким другим областима Источне Европе када и ако ти контакти буду успостављени. Додатно особље које ће преузети повећани обим посла већ је на путу. Припадници *OSS* на северним границама Југославије већ покушавају да успоставе везе на северу (...) Један од одговорних шефова *OSS* (...) спрема штабу *OSS* у Вашингтону предлог за успостављање обавештајне мисије *OSS* која би радила са генералом Михаиловићем и другим српским националним вођама. Очекује се да таква мисија преко националних канала може доћи у везу са групама у Бугарској, Румунији и Мађарској, а које нису оне са којима везе могу бити успостављене преко партизана".

Овај материјал *OSS* је од приличног значаја, поготово у склопу оног што сам приметио у Штабу, о растућем занимању за Југославију и Југоисточну Европу међу високим америчким особљем, и у оквиру материјала амбасадора Фотића о доприносу Стејт Департмента утемељивању једне одрживе и разумне америчке ратне политике. То закаснело америчко занимање за сектор Југоисточне Европе током рата садржавало је три елемента:

– признавање значаја тог сектора не само у оквиру завршне фазе рата већ и после примирја, и омогућавање ефикасне сарадње Савезника;

– признавање, иако прилично закаснело, америчке одговорности за учествовање у тим завршним фазама, макар само преко разних штабова а не и трупа, и

– извесно признавање чињенице да југословенски националисти, а не партизански покрет под контролом комуниста, представљају наш најбољи ослонац у том закаснелом настојању.

Године 1944 – као и данас – било је, наиме, јасно да то изненадно поновно занимање није потекло од председника Рузвелта, мада га је он испрва подржавао. На основу мени познатог, претпостављам да је бар четворо људи заслужно за тај нови(/стари) курс. То су генерал Вилијем Донован, шеф *OSS*, генерал Томас Родерик, главни амерички обавештајни официр на терену, пуковник Џорџ Л. Кинг (*George L. King*) из америчког одсека за Здружене планове и дејства (тајна) у савезничком штабу на терену, и амбасадор Роберт Марфи (*Robert Murphy*), надлежни службеник Стејт Департмента за тај сектор.

Јер, моје слање у штаб генерала Михаиловића с којим се у јулу, на подстицај генерала Донована, Председник поново сагласио, омогућено је тек заједничким напором све поменуте господе. Требало је да сарађујем не само са екипама *OSS* задуженим за спасавање америчких авијатичара, него и с великом мисијом *OSS* планираном за слање у штаб националиста у Србији, од које се ипак одустало. У оквиру тога, моја прва дужност била је припрема свеобухватног и детаљног извештаја, не само о војним приликама – у смислу дејстава против Немаца и грађанског рата – већ и основних политичких, економских и друштвених чинилаца важних за америчку припрему примирја, и сарадњу с нашим британским и совјетским савезницима.

Осим у погледу овог последњег, моја мисија била је наставак мисије Сајца и Менсфилда у оквирима које је председнику Рузвелту првобитно предложио амбасадор Фотић. С обзиром, међутим, да сам из административних разлога био придружен *OSS* током мог боравка у Југославији, мој званични извештај требало је да поднесем генералу Родерику, код кога сам био званично премештен из *ЈСАМЕ* и америчког Штаба у Каиру.

Но, док сам боравио у Југославији генерал Родерик је умро, амбасадор Марфи био премештен на дужност код генерала Ајзенхауера у Француску, а природу моје мисије су кругови комуниста и њихових симпатизера лажно приказали и на терену и у Вашингтону. Иако је налог за моју мисију потекао од председника Рузвелта на подстицај генерала Донована, после протеста премијера Черчила због мог присуства у штабу генерала Михаиловића, Председник је у септембру повукао своје наређење. Ситуација и иначе непријатељска према свему што сам желео да постигнем, отежана је још више тиме што сам због низа техничких околности евакуисан тек 1. новембра, што је послужило за лажне оптужбе против мене да сам намерно прекршио наређење да напустим Југославију.

Последица тога била је да ми је било дозвољено да говорим само у савезничком штабу и са врло ограниченим бројем виших америчких и британских официра и званичника; мој извештај сачињен је само у два примерка, од којих је један био за председника Рузвелта; пребачен сам у Вашингтон под строгим наређењима да ни са ким не разговарам о мојој мисији, осим ако ми то не буде наложено.

Но, виши британски официри у штабу на терену били су врло отворени за све што сам имао рећи и постављали су ми бројна питања о свим аспектима моје мисије. Нарочито су се занимали за усмену поруку генерала Михаиловића коју сам пренео и његове предлоге за англо-америчко преузимање западне и централне Југославије. (О томе сам подробније писао у поглављу о дејствима Михаиловићевих националиста)

Том приликом, предложио сам зато Британцима да ми се бригадир Фицрој Меклејн, шеф британске мисије код Тита и главни званични саветник премијера Черчила за Југославију, придружи у путовању кроз све крајеве Југославије како бисмо заједно утврдили расположење и међу националним и Титовим вођама, о томе кога желе као свог представника – Тита или генерала Михаиловића – у тим почетним савезничким разматрањима поратних питања. Мој предлог примљен је у британском штабу не само са интересовањем већ и са великом подршком, но моје нагло повлачење у Вашингтон и забрана да било о чему говорим лишила ме је могућности да сазнам шта се на том нивоу потом догађало.

Што се тиче америчке политике – како се показало и мојом мисијом у Југославију – у Вашингтону ми је незванично речено да су наређења за мој опозив у септембру дошла не од председника Рузвелта већ од премијера Черчила, који га је притискао све док нисам коначно био повучен у новембру. То узимам као доказ да је упркос јаза који је почео да се јавља између њих двојице још током конференција у Москви и Техерану 1943, Председник ипак био склон да следи жеље премијера Черчила у односу на унутрашње прилике у Југославији.

Иако, наиме, немам непосредна сазнања о томе, изгледа да су упорна настојања генерала Донована од почетка лета 1944, да се побољшају и прошире операције *OSS* не само у Југославији него и у већем делу Југоисточне Европе – па и у Централној Европи, преко канала које је успоставио генерал Михаиловић – одбачена негде у то време, вероватно такође на захтев премијера Черчила.

Постоји општа склоност конзервативних коментатора да закључе да је баш у овим променама у америчкој политици председник Рузвелт делао под утицајем – свесним или несвесним – комунистичких и прокомунистичких елемената. Мада је то могуће, никада нисам наишао ни на један доказ који би потврдио такве закључке. Слажем се да је Председник одржавао контакте са истакнутим комунистичким симпатизерима који су лажно оптуживали генерала Михаиловића за сарадњу са окупатором и југословенским реакционарима, и који су нападали Стејт Департмент што одбија да прихвати њихове тврдње.

У потпуности се слажем, такође, да је до лета 1944. Председник био потпуно посвећен својој политици, започетој још у Техерану, да обезбеди поратну сарадњу Стаљина подржавајући погрешно схваћене ратне циљеве Москве. Што се тиче Председникове политике према будућности Југославије, сматрам да су докази јасни да је био не само под утицајем Черчилове личности већ и врло директно и неповратно обманутих америчких идеалиста – и самих под комунистичким утицајем – који су Тита доживљавали више као националисту него као комунисту, и као човека кога огроман број Југословена воли и коме верује.

До сада сам се, при покушају сагледавања америчке ратне политике председника Рузвелта, углавном ограничавао на оне њене аспекте који су се односили на унутрашњу, војну или политичку ситуацију у Југославији. Но сада бих укратко покушао да макар себи разјасним Председникове реакције на укупни Черчилов стратешки концепт за Југоисточну Европу, у коме је Југославија била кључни елемент.

Јер, радећи на овом материјалу – не само на основу објављених радова већ и мојих извештаја и личних бележака – у објављеним делима, нарочито америчког порекла, открио сам велико неразумевање и погрешно тумачење самог тог Черчиловог концепта и Стаљинове и Рузвелтове реакције на њега.

О самом концепту – а посебно како је представљен у Черчиловим поратним мемоарима – писао сам подробније у поглављу о Премијеровој стратегији. Суштински, и како је формулисана, та стратешка замисао предвиђала је двокраку офанзиву англо-америчких копнених и ваздушних снага већ стационираних на Медитерану и непредвиђених за неке друге операције.

Источни крак офанзиве имао је за циљ претварање подручја Егејског мора у базу одакле би се, уз потпун совјетски пристанак, Турска увела у рат на страни Савезника, а Бугарској била пружена прилика, коју је већ тражила, да иступи из непопуларног савеза са Хитлером. Тиме би се постигао најважнији војни учинак целог тог подухвата – отварање Босфора и Дарданела за веома важну и тада виталну англо-америчку логистичку подршку преко Црног мора главним совјетским армијама у очекивању њиховог напредовања на запад.

Наиме, допремање помоћи преко Средоземног и Црног мора уместо преко Арктика и Персијског залива, дотад јединих алтернатива, повећало би испоручене количине неколико пута а и било далеко брже. (О виталном значају Черчилове стратегије за Стаљина, фактичког и номиналног врховног заповедника совјетских снага, више је изложено у поглављу о совјетској политици)

Западни крак офанзиве коју је Черчил замислио и како је на терену била планирана требало је да створи базу у региону горњег Јадрана у Југославији за важну операцију бомбардовања немачких ратних индустријских постројења и центара за логистичку подршку у Централној и Источној Европи до којих бомбардери из база у Британији нису могли допрети, и за напредовање англо-америчких и југословенских копнених снага – не одвише бројних али уз снажну тактичку подршку авијације – до Дунава, па и даље у правцу Беча.

За несрећу, међутим, једино је тај последњи елемент – у пренаглашеној и искривљеној верзији и представљен као ''инвазија Немачке'' – привукао пажњу у Америци, и на њега је усмерена критика целокупног концепта.

У првим месецима 1944, наиме, на терену сам се упознао са пробним тактичким штапским студијама Британаца, сачињеним по Черчиловој стратешкој замисли, за случај да она буде прихваћена. Стручни планери на Блискоисточном ратишту, и амерички и британски, очито су сматрали концепт добрим и саобразним осталим прихваћеним плановима за англо-америчке операције.

Та процена подударности је, тако, пре свега укључивала планове за операцију *Оверлорд* (*Господар*) у северној Француској у пролеће 1944. Имајући стога у виду врло распрострањену и сасвим погрешну америчку критику Черчиловог концепта за сектор Југоисточне Европе, врло је важно да сваки коментатор потпуно и пажљиво проучи све што о свом концепту сам Черчил излаже у својим сећањима. То, додуше, захтева напора пошто су битни пасуси не само бројни већ и међусобно неповезани. Мемоари посебно побијају општи амерички утисак да је Стаљин био тај који је у Техерану преузео иницијативу и принудио Савезнике да напусте Черчилов стратешки концепт, као и генерала Михаиловића и легитимну југословенску владу.

Но, просто је невероватно да готово нико није приметио да Черчилови мемори доказују управо супротно, то јест да је Стаљинов став био сличан, можда и истоветан Рузвелтовом, с почетка Техеранске конференције. Председник је, наиме, два пута, на личну иницијативу, јасно говорио у корист Черчиловог стратешког концепта, сваки пут наглашавајући предложено напредовање англо-америчких копнених снага у правцу ''североистока'' – од горњег Јадрана ка Дунаву.

Потом се, после председника Рузвелта који је као председник државе а не премијер, говорио први, Стаљин осврнуо на основне чиниоце у целокупној ратној ситуацији уравнотежено и рационално, што открива његову величину као ратног вође наспрам зла и ирационалности испољених у својству партијског вође.

На том састанку Техеранске конференције Стаљин није рекао или наговестио ништа што би могло бити протумачено као противљење Черчиловом стратешком концепту. Међутим, председник Рузвелт је, у очитој супротности са својим првотним изјавама, касније поменуо могућност да примена Черчиловог стратешког концепта изазове озбиљно одлагање операције *Оверлорд*, великог англо-америчког искрцавања на северу Француске. Изгледа, да је тек после тог Рузвелтовог погрешног тумачења Черчилове замисли Стаљин изразио извесно противљење предложеним англо-америчким дејствима на Југоистоку.

Не знам, заиста, шта је навело председника Рузвелта да промени свој став о Премијеровој стратегији, и то тако нагло. Оно што је битно и можда значајно да при том Председник није навео никакве разлоге који би ту промену оправдали. После пажљивог преиспитивања материјала расутог по Черчиловим мемоарима и оног што сам могао сазнати од америчких и британских официра задужених за логистику тактичког планирања, убеђен сам да би неко веће одлагање главног англо-америчког искрцавања у северној Француској – до кога би дошло због примене Черчиловог концепта – износило свега неколико недеља.

До таквог одлагања је потом и дошло иако због других, непредвиђених чинилаца. Одговорни британски и амерички стручњаци за логистику такође су ми казали да би одлагање операције *Оверлорд* због евентуалног усвајања Черчилове стратегије било избегнуто да председник Рузвелт није после Техеранске конференције инсистирао на измештању десантних бродова са Средоземља зарад релативно безначајне операције против Јапанаца на Пацифику, или у југоисточној Азији.

Стога сваки покушај да се утврде сложене промене у ратној политици председника Рузвелта мора, по мом мишљењу, узети у обзир три групе чинилаца:

– као *прво*, утицај америчког војног руководства на Председника, којима је много више било стало до одлучне победе на Далеком Истоку него до европске стратегије;

– као *друго*, могуће опадање Председниковог дивљења према премијеру Черчилу, и,

– као *треће, нова и све већа решеност председника Рузвелта да своју спољну политику усредсреди на задобијање Стаљиновог поверења, ради и сарадње с њим после рата. Рекао бих да је то највише утицало на Председника да у Техерану жртвује свој претходни близак однос са господином Черчилом, и сагласи се са ''пацифичком'' стратегијом својих војних саветника.*

Поменуте промене на Техеранској конференцији у ставу председника Рузвелта и руског лидера навеле су премијера Черчила и много друге Британце на сумњу да су Американци и Руси направили неки споразум у Техерану где су, како Британци истичу, и Рузвелт и Стаљин били смештени у Руском посланству и имали много прилика за разговоре у четири ока. Према Британцима, темељи за промену у Техерану постављени су на претходној Конференцији министара спољних послова у Москви – а доказе за своје сумње налазе у преписци између Черчила и Рузвелта у периоду између ове две конференције.

У почетку, Британци су на то наводно гледали као на природну тенденцију Американаца да оспоравају пословично британско преузимање улоге старијег партнера. Потом су, заједно са премијером Черчилом, постајали све убеђенији да Рузвелт све чешће намерно избегава приватне разговоре с њима, користећи се боравком у Руском посланству да побољша своје односе са Русима. Према њима, то је означило почетак нове и врло опасне фазе у америчкој ратној политици. Сâм Черчил је тај период после Техеранске конференције описао следећим речима:

''У америчким владиним круговима рађала се јака струја мишљења која је очито желела да задобије поверење Руса макар и на штету усклађених англо-америчких војних напора''.

За ту наводну промену у америчкој политици у Техерану господин Черчил криви америчке војне заповеднике:

''Могао сам придобити Стаљина, али председника (Рузвелта) притискале су предрасуде његових војних саветника''. (*Closing the Ring*, стр. 346)

Нешто другачије британско тумачење може се наћи у релативно скорашњој (из 1967. године; прим. приређивача) и врло важној студији господина Харолда Макмилана, главног представника британског Министарства спољних послова на терену у време рата, а после рата министра спољних послова и британског премијера. Та студија је извор о Другом светском рату који би у овој земљи (САД) ваљало више користити. Господин Макмилан цитира шефа америчког Генералштаба, генерала Маршала, који о учествовању америчких трупа у Југоисточној Европи каже следеће:

''Ако се ради о Балкану, ми (америчке трупе) тамо не можемо ићи''. (*The Blast of War*, стр. 416)

Таква опаска 1944, од официра на тако високом положају као што је био генерал Маршал и тако блиског Председнику, по мени подразумева да је желео саопштити да има директно Председниково наређење да се успротиви Черчиловом концепту. Изјаву Шефа нашег Генералштаба доводим у везу и оним што ми је један високи официр за планирање у Вашингтону напоменуо: да су Председникови војни саветници настојали да избегну било какве обавезе у Југоисточној Европи

''из страха да се не уплету на Балкану''.

Из свих мојих контаката са вишим америчким официрима из свих видова војске током рата, и на терену и у Вашингтону, стекао сам утисак да су повремено спречавани да своју дужност обављају како треба строгим налозима с највиших нивоа у Вашингтону да се сва стратешка разматрања ограниче на војне факторе, а политичка занемаре – колико год ти били пресудни за прве.

Стога је исувише често долазило до ситуација у којима су виши војни ешалони желели да играју на сигурно проглашавајући легитимна стратешка разматрања ''политичким'', то јест онима која ваља занемарити. И на терену и у Вашингтону то је изгледа навело неке официре на одговорним положајима да се суздрже од изношења свог искреног суда о томе да је нова Председникова политика у погледу сарадње са нашим совјетским савезником онемогућила постављање граница напредовању главнине совјетских снага на запад.

Насупрот томе, професионалци из Стејт Департмента показали су нешто више храбрости, већ тада рекавши да је нова политика заправо позив екстремистима у совјетском врху да одступе од политике умерености и сарадње, коју је Стаљин наметнуо од почетка рата и од које је на крају и одустао када смо ми сами призвали одлуке потом донете на Јалти, са трагичним последицама по Источну и Централну Европу. На основу личних контаката и каснијих проучавања стекао сам уверење да Техеранска конференција заправо пружа и први јасан доказ за оно о чему се говоркало после Московске – да је Председник пребрзо ишао у правцу чврсте одлуке да уз велики ризик покуша да придобије Стаљина за поратни курс умерености и сарадње, подржавајући оно што је био наведен да протумачи као Стаљинове непосредне циљеве на Техеранској конференцији.

У поменутој књизи господин Макмилан ову наглу промену Председниковог става сматра главним узроком многих зала која су после рата задесила Европу:

''Продор кроз Љубљански пролаз (у северозападној Југославији, изнад Јадранског мора) и улазак у Аустрију (англо-америчких копнених снага) могли су изменити целу политичку судбину Балкана и Источне Европе (...) Но осим Рузвелтове жеље у то доба да задовољи Стаљина готово по сваку цену, ништа није могло сузбити (америчке) готово патолошке сумње у британску политику, нарочито према Балкану (...) Тако је посејано семе поделе Европе и трагичних раздора које ће доминирати свим политичким и стратешким размишљањем целог једног нараштаја (...) Свих ових година сматрао сам ту одлуку (Рузвелта да не подржи Черчилову замисао већ да се ослони на Стаљинову добру вољу) (...) као на једну жалосну прекретницу у историји''. (Исто, стр. 423)

Роберт Макдауел

Са господином Макмиланом се у потпуности слажем.

Но, за разлику од нашег војног врха, припадници Стејт Департмента – не само на терену већ и горњи ешалони у Вашинтону – су готово без изузетка схватали опасност великих промена Председникове политике, садржаних у одлуци да следи Черчила у престанку подршке легитимној југословенској влади, генералу Михаиловићу и његовом националном покрету у корист комунисте, ''слободног стрелца'' Тита, да се супротстави Черчиловим напорима за англо-америчко војно присуство у Југоисточној Европи, и да из погрешне процене и коцкајући се подржи оно што је сматрао Стаљиновом ратном политиком и поратним намерама, у нади да ће га тако придобити за политику умерености и сарадње по окончању рата.

Зато, као пример веће мудрости наших дипломатских професионалаца, наводим документ Стејт Департмента од 15. августа 1944, упућен адмиралу Лихију (*Leahy*), шефу кабинета председника Рузвелта. Ваља при том имати на уму да његов садржај одражава не само гледиште Стејт Департмента, већ и америчке владе:

''Доследна политика ове владе била је и остала слање војне помоћи покретима отпора у Југославији, намењене активним дејствима против Немаца, а не оним активностима које могу помоћи плановима неке групе да војним средствима обезбеди политичку контролу над другим покретима такође супротстављеним силама Осовине. Стејт Департменту је изузетно стало да америчке активности у Југославији буду планиране тако да буде очигледно да ова влада не подржава пројекте других небалканских сила (по свему судећи Британије, совјетске Русије, као и Немачке) срачунате да утичу на ток догаћаја у земљи, и да не подржава један део народа против другог, зарад стицања контроле над унутрашњим приликама у Југославију''.

Ово је заиста величанствена изјава о томе шта је требало да буде америчка политика у погледу унутрашњих питања Југославије, и других мањих европских земаља – па и света – осим у оном најбитнијем:

Она је наиме у потпуности негативна, и не показује никакву америчку решеност да се узме учешће и преузме одговорност сразмерна нашем положају највеће светске силе. Но, поштеног односа према нашим дипломатама ради, морам истаћи да су се током читавог рата на радном нивоу у Стејт Департменту – ван земље и у земљи – водиле врло плодне и практичне неформалне расправе око ефикасног америчког учешћа – и то не само у оквиру неке светске организације него и са нашег конкретног, државног становишта.

Дуго сам зато желео да сазнам какве је намере Стејт Департмент имао шаљући овакве важне изјаве Белој кући тако касно – то јест средином августа 1944 – али ми се чини да се мање ради о документу са смерницама, а више о забелешци за будућност – да би се истакло неслагање са америчком политиком вођеном од котерија особа блиских председнику Рузвелту – лишених власти и одговорности, али са огромним утицајем на њега.

У својим скорашњим покушајима да стекнем бољи увид у размишљања Вашингтона у почетним годинама рата, док сам био с друге стране океана, наишао сам на књигу која је на мене оставила велики утисак. Написала ју је Хелен Ломбард (*Helen Lombard*), новинарка из Вашингтона, касније супруга господина Питера Вишера (*Peter Vischer*), која је за време и после рата стекла поштовање бројних представника владе и новинарског света. Реч је о књизи *Док су се они борили: иза сцене у Вашингтону 1941–1946* (*While They Fought: Behind the Scenes in Washington, 1941–1946*, Scribners, 1947). Као покушај да се догађаји забележе и процене готово истовремено са њиховим одвијањем, ни та књига није избегла неке погрешке у тумачењу мотива иза званичних одлука и личних ставова. Но, будући у општем од великог значаја, из ње ћу навести неке делове.

Наиме, у периоду одржавања Техеранске конференције, ауторка примећује да је државни секретар Хал преузео потпуну контролу од подсекретара Самнера Велса, и да је ''осовину Вашингтон-Москва сада заменио концепт Уједињених нација''. Затим каже:

''Тада је (у пролеће 1944) у Вашингтону постало крајње непопуларно помињати идеале с којима су Сједињене Државе ушле у рат''.

Током година проведених с друге стране океана, заиста сам и сâм стекао утисак да је већина припадника Стејт Департмента процењивала да се Председник у потпуности посветио пуном америчком учешћу у Уједињеним нацијама, те је 1944. на терену свако разматрање ''осовине Вашингтон-Москва'' подразумевало да ће она функционисати у контексту Уједињених нација. Разумљиво, на терену никада није ни било мени познатих разматрања идеала као критерија за спољну политику али се осећало, а то сам осећао и ја, да је Вашингтон непотребно циничан – бар у штампи и на радију – при разматрању догађаја који ће наступити по окончању рата.

Хелен Ломбард тако истиче да су у том периоду најближи сарадници државног секретара Хала били конзервативци који су подржавали договор између Москве и Вашингтона, убеђени да је совјетски комунизам окончао своју насилну фазу и да је могуће рачунати на његову сарадњу са САД. То је био и став најпознатијих комуниста и њихових симпатизера инфилтрираних у неке одсеке британског Штаба за Југоисток, Блиски и Средњи исток, а то су тврдиле и бројне новине у Лондону.

Хелен Ломбард зато примећује да је после Техеранске конференције ''господин Хал постао херој америчких левичара'', па додаје:

''Америчка стратегија у Другом светском рату била је у суштини искључиво Рузвелтова. Током периода блиског пријатељства са Черчилом била је под утицајем Британаца; после Техерана, њоме су управљали Совјети''.

По мом мишљењу, и у ретроспективи, ова последња изјава није оправдана, али је овде укључујем пошто је током и непосредно после рата било момената када је сваки прави Американац у блиском додиру са ситуацијом у Вашингтону, као што смо били Хелен Ломбард и ја, долазио у искушење да је тако опише.

О Техеранској конференцији Хелен Ломбард има коментаре од посебног значаја. Мало пре него што је Конференција почела, Ломбард тврди да се:

''Рузвелт спремао да се коначно и одлучно супротстави Черчиловом плану за инвазију Немачке преко Балкана, јер би таква операција значила додатно расипање снага, продужетак рата и одлагање ефикасног деловања на Пацифику''.

Овде ауторка верно одсликава оно што сам и ја разумео као генералну реакцију Вашингтона на Черчилов концепт – но, то је тумачење које у свим тачкама осим првој противречи чињеницама доступним штампи и свим америчким војним одсецима у Вашингтону. Није ми, наиме, познато ништа што би поткрепило претпоставку да се Председник свесно ''спремао да се коначно и одлучно супротстави'' Черчиловом концепту још пре Техеранске конференције – иако су га, изгледа, неки саветници припремали за то још током конференције у Москви.

Јер, Черчилов стратешки концепт – онакав какав је био познат планерима на терену који су га разрађивали – ни у једном тренутку и ни на који начин није предлагао, а још мање захтевао, ''инвазију Немачке преко Балкана'', ''додатно расипање снага'', нити ''продужетак рата'' или ''одлагање ефикасног деловања'' на Пацифику. Осим тога, како сам већ истакао, председник Рузвелт је био тај који је на Техеранској конференцији први поменуо Премијерову замисао, говорећи њој у прилог без икаквог наговештаја критике.

Много значајније, међутим, пошто потиче из високог америчког званичног извора, јесте једно друго – такође погрешно, иако на други начин – тумачење Черчиловог концепта. Оно се може наћи у писму које је председнику Рузвелту написао Хенри Л. Стимсон (*Henry L. Stimson*), секретар за рат, 10. августа 1943 (уочи конференције у Квебеку). У њему стоји и следеће:

''...Британска теорија (то јест Черчилов концепт) је да Немачка може бити потучена низом притисака у северној Италији, источном Медитерану, у Грчкој, на Балкану, у Румунији и другим земљама-сателитима (...) Мени се, у светлу послератних проблема с којима ћемо се суочити, такав став (...) чини веома опасним. Ми се, подједнако јасно као и Велика Британија, залажемо за отварање правог другог фронта. Не можемо се надати да ће овакав метод ратовања ситним акцијама обманути Стаљина и убедити га да смо доиста одржали обећање''. (Хенри Стимсон и Мекџорџ Банди, *У активној служби у миру и рату* /Henry L. Stimson and McGeorge Bundy, *On Active Service in Peace and War*, New York 1947/, стр. 436–37)

Искрено речено, у овом кратком наводу из писма Секретара за рат упућеном Председнику, уочи једне од најважнијих англо-америчких конференција током рата, има много тога запањујућег и запрепашћујућег. Ако је Председник овакве савете добијао од највиших ешалона званичних саветника у време највећег рата у нашој историји, неопходно је да амерички народ инсистира да уз огромну одговорност коју председнички положај носи иде и особље са највишим квалификацијама које су наше друштво и институције у стању да пруже.

Ко год, наиме, да је био онај који је саветовао Секретара за рат да упути овакво писмо Председнику није поседовао ни основна знања о географском положају Југоисточне Европе или га је потпуно игнорисао – а без знања о географским чиниоцима, нема ни свести о стратешким. Што је још важније, британски званични планови на терену ни у време Квебешке конференције ни током 1944. нису ни помињали ''операције у северној Италији'', ''низ притисака'' а понајмање ''метод ратовања ситним акцијама''.

Штавише, британски планови нису ни у једном тренутку ни сугерисали да ће Немачка бити поражена неким другим операцијама или тактиком, а не коначном окупацијом преко северне Француске. У касној фази рата један високи војни званичник у Вашингтону ми је рекао да је Черчилов концепт само оживљавање превазиђене британске стратегије из Првог светског рата – напада на Немачку из савезничке базе у Солуну, на Егејском мору. Но, то није било тачно ни за Први светски рат.

Наиме, ниједан амерички официр задужен за планирање са којим сам радио било на терену било у Вашингтону не би тако погрешно проценио британску стратегију и у једном и у другом рату. Сваки професионални официр са таквим ставом не говори на основу познавања британске стратегије, већ пропагандног наклапања потеклог, највероватније, из штампе. Али, пажљивом репортеру са изврсним изворима, каква је била Хелен Ломбард, неко је рекао да је план премијера Черчила укључивао ''инвазију Немачке преко Балкана'', а Секретару за рат – што је он пренео Председнику – да Премијеров план није садржавао ништа више од ''ратовања ситним акцијама'', те стога и укидање планова за отварање ''правог другог фронта''.

У светлу ових доказа не могу избећи закључак какав су већ донели бројни коментатори вашингтонске сцене током рата да је – бар донекле – одустајање председника Рузвелта од блиске сарадње са Черчилом и његово препуштање Стаљиновој доброј вољи било последица намерног настојања непознатих појединаца да непосредне Председникове саветнике наведу на погрешно тумачење како британске тако и совјетске политике.

Налазим много сличности између овога и начина на који су непознате особе у Лондону навеле премијера Черчила да напусти легитимну југословенску владу и националисте у земљи у корист Тита. Мада је то, наравно, само претпоставка, ипак се отвара питање да нису можда и премијер Черчил и председник Рузвелт били жртве исте завере?

Но, независно од тога, чврсто сам уверен да би – да је председник Рузвелт подржао првобитну и основну британску стратегију у Југоисточној Европи уз постојеће тактичке погодности и англо-америчке копнене и ваздушне снаге стациониране на Дунаву у време за закључење примирја, као и уз отворен пут англо-америчким бродовима кроз Црно море – Хитлер не само био брже поражен, већ и Стаљин био принуђен да на Јалти и у Потсдаму не слуша екстремисте око себе него се определи за поратну сарадњу са западним силама.

При овим разматрањима могућих утицаја на председника Рузвелта да промени политику не могу, међутим, да порекнем да је међу америчким официрима било и искрених противника Черчилове политике који је нису намерно погрешно тумачили не би ли тако изопачена доспела чак у Председнички кабинет. С тим у вези, ваља погледати и овај цитат из књиге амбасадора Фотића:

"После Конференције у Квебеку, из поузданих извора сам сазнао да је план за савезничку офанзиву у правцу долине Дунава наишао на одлучно противљење америчких војних и морнаричких стручњака, упркос јаке подршке америчких политичких саветника који су се у потпуности слагали са британским ставом о политичким предностима овог плана (овим се мисли на добро познате погледе припадника Стејт Департмента). Амерички војни и морнарички стручњаци су се плану противили зато што би он довео у питање већ спремне планове за велику офанзиву у Француској". (*The War We Lost*, стр. 210–211)

Слажем се да је типична реакција припадника америчке војске на Черчилову замисао била мање-више да најкраћи пут од Атлантика до Берлина води преко северне Француске, те да тим путем ваља и ићи. Но овде је реч о последици претходно поменутог наређења: да наше стратешко професионално мишљење треба да искључи сваки чинилац, макако важан, са политичким конотацијама. Намерно или не, то наређење осујетило је сваки знатан професионални војни допринос нашој стратегији, упркос напорима припадника Стејт Департмента да изложе своје виђење војних питања. Подсећам зато још једном на опаску нашег Шефа Генералштаба, генерала Маршала, коју господин Харолд Макмилан наводи у својој књизи:

"Ако се ради о Балкану, ми (америчке трупе) тамо не можемо да идемо".

У даљим разматрањима промена америчке ратне политике – од зависности председника Рузвелта од премијера Черчила, до његове личне иницијативе да задобије одобравање и подршку Стаљина – опет се ваља вратити на цитате из књига амбасадора Фотића и Хелен Ломбард.

Амбасадор овако сажима речи које му је упутио господин Хари Хопкинс (*Harry Hopkins*), још један блиски саветник председника Рузвелта, септембра 1943:

"Он је нарочито нагласио како је важно показати америчко интересовање за Југославију и Средњу Европу, због британске тежње да се проблеми у том делу Европе посматрају искључиво као питање сфере интереса Велике Британије и Совјетског Савеза. Господин Хопкинс није уопште сумњао да ће коначан исход такве британске билатералне политике бити потпуна совјетска превласт над

Источном и Централном Европом. Стога, по његовом мишљењу, најбољи начин да се убудуће избегну сукоби јесте показати да су и Сједињене Државе такође заинтересоване за ту област у Европи, и њено укључивање у општи план за успостављање трајног мира". (Исто, стр. 212)

Неки су наиме тврдили да је господин Хопкинс био комунистички симпатизер током рата, а други да га је премијер Черчил држао ''у џепу''. Једини мени познат амерички официр с друге стране океана који је био отворени комунистички симпатизер и који, као ни ја, није био професионални војник, хвалио ми се да би – ако би запао у невољу – било довољно да затражи помоћ господина Хопкинса па да ''ствар'' буде решена. С друге стране, пак, неки британски официри су ми рекли, мада не могу тачно да се сетим датума, да је господин Хопкинс њихов најбољи амерички пријатељ.

Но, пошто сам и сâм током рата био оптуживан да подржавам и комунисте и антикомунисте у Југославији, морам претпоставити да је и господин Хопкинс, попут мене, најстојао да сазна и схвати што је могуће више о често сукобљеним оценама проблема с којима се суочавао. У наведеној изјави он се тако наизглед сврстава уз Стејт Департмент у страховању од непотребног совјетског утицаја у Источној Европи после рата и – сасвим могуће – против става који у писму председнику Рузвелту истиче секретар за рат Стимсон. С друге стране, њему се приписује подршка ставу државног секретара Хала на конференцији у Москви, заснованом на претпоставци да ће послератна совјетска политика бити умерена и вођена жељом за сарадњом.

О промени Председникове политике Хелен Ломбард пак пише:

''У Техерану је врло брзо постало јасно да тим Рузвелт-Черчил не функционише глатко као раније (...) Премијер је имао великог утицаја на Председниково мишљење у прошлости и они су у највећем броју прилика имали идентичне ставове. Па ипак, на Рузвелта је први контакт са Стаљином оставио велики утисак. Сместа га је завела Стаљинова решеност да се обрачуна са Хитлером и хитлеризмом на најбржи и најдиректнији начин, без обзира на цену. Иако је културно био ближи Черчилу, Рузвелт се идеолошки нашао ближе Стаљину''.

При том, непотребно је истаћи да ауторка израз ''идеолошки'' овде користи у општијем смислу, као став према Хитлеру и хитлеризму, а не да би наговестила да Председник постаје комуниста. Иначе, њени закључци о Рузвелтовом начину размишљања и његовим осећањима на Техеранској конференцији ми се чине изузетним примером здравог расуђивања. Свако, наиме, ко пажљиво прочита и студију амбасадора Фотића, о Вашингтону из ратног времена, такође ће уочити ту видну и све снажнију склоност Председника да се посвети што бржем и потпунијем уништењу Хитлера и хитлеризма.

Студија Хелен Ломбард прва ми је омогућила и да схватим колико је тај антихитлеровски аспект Председникове личности могао утицати на његову чудну и наглу одлуку да после Техерана своју политику заснује на свесном покушају задобијања Стаљиновог поверења и сарадње. Хелен Ломбард даље наводи и да је:

''Конференција у Техерану изоштрила је изразите разлике између британске дугорочне политике, америчке непосредне стратегије, и руских циљева. Британци су желели да Европу сачувају од доминације било које велике силе. Стаљин је инсистирао да поратна питања буду остављена за време по окончању борби у Европи. Са стратешке тачке гледишта Вашингтон и Москва били су сагласни. Сједињене Државе желеле су брз пораз Хитлера да би се позабавиле Јапаном, те су биле спремне на одлагање политичких проблема (...) (иако су се) многи високи службеници Стејт Департмента слагали са Черчиловом балканском стратегијом''. (Исто, стр. 165–66, 168)

Оно што бих овде желео да нагласим је то да су Совјетска Русија и Сједињене Државе тако усаглашени осећале исту мржњу према Хитлеру и хитлеризму као и њихове вође, и инсистирале на искључивом усредсређивању савезничких напора на најбрже могуће сламање немачке способности за отпор, насупрот Черчиловом промишљенијем фокусирању на тактички распоред савезничких трупа у тренутку склапања примирја, какав би Европу могао поштедети неке нове агресије.

На основу поратних обавештајних података из Источне Европе верујем зато да често погрешно тумачимо Стаљинову мржњу према Хитлеру 1944. па и 1945. Чини ми се наиме да се радило мање о прорачуну како искористи прилику за совјетизовање Источне и Централне Европе, а више о безмало патолошком страху од урушавања совјетског система, ослабљеног Хитлеровим нападом. Стаљин се изгледа плашио могуће побуне Црвене армије и избијања грађанског рата, чије би размере довеле до војне диктатуре, пада комунистичког система, па и његове сопствене, насилне смрти.

Мржњи председника Рузвелта према Хитлеру и хитлеризму по мени пак недостају позитивна и практична разматрања о будућности, која су очито мотивисала и Черчила и Стаљина – сваког на њему својствен начин – делујући ми пре као израз аморфног и негативног ''антифашизма'', тако дуго одлике америчког либерализма.

У својој студији о америчкој спољној политици, стога, и амбасадор Фотић даје сажетак и процену настојања председника Рузвелта на сарадњи са Стаљином. Помињући Председниково уверење у потпун пораз Хитлера, амбасадор Фотић каже да је он вероватно био убеђен да ће и сваки други покушај освајања света (после рата евентуално и Стаљинов) бити осуђен на пропаст из истог разлога, па је:

''Стога допуштао да ратом изазвани политички проблеми остану нерешени до коначне победе, сматрајући да је његова основна дужност као председника и врховног команданта да се постара за победу у рату (...) Надао се да ће солидарност Савезника потрајати и после рата, а у остваривању тог циља он није штедео напоре да задобије поверење Руса и ублажи њихово подозрење према западним демократијама (...) Када се рат победоносно оконча, председник је очекивао да ће, због поверења које им је указао и због великог угледа који ће Сједињене Државе уживати у свету, Совјети сами схватити да је у њиховом интересу да сарађују са западним светом (...) Господин Рузвелт се ослањао на своју моћ убеђивања, коју је намеравао употребити у право време, пошто рат буде завршен победом. Била је то велика игра у којој је председник изгубио од својих совјетских савезника''. (*The War We Lost*, стр. 217–218)

То је, бесумње, прилично добар сажетак веома сложених чинилаца који су управљали Председниковом одлуком да и сâм заигра улогу великог светског лидера.

У закључку ове студије морам зато истаћи извесне опште али врло важне чиниоце америчког неуспеха у спољној политици у целини, за шта сви сносимо одговорност. Најпре ћу поменути да већина Европљана и Азијаца, а све више и Африканаца, од утицаја у својим друштвима, све чешће и прилично оправдано кривицу за већину зала у свету данас – као и за она која су изазвала оба светска рата – виде у неуспелој америчкој политици или, још горе, у њеном непостојању.

У сваком случају, у оба та контекста, по мом суду најважнији захтев пред Сједињеним Државама као одговорној светској сили био је и остао – не већа моћ или веће национално јединство, колико год и једно и друго били важни – него веће разумевање. При том имам на уму америчко разумевање онога што народе и њихове владе наводи да на одређени начин реагују, те начела и вредности по којима живе и за која су спремни да умру.

СТРЕЉАЊЕ ИСТОРИЈЕ

Америка и американизам заузели су, наиме, важније место у надама и страховима читавог света него својевремено европски империјализам и колонијализам, или скорашње идеологије и ширење комунизма и фашизма. У модерној историји тешко да постоји пример сличан америчкој великодушности кад је реч о нашем богатству, или жртвовању живота наших младих људи зарад макар донекле искреног настојања да се помогне другим народима – и у Азији и Европи, а све више и Африци. Нашу земљу су волели, можда јој се чак и дивили, више него иједној другој великој сили.

Но, бар образованији и искуснији делови становништва чак и у пријатељским земљама с прилично разлога верују да је већина ситуација у свету које су довеле до наших интервенција за рачун других народа достигла критичан ниво с нашег пропуштања да деламо у раној фази – што би тражило много мање жртвовања и од нас и од њих. Није ми познат ниједан драстичнији пример таквог пропуста од трагедије Југославије и целе Југоисточне Европе између два светска рата, када смо, упркос упозорењу двојице великих европских лидера, турског председника Ататурка и југословенског краља Александра, пропустили да искористимо своје тадашње могућности и одвратимо Хитлера од његових сумануетих замисли да завлада светом.

У светлу тих неуспеха и пропуста нас, америчког народа, да обезбедимо одговарајуће и правовремено вођење наших спољних послова, уз потребу да друге боље разумемо, размишљајући током година по повлачењу из активне службе у Вашингтону схватио сам да је апсолутно неопходно преустројити Канцеларију председника. Јер, да бисмо нашим председницима олакшали огроман терет који носе и омогућили им да обављају своје дужности како треба, није довољно да сваки од њих одабере најспособније и најсавесније људе који се могу наћи у земљи.

Пресудно је, наиме, да сви појединци запослени у Белој кући сносе не само пуну одговорност за своје одлуке, већ и да сви подједнако учествују у процењивању битних чињеница, те појава које то могу постати. Када је реч о председниковим саветницима, суштински захев за њихово постављање не би требало да буде прошла постигнућа колико потенцијал за даљи раст.

Јер, за опстанак је потребан здрав раст.

Роберт Макдауел

НАПОМЕНЕ, И АУТОБИОГРАФСКИ ПОДАЦИ О АУТОРУ

Зарад потпунијег обавештавања читалаца о мојој професионалној спреми и учинку, прилажем наводе из похвала и препорука за мој рад, како у униформи тако и у цивилству, у својству специјалисте-истраживача војне обавештајне службе при Министарству рата.

Генерал Патрик Херли у својој похвали 1943. пише:

''Мајор Роберт Х. Макдауел (...) био ми је додељен као помоћ у својству личног представника Председника Сједињених Држава на Блиском истоку. Извршавајући овај задатак мајор Макдауел показао се од изузетне и непроцењиве користи како мени лично тако и Влади Сједињених Држава током рата. Његова велика оданост и ефикасност биле су знатно изнад уобичајеног нивоа. Мајор Макдауел, раније професор на Универзитету Мичиген, провео је већи део дечаштва на Блиском истоку. Тамо се вратио као војник у Првом светском рату, затим као пословни човек и археолог. То му је омогућило да стекне велико знање о ситуацији на Блиском истоку. Пратио ме је при путовањима у Египат, Палестину, Либан, Сирију, Ирак, Иран и Саудијску Арабију. Услуге мајора Макдауела – који течно говори француски, турски и арапски – у прикупљању и процењивању података биле су од огромног значаја за мене и за Владу Сједињених Држава. Његово знање и процене били су од изузетне помоћи у припреми извештаја које сам подносио Председнику Сједињених Држава...''

Пуковник Харолд Е. Прајд (*Harold E. Pride*), вршилац дужности шефа ЈСАМЕ, у похвали из 1945. каже:

''...Огромна спремност потпуковника Макдауела да у било ком својству служи својој земљи, његово изузетно успешно обављање разноврсних дужности, његова проницљивост и дубоко познавање историје, велико искуство, храброст и упорност у остваривању задатака, као и друге драгоцене особине обележиле су његов рад за Војну обавештајну службу током ратних година, и донеле му признања свих са којима је сарађивао (...) Његово велико искуство у свим овим областима, академско познавање развоја, историје, културе и језика земаља и народа, те образован, аналитички ум и објективност лишена емоционалности учинили су га најдрагоценијим америчким обавештајним официром на Блиском истоку (...) Његове способности као ауторитета за арапска и блискоисточна политичка питања потврђене су и предлогом генерала Патрика Херлија да буде одликован Легијом заслуга (...) До које мере су га Арапи прихватили као Американца који разуме њихов свет показује и чињеница да је после службе пуковника Макдауела са генералом Херлијем у Саудијској Арабији, краљ Ибн Сауд фактички захтевао да пуковник Макдауел буде одређен да прати његове синове у Вашингтон (на позив председника Рузвелта) 1943. године (...) Многостраност пуковника Макдауела потврђена је и његовим изузетним радом на прикупљању обавештајних података са Балкана и из Југоисточне Европе (...) а потом истом таквом објективношћу у процени тих обавештајних података. На лично инсистирање покојног генерала Томаса Е. Родерика, тада ранга *American G-2* комбинованог британско-америчког особља у Савезничком штабу у Казерти (Италија), пуковник Макдауел је додељен генералу Родерику како би предузео опасностима испуњено лично истраживање ситуације унутар Југославије..."

Генерал Рас А. Осман (*Russ A. Osman*), шеф Војне обавештајне службе (Војска), Вашингтон, пре тога командант јединица *ЛСАМЕ*, Каиро, препорука из 1945:

"Пуковник Макдауел је стожер наше организације. Он је боље од иког кога знам обавештен о ситуацији у Југоисточној Европи и на Блиском истоку. То, уз чињеницу да јасно логички мисли и има драгоцени квалитет да сагледа обе стране неке ситуације, чини његов рад изузетно вредним..."

Генерал П.Е. Пибоди (*P. E. Peabody*), наследник генерала Османа на положају шефа Војне обавештајне службе (Војска), Вашингтон, похвала из 1945:

"Пуковник Роберт Х. Макдауел се истакао служећи у многим фазама војне обавештајне службе (...) Захваљујући свестраности, дугом искуству и великом познавању целе области Источног Средоземља (...) његове проницљиве анализе услова који се брзо мењају, способности да разлучи пропаганду од истинитог стања, његова посвећеност задацима процењивања, прегледања, исправљања и допуне информација пре њиховог прослеђивања у Вашингтон били су од огромне вредности за Министарство рата. Жељан да игра активнију улогу, пуковник Макдауел се јавио добровољно за мисију коју је сâм предложио, да буде спуштен падобраном у Југославију како би разјаснио постојећу ситуацију иза непријатељских линија (...) Током три месеца (заправо у периоду од девет до десет недеља) посматрао је ситуацију, излазући се сталној опасности (...) и вратио се у Штаб са огромном количином података који се нису могли добити ни из једног другог извора."

Министарство рата, Вашингтон, похвала, 1945:

"За изузетне заслуге у обављању изванредне службе против непријатеља у Југославији од 28. августа до 1. новембра 1944. године. Као шеф специјалне мисије у Југославији пуковник Макдауел је успоставио везу са југословенским националистичким снагама (...) Његове способности, велика дипломатска вештина, уз његово познавање војних, друштвених и политичких услова међу југословенским народом, дали су непроцењив допринос савезничким циљевима а посебно Сједињеним Државама у изузетно деликатној ситуацији (...) Пуковник Макдауел, готово непрекидно у опасности (...), не водећи рачуна о личној безбедности наставио је да обавља свој задатак. Његове свеобухватни и практични резултати, постигнути у тешким условима борбе у којима је и сâм био непрестано на удару, пример су највиших идеала и најбоље традиције оружаних снага Сједињених Држава."

Но, иза похвала за моју мисију у Југославију стоји још неиспричана прича о међународним интригама о којој намеравам отворено да говорим у мемоарима који тек треба да буду завршени. Укратко, чињенице говоре да су и премијера Черчила и председника Рузвелта њихови незванични саветници лажно навели да мисле да озбиљан отпор Немцима у Југославији пружају не националне снаге генерала Михаиловића већ Титове под контролом комуниста. *И британски и амерички обавештајни подаци потврђивали су, међутим, супротно*, а постоји и довољно доказа да је Стаљин, који је лично руководио свим совјетским операцијама, одбио да подржи Тита и стално тражио британску сарадњу у пружању подршке генералу Михаиловићу. Године 1943, генерал Донован, шеф тајних операција, убедио је Председника да треба направити независну проверу и комунистичких и националистичких операција у Југославији, *и та провера потврдила је тезу да су националисти једини који пружају озбиљан отпор немачким операцијама*. Премијер Черчил убедио је председника Рузвелта да занемари те доказе, али су генерал Донован и главни званичници Стејт Департмента ипак убедили председника 1944. да одобри моју мисију.

И југословенски комунисти и немачка Команда били су, наиме, заинтересовани да се моја истраживачка мисија откаже, али је премијер Черчил био тај који је убедио председника Рузвелта да наложи моје повлачење пре него што је мисија окончана. Не постоји никакав доказ да су премијер Черчил и председник Рузвелт били свесни да су под утицајем комуниста. *По свему судећи, међутим, били су, а да тога нису били свесни, под утицајем комунистичких дисидената или заведених комунистичких симпатизера.*

Моја каријера као цивила на служби у војсци у Вашингтону, 1946–1959

Од априла 1946. до јануара 1951. наставио сам да као цивил радим у Одсеку за војне обавештајне послове при Главном штабу у Вашингтону. Моје дужности у том периоду се најбоље могу сажети на основу следећих извода из мог званичног досијеа:

''Као цивилни војнообавештајни истраживач и аналитичар, у Обавештајној групи Обавештајног одсека у одељењу Генералштаба (...) др Макдауел

(1) ради као виши консултант;

(2) надзире програме за све области;

(3) ради као консултант за совјетску Русију, њене земље-сателите и Блиски исток...

(4) обавља специјалне задатке за шефа Обавештајне групе...

Као виши консултант (...) др Макдауел даје савете о програмима за све фазе војног обавештајног рада (...) надгледа садржај и тачност пројеката, студија и извештаја (...), анализира обавештајне податке везане за специфичне проблеме од стратешког значаја (...) (који укључују) и политичке и војне чиниоце; укључујући и значај герилског рата и његове будуће примене, као и слабе тачке Совјета у области економских и психолошких чинилаца.

(...) На основу великог личног познавања Русије, њених земаља-сателита и Блиског истока стеченог боравком, истраживањима на универзитету и у војној служби, др Макдауел служи као ауторитет у тим областима при тумачењу догађаја и њиховог могућег развоја са становишта њиховог утицаја на америчке интересе и политику; лично прикупља обавештајне податке од изгнаника и пребега из Совјетског Савеза и земаља-сателита и на основу тих података за Обавештајни одсек процењује могући ток догађаја у тим подручјима; обавља специјалне дужности изузетно поверљиве природе које одреди шеф Обавештајне групе.''

Материјал који следи сачињавају изводи из мојих препорука за период од 1946. до 1951.

Година 1946. Одломак из меморандума специјалисте за ислам, Војна обавештајна служба, послатог директору Обавештајне службе:

Роберт Макдауел

"...У цивилству пуковник Макдауел је доцент савремене историје Блиског истока и Југоисточне Европе на Универзитету Мичиген (...) Чврсто је уверење долепотписаног и других официра Војне обавештајне службе (...) да је пуковник Макдауел изузетан ауторитет у Сједињеним Државама за Блиски исток и Балкан..."

Година 1946. Одломак из меморандума генерала Рајлија Е. Ениса (*Riley E. Ennis*), директора за обавештајне послове Војне обавештајне службе:

"Пуковник Макдауел има изузетне квалификације као специјалиста за Балкан и Блиски исток. Његово образовање, искуство и порекло, уз његову службу у рату (...) чине га посебно погодним за даљи рад у Војној обавештајној служби у својству цивилног аналитичара и консултанта (...) Његов положај у Одсеку за Русију Војне обавештајне службе захтева велику одговорност коју може носити само појединац са квалификацијама које пуковник Макдауел поседује. У том смислу готово је немогуће у Војсци наћи официра способног да одговори захтевима посла који тражи широко политичко, социолошко, економско, психолошко и војничко знање. Његове године, које спречавају његово примање у активну војну службу, су једино што онемогућава његов останак и унапређење (у Војсци) (...) Треба истаћи да је пуковник Макдауел неопходан да би се рад на коме је сад ангажован наставио..."

Година 1946. Одломак из препоруке генерала Џ.А. Линколна (*G. A. Lincoln*), официра за план током рата и члана најближег особља генерала Џорџа Маршала, шефа америчког Генералштаба:

"Био си најбољи обавештајац, у униформи и цивилу, кога сам срео током рата и после њега".

Година 1950. Одломак из писма пуковника Џорџа Л. Кинга, интелектуалца, професионалног војника и официра за планирање тајних операција током рата, у Штабу за Средоземље на терену, генералу "Дивљем Билу" Доновану, шефу *OSS* (тајне операције), који је био директно одговоран председнику Рузвелту. Копију овог писма дао ми је генерал Донован после рата.

"...Прилажем досије др Роберта Х. Макдауела, кога се вероватно сећате као припадника *OSS* послатог код генерала Михаиловића у Југославију (...) Анализе и студије др Макдауела, његове процене, предавања и целокупан рад (...) били су усмерени на исте оне глобалне стратешке концепте које сте ви иницирали и планирали (...) По мени, а о томе сам добро промислио, др Макдауел је данас један од наших најбољих војних, политичких, економских и географских стретега за Источну Европу. Он је такође и ауторитет за партизански, субверзивни и герилски рат (...) Његова разматрања и пројекције знатно превазилазе војни ниво (...) Ваш некадашњи заменик, бригадни генерал Џон Магрудер (*John Magruder*) сада има висок положај у Министарству одбране (...) Стога вам сасвим искрено предлажем (...) да заинтересујете Магрудера како би Макдауела узео код себе у својству за које је, како сам горе навео, квалификован, а пожељно би било у рангу *GS-16*. Мислим да би то био најбољи потез који ће икада направити..."

Од јануара 1951 до јула 1958. наставио сам да радим у Вашингтону као цивил у војсци и истраживач-стручњак за војну обавештајну делатност, али сада при одсеку Генералштаба познатом као *G-3* или Одсек за планове и операције. Радио сам у својству саветника шефа за специјални рат, или специјалне снаге. То су биле војне јединице које су јавности касније постале познате као ''зелене беретке''. Моје дужности у том периоду су у званичном сажетку обухватале следеће:

''Од почетка Корејског рата др Макдауел радио је у Одсеку за специјални рат у Министарству војске, као специјалиста за психолошки и неконвенционални рат и као саветник шефа. Имајући у виду безбедносна правила, дужности др Макдауела могу се описати као усмерене на Совјетски Савез, али су се тицале и Источне Европе, Блиског истока, Кине и јужне Азије, у смислу улоге политичких, економских и психолошких фактора са војног становишта и становишта политике Сједињених Држава (...) Осим општих дужности у областима за које је био специјализован, др Макдауел је највећи део свог времена посвећивао писању својих студија и званичних меморандума, скрећући пажњу на опасности и прилике које постоје у развоју догађаја у комунистичким земљама, а на основу детаљног изучавања свих извора обавештајних података''.

(Избор из мојих радова написаних у том периоду дат је под насловом *Документи*.)

Званични меморандум од 31. јула 1951. даље објашњава део мојих дужности:

''(1) Ради као саветник и консултант шефа и његовог особља на рањивим тачкама и психолошким трендовима у свим страним земљама од значаја, као и на доктринама, тактици, концептима, техникама и захтевима психолошког и неконвенционалног рата;

(2) Осим проучавања обавештајних извора и истраживачких пројеката на универзитетима, прикупља податке из личних извора међу изгнаницима

и пребезима који су били активни учесници у неконвенционалном и психолошком рату..."

Материјал који следи су одломци похвала и препорука из периода од 1951. до 1958:

Година 1955. Захвалница, Штаб, Центар за психолошки рат, Форт Брег (школски центар ''зелених беретки'').

''За изузетне заслуге у својству специјалног консултанта Школског центра специјалних снага:

Својим луцидним и конструктивним анализама наставног материјала (...) др Макдауел је изузетно допринео унапређењу знања наставног особља Центра. Истраживања др Макдауела у области неконвенционалног ратовања у великој мери су допринела развоју, ширењу и прихватању неконвенционалног ратовања као оружја (...) Његово бављење комплексном темом операција специјалних снага помогло је студентима у стицању правих знања о специјалним снагама и разумевању значаја њихове мисије. Изузетан начин на који је др Макдауел обављао ове дужности показује не само његове непроцењиве заслуге него и заслуге Канцеларије шефа за специјални рат''.

Година 1958. Препорука О. Ч. Троксела, Млађег (*O. C. Troxel Jr*), шефа Одсека за специјални рат:

''Др Макдауел обавља своје дужности на врхунски начин. Он је изврстан академски радник и стручњак за светске послове. Др Макдауел стално унапређује своје знање читањем, проучавањем, истраживањем и дружењем са другим стручњацима из истих области. Пријатан је и омиљен као човек, и ужива велико поштовање (...) Изузетно добро сарађује са другима, али не оклева да изнесе своје мишљење. Показује иницијативу у истраживању не тражећи упутства и даје велики допринос Одсеку''.

Година 1958. Препорука мога шефа, по мом пребацивању из Одсека за специјално ратовање:

''Познавање света уопште, а нарочито земаља и народа Источне Европе и Блиског и Далеког истока које др Макдауел поседује најбоље се може описати као енциклопедијско, и оно је срећан спој личног искуства и подробног истраживања. Оно што је можда још важније је да је доказао, као саветник шефа за специјални рат, да своје знање може убедљиво применити на бројне специфичне проблеме. Изузетно ми је драго што сам се могао ослонити на његову одговорност и прецизну подробност, с којом се обрушавао на сваки искрсли проблем (...) На крају бих желео да додам да ум тако подстицајан као његов досад нисам имао прилике да сретнем, и да је можда најбољи опис др Макдауела – господин у правом смислу те речи''.

Од јула 1958, до одласка у пензију, 30. јуна 1959, поново сам радио у Одсеку за војне обавештајне податке при Генералштабу као виши консултант за Јужну и Југоисточну Азију, Далеки исток и околна пацифичка подручја. И овде су моје главне дужности обухватале политичке, економске, социјалне и психолошке факторе од значаја са војног аспекта, те њихове предности и мане са становишта специјалног рата. Моја пажња била је пре свега усмерена на интересе три велике силе у поменутим областима – Сједињених Држава, Совјетског Савеза и комунистичке Кине. *Током тих последњих месеци активног рада омогућено ми је да правим белешке и прикупљам документацију, за будући рад из пензије и евентуално објављивање.*

По одласку у пензију добио сам захвалницу за целокупни период моје службе у влади, у којој се поред осталог наводи:

''Ова Захвалница додељује се др Роберту Харболду Макдауелу *GS-15* за изузетно значајну и одану службу Војсци САД.

Двадесет другог априла 1946, после повлачења из активне војне службе у чину пуковника у корпусу Генералштаба, др Макдауел је именован за аналитичара војних обавештајних података, ранг *P-8* (тада највиши ранг регуларне цивилне службе у војсци) у Уреду шефа штаба, обавештајно одељење. Двадесет осмог јануара 1951, додељен је Уреду шефа за психолошка дејства (Специјалне јединице), *GS-15*. После укидања овог одсека, додељен је 6. јула 1958. Уреду начелника за обавештајне податке као истраживач-специјалиста војних обавештајних података за Далеки исток.

Његов радни век као цивила на раду у војсци не обухвата све војно и обавештајно искуство и допринос др Макдауела у служби својој земљи. Током Првог светског рата служио је као војни обавештајни поручник британске војске на руском Кавказу, у Ирану и Турској. Осим тога, др Макдауел је од 1942. до 1946. служио у америчкој војсци као капетан, мајор, потпуковник и пуковник, провевши тридесет месеци изван Америке. Током седамнаест година рада за војску, како у активној служби тако и као цивил, др Макдауел је својим огромним знањем и искуством у великој мери допринео постизању циљева америчке војске. У Другом светском рату, у чину пуковника, служио је као саветник за Источну Европу и Блиски исток, где је рођен и где је дуго живео. Током борби на Балкану предводио је тим за везу који је успоставио контакт са југословенским вођама иза непријатељских линија.

Познат у академском свету по знању језика, познавању Балкана и Блиског истока и археолошким ископавањима, др Макдауел је у свој рад у војсци унео огромно искуство у обавештајном раду и велику иницијативу, ефикасност и способност процењивања. Увек је показивао дубоко познавање чинилаца који су одређене народе покретали током историје, и повремено је успешно правио упечатљиве и провокативне анализе међународних догађаја. Његова убедљива логика и размере његовог знања и искуства биле су разлог да се његова мишљења озбиљно узимају у обзир. Увек је био спреман да прихвати и у потпуности примени одлуке својих претпостављених, и да сваки поверен му задатак обави на најбољи могући начин.

Током бројних година службе др Макдауел је комбиновао изузетно знање и огромно умеће, од непроцењивог значаја за Војску. Служећи током три рата у америчкој и савезничкој војсци, имао је изузетан учинак у герилској борби иза непријатељаких линија у оба светска рата, а током Корејског је нештедимице своје време и знање стављао Војсци на располагање. Његов изузетни досије служи на част и њему и Војсци Сједињених Држава."

Размишљања у пензији 1959–197? (за Српски национални одбор /For the Serb National Committee/)

За мене је овај завршни део мемоара по свему најважнији и мора бити написан тек када коначна верзија целог рукописа буде завршена. *Као привремени закључак* наводим овде *онај из рукописа који сам написао боравећи на истраживачкој стипендији у Институту Хувер, Универзитета Стенфорд 1969, углавном заснован на избору из мојих радова написаних у време боравка у Вашингтону.*

''Као историчар у извесној мери, а и као оптимиста, дубоко сам уверен да право говорећи ниједан рат није био неизбежан док га таквим није начинио неки чинилац или људска слабост у угроженој влади или народу. Не знам ни за један период у историји где је, као данас у свим војно значајним земљама, тако мало појединаца или група спремно да уплете себе или своју земљу у рат (...) Уколико такво искушење и постоји, оно готово без изузетка произлази из осећања слабости, страха или очајања.

Ипак, данас не верујем у неки међународни споразум о уздржавању од рата, или неке посебне врсте рата као што је, рецимо, нуклеарни – иако су они неопходан корак у укидању рата, и неизбежном стварању нашег ''Једног света''. (Аутор мисли на глобалистички, модијалистички свет, можда чак и на Нови светски поредак; прим. уред)

Оно што је наиме Сједињеним Државама и свету данас најпотребније јесте да Американци свих друштвених класа и на свим нивоима боље разумеју и своје непријатеље и своје пријатеље. Тиме сам се највише бавио у Вашингтону, и то је видно у многим мојим радовима. (Видети одељак *Документи*.)

Велика штета миру и светској стабилности произашла је из прилично неодговорне склоности Американаца на положајима у влади, наших медија и наших универзитета *да као наше непријатеље у комунистичким земљама означе многе који су нам, ако ништа друго, макар могући пријатељи*. Што је данас истина када је реч о Совјетском Савезу, његовим европским земљама-сателитима и Југославији, почеће да важи и за Кину и друге мање далекоисточне комунистичке земље.

Јер, наши непријатељи нису ни народи ни чланови комунистичких партија у тим земљама. *Непријатељ је у ствари апарат сваке комунистичке партије – она мајушна група која је устројила самообнављајућу диктатуру над партијом, властима и народом. Па чак ни она није данас под утицајем идеологије колико страха и врло прагматичне жеље да задржи власт и привилегије које не би имала у неком отвореном друштву*. Масе у комунистичким земљама не би требало стога сматрати значајним чиниоцем у догледној будућности. Њихова оданост, уколико постоји, ограничена је најчешће на поједине партијске цивилне и војне званичнике средњег нивоа, познате и омиљене међу нижим слојевима.

Кључни елемент у свакој комунистичкој земљи у смислу будућих промена је та средња група у власти, војсци, привреди, међу техничком интелигенцијом и интелектуалцима. *Наши обавештајни подаци показују да је тај део друштва у комунистичким земљама све наклоњенији слободном свету, а ја сам убеђен да ће они, временом, преузети власт у својим земљама неким обликом државног удара*. За сада, међутим, они не верују да ми доиста разумемо ситуацију у комунистичким земљама и плаше се да ћемо искористити озбиљне унутрашње немире да уништимо читав систем, а не само истинског непријатеља и нас и народа – партијски апарат.

У међувремену, нажалост, *у вођењу унутрашњих и иностраних послова сваки партијски апарат не делује из снаге и убеђења, него из слабости и страха од унутрашњег непријатеља*. Зарад свог опстанка они се не опредељују ни за отворени рат ни отворени мир, већ се *ослањају на сталну међународну кризу*. У ово нуклеарно доба, кључни стратешки чинилац јесте да добро утемељено слободно друштво може преживети нуклеарни напад и опоравити се од њега, или од претње њиме, боље него друштва која на окупу држе сила и страх.

Но, после наше неспособности да разлучимо ко је наш стварни непријатељ у другим земљама, наш други озбиљан недостатак је неразумевање вредносних начела наших пријатеља у свету, и њихове, на основу тога створене, представе о Америци. У свим нашим међународним односима – укључујући и рат – склони смо да деламо и реагујемо искључиво на основу оног што видимо као добро или зло, узимајући мало или нимало у обзир да друга друштва имају начела доста различита од наших.

Ми, наиме, нисмо у стању да схватимо пуни значај тога да су у надама и страховањима готово целог света Америка и американизам постали већи чиниоци и од европског империјализма и колонијализма из прошлости, или идеологија и динамике ширења комунизма и фашизма новијег доба. То бих поткрепио само једним примером.

Нема наиме примера у историји да је неки народ био тако великодушан у искреном настојању да помогне другим народима стављајући им на располагање своје богатство и животе својих младих људи као амерички; Америка је бесумње изазивала веће дивљење и била вољена више од иједне друге земље. Али, образованији слојеви у пријатељским земљама уверени су, прилично оправдано, да је *највећи број неприлика у свету које су довеле до наших интервенција и жртвовања дошао до критичне тачке углавном због нашег пропуста да деламо на време, када би и наше жртве и патње других биле кудикамо мање*.

Свесно или не, у коначној анализи и пријатељи и непријатељи нас оцењују на основу једног, основног мерила величине, уочљивог у историји свих великих друштава, а видног и код појединаца и народа. У суштини оно је засновано на вековној традицији да велики људи и велике државе добијају своју величину од богова, и да ће им тај дар, ако му не одговоре у потпуности, бити одузет.

Јер, *права улога великих је да буду поштовани а не вољени, да буду строги и захтевни према јакима, а благи и пуни праштања према слабима, те да имају дар највише, а не тренуцима прилагођене мудрости*. Чини ми се да су и народи и појединци данас све замишљенији и преданији самопреиспитивању. Изузев параноичних или хистеричних испада какви се у историји повремено јављају, верујем да су светска друштва данас прилично склона да прихвате америчко вођство на неодређено време *под условом да покажемо нашу снагу, мудрост и разумевање на начин који друга друштва схватају и поштују*.

Док, наиме, не буду створене Уједињене нације које стварно заслужују и уживају поштовање већине мислећих људи, верујем да ће дужност Америке бити да игра своју улогу најјаче светске силе, на начин достојан поштовања и подршке човечанства и Бога".

Роберт Макдауел

ДОКУМЕНТИ

А. Објављени радови и рукописи из мичигенског периода, 1928–1942.

– *Буле: Прелиминарни извештај о ископавањима у Тел Умару, Ирак* (*Bullae: Preliminary Report Upon the Excavations at Tel Umar, Iraq*, University of Michigan Publications, 1931)

– *Метални новац: прелиминарни извештај о ископавањима у Тел Умару, Ирак* (*Coins: Preliminary Report Upon the Excavations at Tel Umar, Iraq*, University of Michigan Publications, 1931)

– *Буле из Селеукије* (*The Bullae from Seleucia*, Yale Classical Studies, 1932)

– *Ископавања у Селеукији на Тигру* (*The Excavations at Seleucia on the Tigris*, University of Michigan, Papers of the Michigan Academy, 18, 1933)

– *Предмети са печатима и записима из Селеукије на Тигру* (*Stamped and Inscribed Objects from Seleucia on the Tigris*, University of Michigan Studies, Vol. 36, University of Michigan Press, 1935)

– *Метални новац из Селеукије на Тигру* (*Coins From Seleucia on the Tigris*, University of Michigan Studies, Vol. 37, University of Michigan Press, 1935)

– *Индо-парћанска граница: студија из политичке географије* (*The Indo-Parthian Frontier, A Study in Political Geography*, American Historical Review, 44, No. 4 (July, 1939)

– *Немачки продор на Балкан* (*German Penetration in the Balkans*, Quarterly Review, Michigan Alumnus, 46, No. 24 (July, 1940)

– *Фронт у настајању на Кавказу и у Ирану: кључ Хитлерове стратегије* (*The Developing Battlefront in the Caucasus and Iran: The Key to Hitler's Strategy*; a public lecture /предавање/ at the University of Michigan, 1941)

Б. Избор из званичних студија из вашингтонског периода, 1946-1958

– *Шпијунажа и партизанско ратовање: развој у Европи у Првом светском рату* (*Espionage and Partisan Warfare: Developments in Europe in World War I*); предавање америчким обавештајним официрима, 1946.

– *Мирнодопска политичка рањивост СССР и његових сателита* (*Peacetime Political Vulnerabilities of the USSR and its Satellites*), студија за шефа Војне обавештајне службе, 1949.

– *Проблеми совјетског комунизма: значај афере Берија* (*Problems of Soviet Communism: Significance of the Beria Affair*); званични меморандум, 1953.

– *Неколико коментара о америчком вођењу спољне политике* (*Some Comments on U. S. Conduct of Foreign Policy*); меморандуми за шефа Одсека за психолошки рат, 1953.

– *Изјава о основним америчким циљевима* (*A Statement of Basic U. S. Objectives*); меморандум за шефа Одсека за психолошки рат, 1954.

– *Концепт за америчке војне операције у Индокини* (*A Concept for U. S. Military Operations in Indo-China*); студија за шефове Генералштаба, 1954.

– *Потенцијал за америчко коришћење неслагања у совјетском руководству* (*The Potential for U. S. Exploitation of Dissension Within the Soviet Leadership*); званични меморандум, 1955.

– *Неколико коментара о совјетским слабим тачкама и њиховом коришћењу у "хладном рату"* (*Some Comments on Soviet Vulnerabilities and Their Exploitation in Cold War*); званични меморандум, 1957.

– *Белешке о психолошком и неконвенционалном ратовању* (*Notes on Psychological and Unconventional Warfare*); меморандуми за шефа Одсека за специјални рат, 1957–58.

– *Концепт америчких неконвенционалних ратних операција у условима општег рата* (*A Concept for U.S. Unconventional Warfare Operations in a Situation of General War*); студија за шефа Одсека за специјални рат, 1957–58.

– *Концепт за америчке неконвенционалне ратне операције у Европи* (*A Concept for U.S. Unconventional Warfare Operations in the European Theater*); студија за шефа Одсека за специјални рат, 1957–58.

– *Совјетско образовање: претња или прилика?* (*Soviet Education: Threat or Promise?*); студија припремљена за потребе Министарства војске, 1958.

– *Самопреиспитивање совјетске елите: основа за успешну америчку спољну политику* (*The Introspective Mood of the Soviet Elite: Basis for Successful U.S. Foreign Policy*); званични меморандум, 1958.

В. Студије написане по пензионисању 1959. године

– *Руска револуција и грађански рат на Кавказу* (*Russian Revolution and Civil War in the Caucasus*, The Russian Review, (Stanford University); Vol. 27, No. 4, October, 1968).

– *Стратешки значај Југославије и Балкана* (*The Strategic Significance of Yugoslavia and the Balkans*); рад прочитан у Институту Хувер на Универзитету Стенфорд, марта 1968.

– *Вијетнам у перспективи* (*Vietnam in Perspective*); рукопис из 1968, углавном заснован на мојим вашингтонским белешкама.

– *Кина у перспективи* (*China in Perspective*); рукопис из 1968, углавном заснован на мојим вашингтонским белешкама.

– *Стратешки значај Југославије и Балкана* (*The Strategic Significance of Yugoslavia and the Balkans*); рад прочитан на Хуверовом институту станфордског Универзитета, марта 1968.

– *Прилози за историју Југославије и Југоисточне Европе у Другом светском рату* (*Contributions to the History of Yugoslavia and Southeastern Europe in the Second World War*); прва верзија рукописа ове књиге која је пред вама.

Роберт Макдауел

ЛИТЕРАТУРА АУТОРА

– Vladimir Dedijer, *With Tito Through the War*, London: Alexander Hamilton 1951

– Vladimir Dedijer, *Tito Speaks*, London: Weidenfeld and Nicolson, 1953

– Fitzroy Maclean, *The Heretic*, New York: Harper and Brothers, 1957

– P. W. D. Deakin, *The Embattled Mountain*, Oxford University Press, 1971 (преведена код нас као Фредерик Вилијам Дикин, *Бојовна планина*, Нолит 1973)

– Marriott, J. A. R. (John Arthur Ransome) *The Eastern Question*, Oxford, Clarendon Press, 1940

– David Martin, *Ally Betrayed*, New York Prentice Hall, 1946

– Albert Seitz, *Mihailovich Hoax or Hero?* Leigh House Publishers, Columbus, Ohio. (преведена код нас као: *Михаиловић преварант или херој*, Институт за савремену историју, 2004)

– Corey Ford, *Donovan of OSS*, Boston: Little, Brown, 1970

– Robert Lee Wolff, *The Balkans In Our Time*, Cambridge: Harvard University Press 1956

– Dr. Ivan Avakumović, *Mihailović prema nemačkim dokumentima* (*Mihailovich according to German Documents*), Савез Ослобођење, Лондон, 1969) (објављено у Србији у издању Института за савремену историју 2004)

– *Les Lettres secretes echangees par Hitler et Mussolini*, Paris, 1946

– *Foreign Relations of the United States. Diplomatic Papers. The Conference at Cairo and Teheran 1943.* Washington, D. C., 1961

– Constantin Fotitch, *The War We Lost*, New York: Viking Press, 1948 (преведено код нас као Константин Фотић, *Рат који смо изгубили*, Вајат, Београд 1995)

– Winston Churchill, *Closing The Ring*, Boston, 1951 (пети том Черчилових мемоара преведених код нас као Винстон Черчил, *Други светски рат*, Просвета, Београд 1964)

– Milorad N. Drachkovitch, "The Comintern and the Insurrectional Activity of the Communist Party of Yugoslavia in 1941-1942," *The Comintern: Historical Highlights*, New York, 1966

– *Nazi-Soviet Relations, 1989-1941*. Documents from the Archives of The German Foreign Office. Washington, D.C.:Department of State, 1948

– Mosha Piyade, *About the Legend that the Yugoslav Uprising Owed Its Existence to Soviet Assistance*, London, Yugoslav Information Service,1950

– Lord Wilson of Libya, *Eight Years Overseas. 1939-1947*. Hutchinson, London, 1950

– Harold Macmillan, *The Blast of War. 1939-1945*. New York and Evanston, Harper and Row, 1968

– Henry L. Stimson and McGeorge Bundy, *On Active Service in Peace and War*. New York, Harper & Brothers, 1947

– Helen Lombard, *While They Fought: Behind the Scenes in Washington, 1941-1946*, Scribners, 1947

– Julius Epstein, *Operation Keelhaul: The Story of Forced Repatriation from 1944 to the Present*. Old Greenwich: Devin-Adair, 1973.

Роберт Макдауел

ПРИЛОЗИ:

ОДЛОМЦИ ИЗВЕШТАЈА МАЈКЛА РАЈАЧИЋА ИЗ *OSS*

А. АУТОБИОГРАФСКИ ПОДАЦИ О МАЈКЛУ РАЈАЧИЋУ

''Долепотписани је рођен у Чизхолму, Минесота, где је завршио и средњу школу. Радио је у рудницима гвожђа и похађао колеџ Хибинг, а касније је, уз стипендију, студирао на Београдском универзитету од 1934. до 1938.

Од 1930. године па до уласка у војску 22. јула 1943. радио је као цивил у својству млађег административног помоћника у Office Chief of Engineers, War Department (Руководилац инжињеријског уреда у Министарству рата) у Вашингтону. Родитељи долепотписаног су српског порекла, рођени у Лици, у Хрватској, у време Аустроугарске монархије. Отац је отишао за Сједињене Државе 1896, а мајка неколико година касније. Ниједно од родитеља није потом путовало у земљу свог рођења. Отац је умро у Чизхолму 1924.

Током студија на Београдском универзитету долепотписани се упознао са економским, друштвеним и политичким проблемима земље, и сусретао и упознао се са мноштвом људи, припадника разних идеологија, од којих су неки данас са партизанском Народноослободилачком војском (коју предводи маршал Тито) а други са Југословенском војском у отаџбини (коју предводи генерал **Дража Михаиловић**).

Немајући предрасуда ни према једној страни долепотписани се добровољно јавио на службу у Уреду за стратешке задатке (*Office of Strategic Services – OSS*) да би помогао у ратним напорима Уједињених народа са америчке тачке гледишта.

Долепотписани је првобитно био послат у јединицу за спасавање пилота (*Air Crew Rescue Unit – ACRU*) послату код националиста (генерала Михаиловића), а потом је пребачен у мисију *Ренџер*, коју је предводио потпуковник Р.Х. Макдауел.

Мисија за спасавање пилота спуштена је падобранима на територију националиста ноћу, 2. августа 1944.

Мајкл Рајачић

Б. ИЗВЕШТАЈ 1

Од 2. до 9. септембра 1944, по налогу пуковника Макдауела, шефа мисије *Ренџер*, прошао сам подручје са местима Коштунићи, Брајићи, Срасла Буква, Ба, Полезница, Кадина Лука, Гукоши, Бранчићи, Ивановци, Пољаница, Шутци, Белановица, Моравица, Лазаревац, Љиг, вративши се Суворским путем и преко Равне Горе да бих осмотрио и проучио стање на терену.

Лично сам видео резултате националистичких напада од 2, 3. и 4. септембра на немачке гарнизоне и положаје. Видео сам доказе о борбама и мртве Немце, разговарао са рањеницима у болницама и са 250 Немаца заробљених у тим нападима.

Капетан Г. Топаловић, командант Рудничког корпуса, млад, способан и енергичан официр бивше Југословенске војске, омогућио ми је слободан приступ свему што сам желео да видим док сам боравио на његовој територији. Он се придружио националистичком покрету отпора 1941. и од тада непрестано ратује са Немцима нападајући возове који иду за Београд или из њега. Он и његова летећа бригада уживају крајње поштовање народа, судећи по причама које о њему круже.

Други команданти љутили су се пошто би капетан Топаловић и његови људи пленили возове који би стигли и до њих да их он није заустављао. Једном приликом је са теретног воза запленио велику штампарску пресу и папир. Уколико би Немци који су пратили воз пружали отпор, улазио је у борбу, разарао пругу, узимао заробљенике да би их разменио за таоце, убијао непријатељске војнике кад год је то било нужно да се непријатељ ослаби а истовремено герилским дејствима штитио становништво на својој територији. Ретко се сукобљавао са партизанима говорећи да су се они кретали само у тројкама које су повремено наносиле штету мањим, незаштићеним селима, али је поменуо и неке борбе с њима.

Железничка станица у Кадиној Луци било је прво поприште битке које сам видео. Њу је добро обезбеђивао немачки гарнизон са 86 војника, углавном Пруса, раније припадника немачког ваздухопловног корпуса. На обе стране станице су мостови са бункерима, а бункери су постављени и испод и изнад ње. Немачки штаб и радио станица налазили су се преко пута улице. Група од 120 националиста са митраљезима пресекла је све везе, а сами мештани су уклонили шине у дужини од три километра у оба смера. Немцима су преко једног сељака упутили ултиматум да се безусловно предају, или ће бити нападнути у року од петнаест минута.

Тумач те поруке био је шеф станице Радосављевић, који ми је и испричао ову причу, и кога је немачки командант, капетан, такође задржао као таоца током жестоке битке која је уследила. Касније су ми дали командантов нож. Борба је трајала 11 сати, Немцима је стигло појачање из Лајковца – оклопни воз са 50 војника Убијено је 15 Немаца, 15 заробљено, а остали су побегли оклопним возом. Разговарао сам са тројицом Немаца рањеним у бици, који су наредног дана у Кадиној Луци умрли од последица рањавања. Националисти су имали једног мртвог и десеторицу рањених, а запленили радио станицу, два митраљеза и доста муниције. Потом је уништена пруга код Криве Реке, Угриновца, Љига, Кадине Луке, Лајковца, чиме је на неодређено време прекинут сав железнички саобраћај између Лајковца и Горњег Милановца.

Истовремено је капетан Топаловић са својим људима код Угриновца напао путнички и теретни воз у коме је било 300-400 Немаца у повлачењу из Сарајева. Воз је уништен, 50 Немаца убијено, многи су рањени, а већина је побегла у шуму, предавши се националистима после два-три дана. У том нападу на воз смртно је рањен пуковник Марисав Петровић, заповедник Љотићевих трупа, омражени сарадник окупатора. Немачки гарнизон у Великом Црљену је разоружан а 80 Немаца заробљено.

Другог и трећег септембра националисти су, по плану капетана Топаловића, извршили напад на електричну централу у Вреоцима, одакле се један део Београда снабдева струјом. Уништени су бункери и одбрамбени зидови, а 60 Немаца је заробљено.

Током 2, 3. и 4. септембра националисти су блокирали Лазаревац и пресекли све немачке комуникације. Две стотине десет Немаца ухваћених у замку одлучило је да се бори. После уличних борби Немци су били принуђени да се повуку у лазаревачку болницу. Немци су бранили зграду, са свих страна избушену мецима и тешко оштећену изнутра, док нису остали без муниције.

У Лазаревцу су ме 7. септембра врло срдачно угостили вечером у дому проте Петровића на којој је домаћин био командант Вујновић, цивилни вођа Качерског корпуса. Када смо ушли у град, био је велики дочек са истакнутом југословенском и америчком заставом.

Разговарао сам са мноштвом људи а једна млада жена, доста лепа али са великим ожиљком на челу, испричала ми је следеће:

"Када је народ устао да раскине пакт између Хитлера и Цветковића, ми, национална омладина, били смо пресрећни. Двадесет седмога марта 1941. ишли смо улицама Београда. Ја сам махала америчком и енглеском заставицом када ме је оборио ударац у главу. То је учинио један комуниста кога сам препознала. Комунисти су били против наше подршке великим демократијама и од њих не можемо очекивати никакво добро".

Једна млада жена, докторка Васиљевић, енергично се бринула о рањенима. Посетио сам болнице и видео рањене националисте и Немце у Лазаревцу и Белановици. Санитетски материјал и хируршка опрема су им неопходни.

Разговарао сам с неким националистима који су претходно били код партизана. Говорили су слободно и рекли да су их партизани силом натерали да пођу с њима, па ми причали о њиховој пропаганди и методама.

Обишао сам школу у Белановици претворену у заробљенички логор и разговарао са око 250 немачких заробљеника ухваћених током поменутих борби. Један млади Немац, који је годинама живео у Детроиту био ми је тумач. Преко њега сам сазнао да већина војника и даље верује да ће Хитлер на неки чудесан начин победити. Жалили су се једино да су им националисти узели сву добру одећу и обућу. Храњени су онолико добро колико је било могуће, и могли су да раде на поправци путева и на другим цивилним грађевинским радовима.

Пошто су протерали Немце из градова националисти су одмах успоставили помесну цивилну власт – већа, судове са поротом, и привредне одборе. Позван на неке састанке, уверио сам се да се о случајевима демократски одлучује. Већа, пороте и одборе сачињавају и интелектуалци и сељаци и у њима има много више слоге него што сам видео пре рата, током раније боравка у Југославији. Грађанство се листом изјашњавало за демократске и непристрасне правне процедуре као и за правду, једнакост и слободно изражавање.

У целини, национални војници су лојални краљу, следбеници су Драже Михаиловића и држе се демократских принципа које прописује Женевска конвенција. Морал им је веома висок. Сада су решени да се боре против Немаца и партизана до краја.

Бибиси и Радио Лондон су ове акције националиста крајем августа приписали партизанској ослободилачкој војсци. Ја сам утврдио да у наведеном подручју до периода о коме је реч и током њега није било никакве партизанске активности против Немаца. Националисти, то јест, Југословенска војска у отаџбини, под генералом Д. Михаиловићем, извршили су ове нападе на сопствену иницијативу.

В. ИЗВЕШТАЈ 2

Седамнаестог септембра 1944. донета је одлука о путу за Београд и околину из Драгиња, места удаљеног око двадесетак километара од Шапца. Двојица адвоката, илегалаца националног покрета који су делали у Београду, мој телохранитељ и ја кренули смо истог дана аутомобилом. И њих је, као и мене, генерал Михаиловић упозорио да не ризикујемо, то јест да не пролазимо кроз места које држе Немци, или поред њихових утврда. Ја сам путовао у униформи.

У разговору са мојим новим пријатељима на путу за Шабац сазнао сам много тога па и да познају многе студенте које сам упознао када сам, између 1934. и 1938, студирао на Београдском универзитету. Изненадио сам се чувши да многи од њих делују као илегалци против нациста. Били су познати као ДМ-ови људи, то јест људи Драже Михаиловића. Моји сапутници су ми рекли да у својим саботажама морају бити крајње опрезни, као и при опхођењу с било киме, или састајући се с представницима Команде Југословенске војске у отаџбини. Касније сам сазнао нешто више о њиховом раду успоставивши директне везе са неколицином. Они нису желели никакав публицитет, ни добар ни лош. Све су обављали у великој тишини и никоме нису смели веровати, да не би били откривени и њихов рад против нациста ометен. Обећао сам да их нећу разоткрити.

Успут смо променили план пута и уместо да заобиђемо Шабац и Обреновац одлучили да прођемо кроз њих. У Шапцу је била свега 50 немачких војника укључујући и стражу, те смо могли проћи на блеф. Преко униформе обукао сам капут и уместо војне капе ставио зелени шешир.

Недалеко од стражарског места, укрцали смо једног наредника недићевца који је већ три и по године тајно радио за Михаиловића. Он је сео на предње седиште и провео нас кроз Шабац и Обреновац. У том крају био је добро познат и националистима и Немцима, у шта сам се уверио, и служио се лажним именом. Његове услуге биле су националистима од велике користи јер је знао сваки корак који ће Немци направити. У поверењу су ми испричали о његовом херојском раду: како је намамљивао немачке камионе са оружјем и храном у подручја под контролом четника, како су немачки војници често убијени а терет који су превозили падао у руке ''шумарима'' – припадницима

Југословенске војске у отаџбини – док би камиони потом били коришћени за превоз трупа. Плен је предаван заповедницима градова да га разделе најпотребитијима. Неколико пута је поменуо да не жели ни публицитет ни рекламу, јер би се у том случају њихова улога илегалаца открила.

Наша кола успорила су када смо се приближили стражи, наредник се насмејао и опсовао Немце, и рекао возачу да стисне гас. Исто смо урадили и пролазећи кроз Обреновац. Пошто смо изашли из Обреновца и прешли мост на Колубари а да нисмо били заустављени, одахнуо сам и упитао наредника како ће се вратити. Одговорио је:

''Посао је посао, и док је мој да залуђујем Немце, укрцаћу се на неки камион који иде у том правцу''.

Наредник се није хвалисао, већ је просто био посвећен томе да даје све од себе како би на свој начин надмудрио заједничког непријатеља.

Скренули смо са главног пута од Обреновца ка Београду и кренули наоколо преко Конатице, Степојевца и Рипња. Цело то подручје контролисали су искључиво националисти. Немаца ту није било, рекли су ми, још од друге поливине 1941. Контрола је препуштена домаћим квислинзима, али је била слаба пошто су националисти инфилтрирали и њих.

Било са ким да сам говорио – сељаком, војником или домаћицом – и то сасвим слободно, чуо сам једно исто: да нико не воли партизански покрет јер је владало општеприхваћено уверење да партизани желе да наметну комунистичку власт сплеткама декларисаних комуниста који су се ставили на располагање Гестапоу у време немачко-руског пакта и као двоструки агенти служили и Немце и Комунистичку партију.

Не могу открити имена националиста јер они не маре за публицитет и даље савесно раде за своје циљеве. Права имена тих особа знају само они најближи њима.

Испричали су ми много тога занимљивог из своје борбе против окупатора, о својој илегалној организацији у Београду и околини, о укључивању неких људи који су, преобучени у униформе недићеваца, вршили саботаже где год су могли и где је било неопходно, користећи најбескрупулозније методе да нацисте међусобно посвађају, фалсификујући документе и дозволе, и стварајући неповерење међу нацистичким официрима и војницима. Посао им је пре свега био да деморализују непријатеља, нарочито током и после савезничких бомбардовања града.

У сваком важнијем министарству или установи ови људи имали су свог човека. После првог савезничког бомбардовања Београда немачки војници су своје зграде ретко напуштали сами. Курири су увек ишли у пратњи пет-шест наоружаних војника. Често би курири и њихова пратња нестајали без трага у сред бела дана. Један од националиста ми је рекао:

''Наша група имала је у просеку петнаест мртвих Немаца дневно у последње две године; узимали смо им одећу, обућу, оружје и све што би их могло идентификовати и пуштали их заклане низ Дунав''.

Нагласио је да би публицитет штетио њиховом раду и да комунистички двоструки агенти одређени за инфилтрацију националистичких канала нису имали успеха.

(...)

У Рипњу сам посетио болницу где сам затекао америчког пилота поручника Вилијема Роџерса, чији се авион срушио код Зуца, при Авали, недалеко од Београда. Његова екипа, са изузетком једног члана који је пао Немцима у руке, евакуисана је преко националистичких канала. Организација Драже Михајловића, са својим докторима и особљем, добро се бринула о њему и посвећивала му сву могућу пажњу.

Чуо сам и причу везану за њега и спасавање посаде његовог бомбардера. Истога дана два немачка транспортера са једрилицама оборена су у области Зуца, недалеко од пута Београд-Смедерево. Немци су послали спасиоце а националисти су помислили да Немци трагају за америчком посадом. После упорне борбе Немци су потиснути, изгубивши пет војника.

Америчка посада, изузев једног члана, је спасена, један националиста је погинуо а двојица су била рањена. Касније су пронађени немачки транспортери и једрилице, запаљени при паду. Тела посаде била су толико угљенисана да се није могло проценити колико је Немаца том приликом настрадало.

При повратку сам поново посетио поручника Роџерса и видео да се не може пребацити ако се не стави у гипс. Рекао сам му да ћу мисији спасавања пријавити његов случај и покушати да средим да се евакуише што пре.

Доктор који је био присутан рекао ми је да му јавим за евакуацију два дана раније и да ће набавити гипс.

Током мог петодневног путовања кроз ово подручје четири пута сам прешао Авалски пут, прошао поред немачких стражара и поред неколико немачких конвоја који су се повлачили у камуфлираним возилима док су артиљерију вукли коњи. Проценио сам да у Београду има бар 3.000 борбених положаја. Брант, шеф Гестапоа, изјавио је да има "више посла него икада раније". Већ следећег дана у рацији у Београду ухваћено је још 26 националиста, међу којима и Александар М. Михајловић (није у сродству са генералом), командант Београдске групе корпуса. Он је, међутим, ослобођен пошто су двојицу агената Гестапоа који су га спроводили напали илегалци организације ДМ. Наредног дана разговарао сам с њим, и потом четири дана путовао у његовом друштву по његовој територији.

Немци су држали концентрациони логор на Сајмишту. (Мисли се на Старо сајмиште на левој обали Саве између железничког и лучног моста, на територији Независне државе Хрватске. Прим. М.Б.РаденковићА) Специјални логори означени са ДМ (Дража Михаиловић) били су за националисте – оне који су радили за Југословенску војску у отаџбини или су је подржавали. Тај део логора био је увек пун. Они који су ту довођени, задржавани су неколико дана а потом пребацивани на Бањицу (логор; прим. М.Б.Раденковића) или у Јајинце (стратиште; прим. М.Б.Раденковића) где су стрељани.

Други логор на Сајмишту био је означен као комунистички и у њему се налазило свега неколико осумњичених комуниста. Двоструки агенти комуниста који су радили за Гестапо пријављивали су само националисте као субверзивне елементе. Пријављивали су и потпуно невине људе као што је био др. Ђорђе Тасић, професор београдског Правног факултету кога су Немци убили без суђења почетком септембра 1944, после две и по године заточеништва.

(...)

Немачке трупе биле су паркиране на Авалском путу чекајући ноћ да би избегле савезничке ваздушне нападе. Чим је пао мрак, конвоји са Авалског и Смедеревског пута су се покренули, ушли у Београд и понтонским мостовима прешли Дунав у правцу Панчева. Своју униформу прикрио сам капутом а носио сам и зелени шешир. Наша кола нико није заустављао па смо без проблема скренули у Кумодраж удаљен од Београда шест километара.

Роберт Макдауел

Док сам боравио у Кумодражу обишао сам цело то подручје застајући у селима Врчин, Заклопача, Зуце и Велики Мокри Луг. Свуда сам разговарао са људима најразличитијег друштвеног положаја. Многи су били обични сељаци који нису припадали ниједној страни нити странци, и чија је једина жеља била да сачувају живот и имовину. Разговори су показали да су уморни од окупатора, али и да дубоко стрепе од грађанског рата, плашећи се да њиме ништа неће бити постигнуто. Сви су били против било какве врсте диктатуре.

До тог времена, отворено могу да кажем, пропаганда са Радио Лондона – на пример емитовање позива краља Петра за прикључење партизанском покрету – или немачка пропаганда са Радио Београда која је позивала људе да бране град, своје домове и породице против надируће Црвене армије, није уздрмала становништво. Људи су били мирни и сабрани, покушавајући да схвате своје невоље и ситуацију на основу здравог разума и информација које су им биле при руци.

Омладинска организација покрета Драже Михајловића ме је задивила, посебно њихове вође, због несавладивог духа којим су обављали своје задатке у најтежим околностима. Једном приликом три омладинца, по мојој процени стари између 17 и 20 година, причала су ми пуна три сата какву врсту федеративне, демократске послератне Југославије прижељкују. Стално су понављали да ће попут својих предака остати у шуми и борити се док њихов циљ не буде остварен.

Причали су ми и о својим подухватима против окупатора, и како су једном од Немаца украли штампарску пресу и пренели је у шуму.

Њихови представници су у свакој бригади и износе мишљење омладине о војним, политичким, економских и друштвеним питањима која се тичу њих у будућој држави. Скромно говоре о себи као о ''малим'' људима, али који знају шта желе – што је, како је то један од њих рекао, ''мало америчке демократије'', док су други додали да би радо да буду ''49-та звездица на застави Сједињених Држава, само да је бела''.

Одговарајући на моја питања о свом броју и снази, рекли су ми да их само у Београду и околини има око 2.000, и да су међу њима средњошколци, занатлије и сељаци. Били су поносни на свој рад и рекли да иду путем својих предака у потрази за слободом, настојећи да своју и будуће генерације припреме за нову државу која ће им јемчити сигурност у напретку са другим демократским државама.

СТРЕЉАЊЕ ИСТОРИЈЕ

У Кумодражу сам чуо и праву причу о крађи 650 милиона динара од стране националиста. Човек који ми је открио детаље био је специјални представник Драже Михаиловића који је крајем 1943. покушао да узме зајам од 50 милиона динара од Народне банке у Београду. Намештеници у банци који су илегално радили за националисте средили су му зајам, прибавивши чак и Недићев потпис. Немци су, међутим, открили случај и поништили одобрење. Најпре су сменили неке намештенике а друге, умешане у случај, похапсили, чиме је и Недићев положај био угрожен. Но, националистичка организација је наставила да мотри на ситуацију пошто им је требало новца за снабдевање војске.

Сазнали су да ће камион са новцем изаћи из Ковнице на путу за Народну банку у првој недељи августа. Илегалци су одмах пријонули на посао, поставили заседу недићевцима и Немцима који су пратили камион, и споредним путевима извели камион из Београда, пребацили новац на товарне коње а камион и стражу вратили у Београд, да националисти у граду не буду изложени репресалијама. Тај новац требало је да се пусти у оптицај 1. септембра. Пошто је 650 милиона динара избројано, Михаиловић је потписао признаницу и хитно је послао у Народну банку, да би тиме заштитио намештенике и предухитрио Немце у поништавању украденог новца. Тако је преузео да он уместо Народне банке одговара за тај новац пред народом.

Инцидент је ставио немачке власти у незгодан положај пошто су и многи највиши нацисти имали више поверења у динар него у окупационе марке, и зато што је народ радије узимао динаре него немачке новчанице. У то време курс се кретао између 1.500 до 1.600 динара за један амерички долар. Плате чиновника су до септембра износиле од 5.000 до 15.000 динара. Толико су зарађивали и наставници, инжињери, професори и доктори. Трошкови живота били су врло високи а куповна моћ мала. Занимљиво је и да су радње и ресторани били сасвим добро снабдевени и пре и током тог периода.

Још један други инцидент одиграо се док сам био у подручју Кумодража. Илегалци националисти украли су од Немаца 2.000 килограма масти, 1.000 килограма шећера и 2.000 литара бензина, што је све одмах прослеђено Штабу у шуму. Гледао сам камионе и кола који су то превозили путем на којем сам се налазио.

Разговарајући са средњошколцима и студентима сазнао сам да немачке позиције у Београду слабе и да се ближи њихова пропаст. Ипак, плашили су се да се не понови пример Варшаве уколико се у општи напад на Београд крене прерано.

Током мог обиласка околине Београда није било никакве немачке контроле нити партизана; чак се нису помињале ни њихове тројке. Интересантно је било и што су мајке двојице партизанских вођа из АВНОЈ-а живеле међу националистима на том подручју неузнемираване, и да се према њима односило са поштовањем, као сарадницама на остварењу истог циља, иако се оне нису бавиле политиком. Нико их, такође, није користио ни у пропагандне сврхе.

Мајор Александар М. Михајловић пратио ме је при повратку у Штаб. Због партизанског продора у Србију и националистичких напада на циљеве у целом наведеном подручју, повремено сам виђао немачке и љотићевске трупе упућене ка Ваљеву. Тражио сам да се клонимо главног пута па смо заобишли Обреновац, прешли преко Колубаре на најплићем месту и избегавали сваки промет. Само смо на путу Обреновац-Шабац наишли на нека немачка возила, што није било од великог значаја пошто су се и путници у њима такође плашили напада.

Вратио сам се у Бадовинце у Мачви, где сам се опет придружио америчкој мисији."

НАПОМЕНА:

Са поверљивих, недатираних извештаја старијег водника Мајкла Рајачића, учесника америчких мисија *Халјард* и *Ренџер* (*Halyard* и *Ranger*) послатих 1944. код снага Драгољуба Михаиловића, забрана објављивања скинута је тек 1988. Текстови и фотографија преузети су са сајта www.generalmihailovich.com , чији је уредник Александра Ребић, где су објављени 10. маја 2011. Мисија *Халјард* је била део операције спасавања америчких авијатичара оборених изнад Србије, а у тиму су уз Рајачића били и Џорџ Мусулин и радиста *OSS* Артур Џибилиан (*Arthur Jibilian*). Рајачић је у октобру са другим припадницима мисије и Михаиловићевим снагама кренуо за Босну. Из Бољанића, на Озрену, где су стигли 22. октобра 1944, евакуисани су 1. новембра 1944.

ЛИКОВНИ ПРИЛОЗИ

Припадници мисија Халјард и Ренџер у разговору са генералом Дражом Михаиловићем. С лева на десно: Мајкл Рајачић, Дража Михаиловић, Николас Лалић, Џорџ Мусулин и Роберт Макдауел (Фотографија добијена захваљујући Џорџу Вујновићу)

Пуковник Драгутин Кесеровић и Елсфор Крамер по ослобођењу Крушевца октобра 1944

Са балкона хотела Париз грађанима Крушевца по ослобођењу обраћају се совјетски пуковник, амерички поручник Елсфорд Крамер и пуковник Драгутин Кесеровић

Четници Делиградског корпуса улазе у Крушевац тек ослобођен од Немаца

Други равногорски корпус у маршу

Поручник Предраг Раковић обилази јединице Другог равногорског корпуса у околини Чачка, у пролеће 1943, уочи поласка у долину реке Лим

Потпуковник Веселин Мишита

Непријатељски Плакат

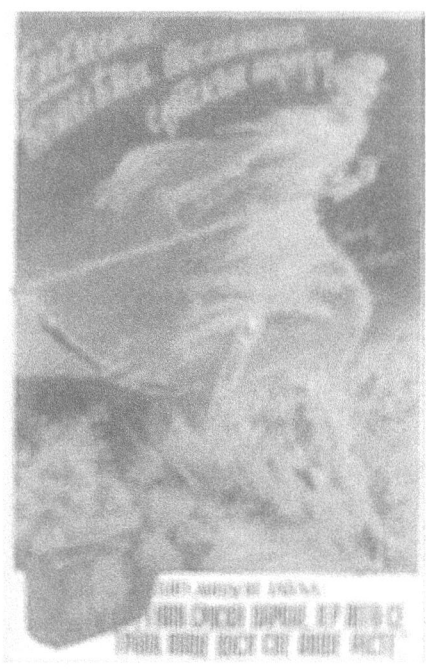

Непријатељски Плакат 2

Орден заслуга

Тамничка фотографија

Ознаке Динарске дивизије

Дража Михаиловић са тамничарима

Дража Михаиловић са припадницима америчке војне мисије

У средини Војислав Михаиловић,

Трећи с лева Војислав Михаиловић

Први с десна стоји Војислав Михаиловић

OSS радио телеграфиста Хејлард мисије Артур Џубилиан (предњи ред у светлој виндјаци) са америчким пилотима и капетаном Ником Лалићем и генералом Дражом Михаиловићем (стоји са руком преко груди директно иза Џубилијана). Србија 1944 године.

Део Расинске бригаде

Роберт Макдауел

APPENDIX D

MESSAGE FROM GENERAL DONOVAN, DATED 1 SEPTEMBER 1944:

"It is very difficult to reduce the situation in Yugoslavia to simple terms but, in general, the situation remains the same as between Tito and Mihailovich as it has always been."

"To both Tito and Mihailovich we have made clear our position: (1) that we have established mission with Tito with no promise of any kind as to arms, equipment or supplies; (2) We have made clear that we will not support either side in internal political strife although the fact of delivery of supplies by British in which our supplies to British were included may be construed as refutation of this and that in fact such action constitutes material and political support; (3) That we have no political favors to seek and no political commitments to make; (4) That we have established mission with Tito in order more effectively to collaborate with our allies; (5) That our purpose in being in this area is to use it as a base from which we may better project our intelligence teams into Central Europe and most particularly into Germany; (6) That we have established no mission with Mihailovich but that we have placed there joint search parties and intelligence teams for purpose of seeking, assembling and effecting rescue of American pilots and crewmen. This in conjunction with American Air Command. It should be stated that Mihailovich has been most helpful in this respect; (7) That insofar as supplies are concerned the British have had (except for two or three months immediately following fall of Sicily) and continue to have control of supplies and transport; (8) That for first year beginning with deliveries of about 50 tons a month by progressive increase they have now reached in last two months delivery of about two thousand tons a month; (9) That military arms and equipment have been of British type although certain percentage of these which British themselves do not know are made in U. S. (10) That food and clothing supplies have been about 60 percent of American origin mostly delivered to British on lend lease; (11) That in addition between December and early May we delivered to the British from our stores in Cairo between seven and eight thousand tons consisting of plastic, shoes, clothing, trucks which were co-mingled with British supplies. In such allotment were about fifteen hundred May 14 use guns which have either been delivered to or are set aside for use of OSS patrols in that area who have encounters with German patrols."

"Consideration should also be given to the fact that as I have already advised you, Subasich is convinced that best opinion

Извештај генерала Донована

SECRET

3 October 1944

Major General Norman D. Kirk
Surgeon General U. S. Army
Maritime Building
Washington, D.C.

My dear General:

    I am enclosing extracts from a report by Major Walter T. Carpenter, M.C. on his visit to Mikhailovich from 3 September to 18 September 1944. I hope they will be interesting to you.

                      Sincerely yours,

                      William J. Donovan
                      Director

Enclosure

JWA/rb

Писмо генерала Донована генералу Кирку

9 November 1944

MEMORANDUM FOR THE PRESIDENT:

The OSS representative in Caserta has transmitted the following report, summarizing the political conclusions of McDowell, leader of the former OSS intelligence team at Mihailovich headquarters:

Serb Nationalist Leadership is vested less in Mihailovich than in the local leaders in Serbia and Bosnia, who violently oppose the Partisans as Communists but almost equally hate the old Belgrade ruling class. The local leaders and the masses among both the Nationalists and Partisans would quickly agree to unite if the Allies would deny support to the "reactionary" minority in one camp and the "Communist" minority in the other. Entrusting Tito with the Yugoslav Government will insure civil war.

The local Nationalist leaders in Serbia and Bosnia have been fighting Axis forces almost continuously since 1941. Their troops are better armed and disciplined than those directly under Mihailovich. Despite the 1941 massacres by the Croat quisling Ustashi, the Serb leaders in Bosnia are cooperating with Croat and Moslem Nationalists in preparation for a campaign against the Partisans.

> – 2 –
>
> **SECRET**
>
> In this impending civil war, the Partisans will win the formal battles by virtue of superior arms. However, the Nationalists outnumber the Partisans and will be able to conduct guerrilla warfare for at least two years unless the Allies establish an effective military occupation of all Yugoslavia. The OSS intelligence unit at Mihailovich headquarters personally observed Partisans attacking Nationalist troops engaged in fighting the Germans. The unit also has "concrete evidence" of Partisan massacre of Nationalist civilians, including women, and of Partisan failure to launch serious attacks against retreating Germans.
>
> William J. Donovan
> Director
>
> Caserta Cable No. 12514, 11/7/44.
> SPECIAL DISSEMINATION, 11/9/44:
>   President
>   Sec'y of State
>   Ass't Sec'y of War (McCloy)

Писмо генерала Донована председнику Рузвелту

Дража Михаиловић 1941. године

Дража и Сајц међу народом

Равна Гора 29. септембра 1941. преко четири стотина Немаца заробљено од стране Дражине Југословенске Краљевске Војске у Отаџбини...

Комеморативна значка

Кокарда, српски грб са венцем

Орден за заслуге

СТРЕЉАЊЕ ИСТОРИЈЕ

Осјечани

OFFICE OF STRATEGIC SERVICES
OFFICIAL DISPATCH

DATE: NOVEMBER 7, 1944

FROM: CASERTA, ITALY

TO: OFFICE OF STRATEGIC SERVICES

PRIORITY / ROUTINE / DEFERRED

DISTRIBUTION IN-24994

(FOR ACTION) DIRECTOR (FOR INFORMATION) SECRETARIAT

RECEIVED IN CODE OR CIPHER — SECRET

#12514. From McDowell to Donovan.

1. Since my return, have talked with Generals McNarney and Rooks, Colonel Sloan of G-2, British Minister Resident MacMillan, and other officials at AFHQ. They all appear satisfied charges brought against me by Partisans and German propaganda use of my mission are false. MacMillan suggests I should go to Washington via London to see MacLean. McNarney interested in possibility I proposed of securing surrender Germans in Yugoslavia through special Anglo-U.S. Mission.

2. Will require 5 days finish my reports. In brief my conclusions as follows: real Serb Nationalist leadership vested less in Mihailovich more in local district leaders in Serbia and Bosnia. Latter have been almost continuously fighting Axis forces since 1941 and their troops better armed and disciplined than those directly under Mihailovich. These leaders give nominal allegiance Mihailovich and violently oppose Partisans as Communist but almost equally hate old Belgrade ruling class. Despite 1941 massacres by Ustashi local Serb leaders Bosnia cooperate closely with Moslem and Croat Nationalists. Latter 2 groups now arming heavily in preparation joint campaign with Serbs against Partisans. In pending civil war Partisans will win formal battles owing superiority arms and munitions, but Nationalists will outnumber Partisans and guerrilla war with heavy bloodshed inevitable for at least 2 years unless Allies make effective military occupation all Yugoslavia. I have concrete evidence of continued failure of Partisans to seriously attack retreating Germans and of Partisan massacre of Nationalist civilians including women in areas occupied by them. We personally observed Partisans attacking Nationalist troops when latter engaged fighting Germans. To entrust Yugoslav Government to Tito is to insure civil war. The local leaders and masses among both Partisans and Nationalists will quickly agree and unite if Allies will cease all support of small Communist group on one side and small reactionary group on other.
TOR: 11/7/44 4:15 p.m.

IT IS FORBIDDEN TO COPY OR REPRODUCE THIS CABLE WITHOUT AUTHORIZATION FROM THE SECRETARIAT

Извештај пуковника Макдауела генералу Доновану

Бланко печат и потпис злоупотребљен на суђењу

Приговор Јосипа Броза на присуство америчке војне мисије код генерала Михаиловића

Свети Пантелеја, сеоска слава, 1942. године у Почековини крај Трстеника. У униформама ЈВуО чланови Штаба пуковника Драгутина Кесеровића. Горњи ред – шести с лева на десно стоји Драган Рашковић, касније од комуниста осуђен на 20 година робије. Дечак који чучи – Мајкл-Благоје Раденковић.

Роберт Макдауел

ИНДЕКС

Роберт Харболд Макдауел (*Robert Harbold McDowell*); биографија, радови, покушај одласка у Југославију, помен ''незваничних саветника'', мисија у Југославији, кажњавање за отвореност, предаја рукописа Мајклу-Благоју Раденковићу, разговори са генералом Донованом, разговори са Дражом Михаиловићем, везе за Мехлеви дервишима

рукопис, забрана,

Мајкл-Благоје Раденковић, повезаност са CIA, четнички курир

Југоисточна Европа, Југоисток, први помен

Фицрој Маклејн (*Fitzroy MacLean*), бригадни генерал, Черчилов пријатељ

Вилијем Дикин (*F. W. D. Deakin*), први помен

ратна војнообавештајна служба САД

Вилијем Донован (*William Donovan*), први помен

водећа улога Велике Британије на Југоисточном фронту

Винстон Черчил, премијер и министар ратни Велике Британије, однос према Југославији, однос према Стаљину и СССР, однос према САД и Рузвелту, Техеранска конференција, однос према Титу, однос према Дражи Михаиловићу и Југословенској војсци у отаџбини, одлука да се напусте четници а прихвате партизани, ''незванични саветници''

Френклин Делано Рузвелт, председник САД, однос према Југославији, однос према Стаљину и СССР, однос према Великој Британији и Черчилу, Техеранска конференција, однос према Титу, однос према Дражи Михаиловићу и Југословенској војсци у отаџбини, одлука да се напусте четници а прихвате партизани, ''незванични саветници''

обавештајни подаци Савезника иду преко Британаца

СТРЕЉАЊЕ ИСТОРИЈЕ

Питер Вишер (*Peter Vischer*), пуковник

Војнообавештајни одел (*Military Intelligence Department – MID*)

Михаиловићева инфилтрација војнообавештајних структура Мађарске, Румуније и Бугарске, и с њим повезана субверзивна дејства у тим земљама

левичарски карактер Михаиловићевог покрета

Ататурк, први помен

Шукри Куватли, премијер Сирије

Ибн Сауд, краљ Сауди Арабије

Марк Бристол (*Mark Bristol*), амерички адмирал

британска и француска војнообавештајна служба на Блиском и Средњем истоку

''посебни извори'',

Френк Ендрус (*Frank Andrews*), генерал-мајор америчке авијације

ционистичка ''влада у сенци'' Палестине, Бен Гурион, Шерек, Хоровиц, Заслани, Голда Меир

Двајт Ајзенхауер, амерички генерал

Томас Родерик (*Thomas Roderick*), генерал америчке Војнообавештајне службе у Команди за Југоисток

Владислав Андерс (*Wladislaw Anders*), пољски генерал

Бари, војнообавештајни савезнички центар, пријем партизана, подаци од њих

разочарење нижег партизанског кадра Титом

Титово избегавање борбе противу Немаца

Осман (*Osman*), амерички генерал

Алберт Сајц (*Albert Seitz*), амерички пуковник

Волтер Менсфилд (*Walter Mansfield*), амерички капетан

сер Хенри Вилсон (*Henry Wilson*), главнокомандујући свезнички генерал за Југоисток

Штеркер (*Staerker*), лични изасланик Нојбахера, Хитлеровог изасланика за Југославију

Нојбахер (*Neubacher*), Хитлеров изасланик за Југославију

искривљени прикази стања у Југославији савезничких медија и историографа

Казерта, савезничка команда

Роберт Марфи (*Robert Murphy*), виши представник Стејт Департмента при Команди за Југоисток

сељаштво

свештенство Југославије

Сава Божић, свештеник СПЦ

турски утицај у Југославији

Драгољуб Дража Михаиловић, генерал, командант Југословенске војске у отаџбини, министар војни Југослвенске владе у изгбеглиштву, биографија, залагање за уједињење Балкана, могући лидер Балкана, левичар, традиционалиста, поштовалац сељаштва, доктрина герилског рата, тајне операције у Југославији и суседним земљама, оперативне карактеристике, стратешки циљеви, однос са Совјетима, рат на ''три фронта'', српски губици, тактика, процена Хитлера, процена Стаљина, правила герилског ратовања, сличности са совјетском доктрином партизанског ратовања, „стратешка концентрација и тактичка дисперзија", спремност на одмазду, однос према партизанима и Титу, фазе рата, хронологија, одвраћање од освета, однос према Англоамериканцима, стратешки значај саботажа на Југоистоку, британске похвале, Ајзенхауерове похвале, Хитлерово писмо Мусолинију, операција *Шварц*, операција *Моргенлуфт*, немачка потерница, ситуација 1943, упутства за герилу,

студенти националисти

Антраник (Андраник Озаниан), јерменски генерал

Пол Ели (*Paul Ely*), француски генерал

Средња Европа као миротворни фактор

Drang nach Osten

однос Балканаца према Немцима

руски став према Југоисточној Европи

британски став према Југоисточној Европи

совјетска политика ''мира по сваку цену''

улога Срба у Првом светском рату

значај Црног мора за снабдевање Русије

немачка стратегија у оба светска рата

Макс Хофман (*Max Hoffman*), немачки генерал, његов ратни план

Џ. А. Р. Мариот (*J.A.R. Marriott*), британски историчар

Фон Крисе (*Kriesse*), немачки генерал (видети ''Крес фон Крисенштајн'')

В.Х. Бич (*W. H. Beach*), британски генерал

Крес фон Крисенштајн (*Kress von Kriessenstein*), право име ''Фон Крисеа''

немачки штаб у Тбилисију 1918.

сарадња бољшевика са Немцима на Кавказу у Првом светском рату

Хитлерово приписивање пораза у Другом светском рату отпору Срба

Хитлерова намера да покори Балкан без рата

Хјалмар Шахт (*Hjalmar Schacht*), Хитлеров главни економски саветник

''партизански'' (герилски) рат, совјетска терминологија

могућност англоамеричког искрцавања на Балкан

инфилтрација балканских родољуба у нацистичке организације

немачке стратешке привредне потребе на Југоистоку

немачке снаге на Балкану

мањински елементи у СС дивизијама

Дејвид Мартин (*David Martin*), канадски новинар

Ребека Вест (*Rebecca West*), британска списатељица

југословенски националистички покрет отпора, сељаци и студенти, програм, територије под окриљем Покрета, дејства илегалаца у суседним земљама, процена снага, циљеви, Хитлерово признање, ефекти борбе на окупатора, Стаљинград и утицај на Покрет, извештаји немачке штампе, саботаже, комунисти и Немци раде на заоштравању грађанског рата, Немци сматрају националисте главним непријатељима, инфилтрација квислинга, примери саботажа, сарадња са шверцерима и црноберзијанцима, подцентри за саботаже, хомољски центар радио везе, подцентар у Нишу, отмице речних пилота на Дунаву, операција *Treibjagd* (Хајка), повлачење Немаца,

Џорџ Мусулин (*George Musulin*), амерички капетан

Kорej Форд (*Corey Ford*),

савезничка помоћ ЈВО

хрватски геноцид над Србима у НДХ

немачке ратне опције

став Турске током Другог светског рата

Валтер Кунце (*Walter Kuntze*), немачки генерал

Хајнрих Химлер (*Heinrich Himmler*),

Патрик Хурли (*Patrick Hurley*), амерички генерал

Нојхаузен (*Neuhausen*), немачки ратни економски управник Србије

Јосип Броз Тито, однос према Совјетима, однос према Дражи Михаиловићу и ЈВО, однос према Англоамериканцима, наредбе из Москве, преговори с Немцима,

Славко Н. Бјелајац, предратни официр и члан Југословенског главног штаба

партизани углавном лоцирани у западној Југославији

САДРЖАЈ

Уз ову књигу 5

Странци о генералу Драгољубу-Дражи Михаиловићу 13

Председник УСА Роналд Реган о генералу Драгољубу Михаиловићу ... 17

Белешка 19

Увод 21

Југоисточна Европа и Хитлерова општа стратегија 35

Операције на Југоистоку Генерала Драгољуба-Драже Михаиловића 59

Стаљиново опредељење за националну опцију током Другог светског рата 99

Тито одбија Стаљинова наређења да се бори против
Хитлера и да сарађује са Михаиловићем 118

Черчил предаје Југославију Титу и шаље Михаиловића у смрт 140

И Рузвелт испоручује целу Источну Европу Стаљину 178

Аутобиографски подаци о аутору 220

Документи 232

Литература аутора 236

Прилози:
    Одломци извештаја Мајкла Рајачића из OSS 238
    Ликовни прилози 250

Индекс 272

CIP - Каталогизација у публикацији
Народна библиотека Србије, Београд

94(497.1)"1941/1945"

МЕКДАУЕЛ, Роберт Харболд, 1904-1980
  Стрељање историје : кључна улога Срба у
Другом светском рату / Роберт Макдауел ;
[превели Момчило, Ана и Бодин Селић]. -
Београд : Поета : Рад, 2012 (Београд :
Цицеро). - 277 стр. : илустр. ; 25 cm

Изв. ств. насл.: The Key Strategic Role of
the Serbs and Their Leader, General
Mihailovich, in Southeast Europe During World
War Two / Robert Harbold Mc Dowell. - Тираж
1.000. - Стр. 5-17: Да се не заборави / Мајкл
Благоје Раденковић. - Стр. 19-20: Белешка /
Слободан Христић. - Напомене, и
аутобиографски подаци о аутору: стр. 220-231.
- Документи: стр. 232-235. - Прилози: стр.
238-271. - Библиографија: 236-237. -
Регистар.

ISBN 978-86-86863-99-7 (Поета)

a) Други светски рат 1939-1945 -
Југославија b) Југославија - Историја -
1941-1945
COBISS.SR-ID 193961740

www.ingramcontent.com/pod-product-compliance
Lightning Source LLC
Chambersburg PA
CBHW080447170426
43196CB00016B/2717